ClimaSkin

Gerhard Hausladen
Michael de Saldanha
Petra Liedl

ClimaSkin

Konzepte für Gebäudehüllen,
die mit weniger Energie
mehr leisten

mit Beiträgen von
Hermann Kaufmann
Gerd Hauser
Klaus Fitzner
Christian Bartenbach
Winfried Nerdinger
Winfried Heusler

Callwey

Inhaltsverzeichnis

Vorwort	7
Essay	8

Hülle — 10

Haut	12
Kleidung	13
Gebäude	14
Sommerreise	15
Frankfurt erwacht	16
Köln strahlt	18
Hamburg bewegt	20
Berlin pulsiert	22
München leuchtet	24

Fassadenfunktionen — 26

Fassade im Winter — 28

Transmissionswärmeverluste	30
Lüftungswärmeverluste	32
Solare Gewinne	34
Campo am Bornheimer Depot	36

Fassade im Sommer — 38

Einfluss der Orientierung	40
Einfluss der Fensterfläche	44
Einfluss des Sonnenschutzes	46
Kirche Dietenhofen	50

Lüftung — 52

Lüftungselemente	54
Luftwechsel bei natürlicher Lüftung	56
Behagliche Zulufteinbringung im Winter	58
Einfluss der Lüftung auf das Raumklima im Sommer	60
Nachtlüftung	62
Sternhochhaus München	64

Tageslicht — 66

Tageslicht im Außenraum	68
Visuelle Behaglichkeit	70
Tageslicht und Strahlungseintrag	72
Fensterflächenanteil	74
Lichttransmission durch die Verglasung	76
Reflexionsgrad der Innenwände	78
Beleuchtungsstärke und Tageslichtquotient	80
Herz-Jesu-Kirche München	82

Fassadenkonzepte	**84**		**Fassadeninteraktionen**	**148**

Fassadenprinzipien 86

    Anordnung von Fassadenelementen 88
    Funktionszonen von Fassaden 90
    Sporthalle Tübingen 92

Fassadentypologien 94

    Lochfassade 98
    Elementfassade 100
    Prallscheibe 102
    Wechselfassade 104
    Kastenfenster 106
    Korridorfassade 108
    Unsegmentierte Doppelfassade 110
    Steuerbare Doppelfassade 112
    Langenscheidt-Hochhäuser 116
    adidas Factory Outlet Center 118

Fassadentechnologien 120

    Dämmstoffe 122
    Gläser 124
    Transluzente Wärmedämmung 128
    Vakuumisolationspaneele 129
    Latente Wärmespeicher – PCM 130
    Sonnenschutz 134
    Tageslichtlenkung 138
    Photovoltaik 142
    Wohnanlage Hard 144
    Fluglabor IBP Holzkirchen 146

Fassade als Schnittstelle 150

    Bedingungen im Außenraum 152
    Anforderungen an die Bedingungen
    im Innenraum 153
    Physikalische Vorgänge
    an Fassaden und Anhaltswerte 154

Licht-Fassade-Raumklima-Technik 158

Planungsregeln 166

Anhang 174

    Anforderungen 175
    Definitionen 176
    Stoffwerte 180
    Größen und Einheiten 182
    Randbedingungen für alle Simulationen 183
    Literaturverzeichnis 184
    Sachwortverzeichnis 188
    Autorenverzeichnis 190
    Abbildungsverzeichnis 191
    Dank und Impressum 191

Vorwort

Bei der Konzeption von energetisch und raumklimatisch optimierten Gebäuden spielt die Fassade eine Schlüsselrolle. Eine ganzheitliche Planung beginnt bei der Analyse der Nutzungs- und Standortbedingungen und der Festlegung der Nutzeranforderungen, gefolgt von der Konzeption, bei der funktionale und physikalische Eigenschaften festgelegt werden, bis hin zur Detailplanung, bei der Funktionselemente und Materialien bestimmt werden. Die Baupraxis ist mittlerweile gekennzeichnet von immer kürzeren Planungszeiten sowie dem Bestreben, Planungskosten zu minimieren. Dem steht ein erhöhter Planungsaufwand für Konzepte, die bei verbesserter Behaglichkeit den Energie- und Technikaufwand reduzieren, gegenüber. Um diesem Widerspruch zu begegnen, sind zusätzliche Planungsmethoden und -werkzeuge erforderlich, die schnell und kostengünstig eine Entscheidungshilfe in der Konzeptphase geben. In dieser frühen Planungsphase sind herkömmliche Simulationsprogramme aufgrund des hohen Detaillierungsgrades nur eine begrenzte Hilfestellung. Dieses Buch soll Architekten und Ingenieure dabei unterstützen, bei der Planung von Verwaltungsgebäuden ein energieeffizientes Konzept zu entwickeln.

Um die vielschichtigen Aspekte der Fassadenplanung in der Abfolge eines Buches darzustellen, wurde das Thema in die fünf Hauptkapitel „Hülle", „Fassadenfunktionen", „Fassadenkonzepte", „Fassadentechnologien" und „Interaktionen" gegliedert. Einige Planungsaspekte sind Thema in mehreren Kapiteln, jedoch unter einem jeweils anderen Blickwinkel und mit unterschiedlichem Detaillierungsgrad.

„Hülle" ist eine Hinführung zum Thema Fassade und stellt das Gebäude in einen übergeordneten Kontext. „Fassadenfunktionen" quantifiziert die energetischen und raumklimatischen Eigenschaften von Fassaden im Sommer und im Winter und zeigt Aspekte der Lüftung und der Tageslichtnutzung auf. Anhand von Grafiken und Diagrammen können die Auswirkungen von Konzeptentscheidungen abgelesen werden. „Fassadenkonzepte" zeigt die grundlegenden Fassadenprinzipien auf und stellt die wichtigsten Fassadenarten mit ihren jeweiligen Eigenschaften und technischen Daten zusammen. Grafiken und Tabellen erleichtern dem Planer die Konzeptauswahl. „Technologien" stellt Eigenschaften, Kennwerte und Einsatzmöglichkeiten der wesentlichen Materialien und Funktionselemente für Fassaden in komprimierter Form dar. Schemagrafiken und Tabellen bieten dem Planer ein Nachschlagewerk zu energetischen und raumklimatischen Eigenschaften der jeweiligen Fassadentechnologie. „Interaktionen" zeigt die Auswirkungen von behaglichkeitsspezifischen Anforderungen auf den technischen Aufwand im Gebäude. Die Wechselbeziehungen von Fassade, Tageslicht, Raumklima, Gebäudetechnik und Energieerzeugung werden in einer Interaktionsgrafik zusammengestellt. Die raumklimatischen Verhältnisse für Standardfälle lassen sich dadurch auf einfache Weise ablesen. Die Planungsregeln bieten eine komprimierte Zusammenfassung für die Fassadenplanung und ermöglichen es, die Auswirkungen von Planungsentscheidungen abzuschätzen.

Grundlage des Buches sind weit reichende Erfahrungen aus der Planungspraxis sowie Erkenntnisse aus der Wissenschaft. Für zahlreiche Planungsgrafiken und Diagramme wurden spezielle Berechnungen und Simulationen durchgeführt. Die Fassadenplanung folgt nicht nur technischen und physikalischen Prämissen, sondern steht auch in einem historischen, kulturellen und soziologischen Kontext. Diese Aspekte werden insbesondere in den jeweiligen Kapiteleinleitungen und den Gastbeiträgen thematisiert. Projektbeispiele stellen den Bezug zur Praxis her.

Das Buch wendet sich an Architekten und Ingenieure, die neben den architektonischen auch die energetischen und raumklimatischen Potenziale der Fassade ausschöpfen und die Gebäudehülle als wesentlichen Baustein eines ganzheitlichen Klima- und Technikkonzepts nutzen möchten. Für Studenten führt es die Themen Gestaltung, Energie, Raumklima und Technik zusammen, sodass ein interdisziplinärer Ansatz schon in der Ausbildung verfolgt werden kann. Bauherren, Investoren und allen am Bauen Interessierten vermittelt es die Wissensgrundlage, um Gebäudehüllen kompetent beurteilen und damit technische und ökonomische Konsequenzen abschätzen zu können.

Das vielschichtige Themengebiet Fassade ist für dieses Buch im Team bearbeitet worden. Wir danken Christiane Kirschbaum, Friedemann Jung, Michael Kehr, Moritz Selinger, Michael Smola und Martina Thurner für ihr großes Engagement sowie ihren fachlichen und kreativen Input.

Allen Lesern wünschen wir viel Spaß bei einem ganzheitlichen Blick auf die Fassade.

München, Buchenberg, Hammamet 2006

Gerhard Hausladen,
Michael de Saldanha,
Petra Liedl

Essay

Standort

Je weniger das Gebäude an das Klima und die Nutzung angepasst ist, umso größer ist der Technikaufwand. Je besser Gebäudekonzept und erforderliche Gebäudetechnik aufeinander abgestimmt sind, umso geringer ist der Platzbedarf und umso kürzer sind die Leitungslängen. Kurze Leitungswege vermindern die Investitionskosten und den Antriebsenergiebedarf.

Speicherfähigkeit

Bei Massivbauten wirkt die Masse der Konstruktion klimaausgleichend. Die thermische Dynamik nimmt ab, die Temperaturanstiege im Sommer werden gedämpft. Im Winter ergibt sich in der Regel eine erhöhte Nutzbarkeit von solaren und internen Wärmegewinnen.

Lüftung

Jede Fassade sollte zur Lüftung Öffnungsflügel aufweisen. Der Nutzer kann damit sein Bedürfnis nach frischer Luft und direktem Außenbezug unmittelbar befriedigen. Bei guter Außenluftqualität kann bei entsprechender Fassadenausbildung ganzjährig über die Fenster gelüftet werden.

Einflussnahme

Je nach kulturellem Hintergrund werden Nutzer zunehmend „technikaffiner", insbesondere wenn Technik immer mehr fasziniert. Auch bei automatisierten Systemen muss der Nutzer die Möglichkeit der Einflussnahme haben. Dafür sind leicht verständliche Nutzerschnittstellen vorzusehen.

Variabilität

Fassaden müssen variabel auf das dynamische Außenklima und sich ändernde Innenraumbedingungen reagieren können. Dies gilt für den Strahlungsdurchgang, den Tageslichteintrag und den Luftwechsel. Der Sonnenschutz muss effizient sein, ohne das Tageslicht auszublenden. Die Lüftungsöffnungen müssen die Zuluft bei allen Klimabedingungen behaglich in den Raum strömen lassen. Je besser die Fassade sich anpassen kann, umso geringer ist der Technikaufwand und der damit verbundene Energiebedarf.

Transparenz

Der Trend zur weitgehenden Transparenz in der Architektur umfasst den Wunsch, die Hülle aufzulösen und Gebäude leicht und offen wirken zu lassen. Von außen wirken Ganzglasgebäude jedoch nur dann transparent, wenn sie hinterleuchtet sind, also in der Dämmerung und bei durchscheinender Sonne. Für den Nutzer im Inneren verbessert sich der Außenbezug, allerdings erhöht sich die Gefahr der Blendung und der Überhitzung im Sommer.

Nachvollziehbarkeit

Grundvoraussetzungen für die Akzeptanz von technischen Systemen sind das Verständnis der Funktionsweise und eine möglichst direkte Rückkopplung über die Betriebszustände. Ist dies nicht gegeben, so kann Verunsicherung entstehen, die das Wohlbefinden einschränkt.

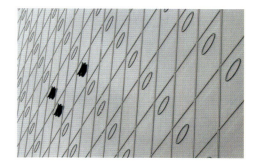

Durchlässigkeit

Werden Fassaden hermetisch dicht ausgebildet, hat dies zur Folge, dass die objektiven Behaglichkeitsparameter zwar erfüllt, viele subjektive Aspekte zur Behaglichkeit jedoch vernachlässigt werden. Die Wahrnehmung der Umwelt in Form von Gerüchen, Geräuschen, Luftströmungen, Feuchtigkeits- und Temperaturschwankungen geht verloren. Das Empfinden von Jahres- und Tageszeiten wird stark abgeschwächt.

Homogenität

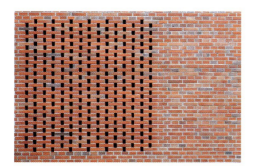

Insbesondere der Baustoff Glas ermöglicht Gebäudehüllen, die ein homogenes Erscheinungsbild aufweisen. Damit wird Dynamik, Präzision, Wertigkeit und Fortschritt assoziiert.

Image

Neben der Hüllfunktion haben Fassaden einen wesentlichen Einfluss auf die Außenwirkung eines Gebäudes. Sie können zur Information und Imagebildung genutzt werden.

Hülle

„Der Schlüssel
das ist Licht

und das Licht
erhellt Formen

Und diese Formen haben
Gewalt, zu erregen

Durch das Spiel der Proportionen
durch das Spiel der Beziehungen
der unerwarteten, verblüffenden.

Aber auch durch das geistige Spiel
ihres Grundes zu sein:
ihre wahrhaftige Geburt,
ihre Fähigkeit zu dauern,
Struktur,
Beweglichkeit, Kühnheit,
ja Tollkühnheit, Spiel
– von Geschöpfen, die
die wesentlichen Geschöpfe sind –
die Grundlage der Architektur."

Le Corbusier

Quelle: Ronchamp, Stuttgart 1957, S. 8

Haut

Kleidung

Gebäude

Sommerreise

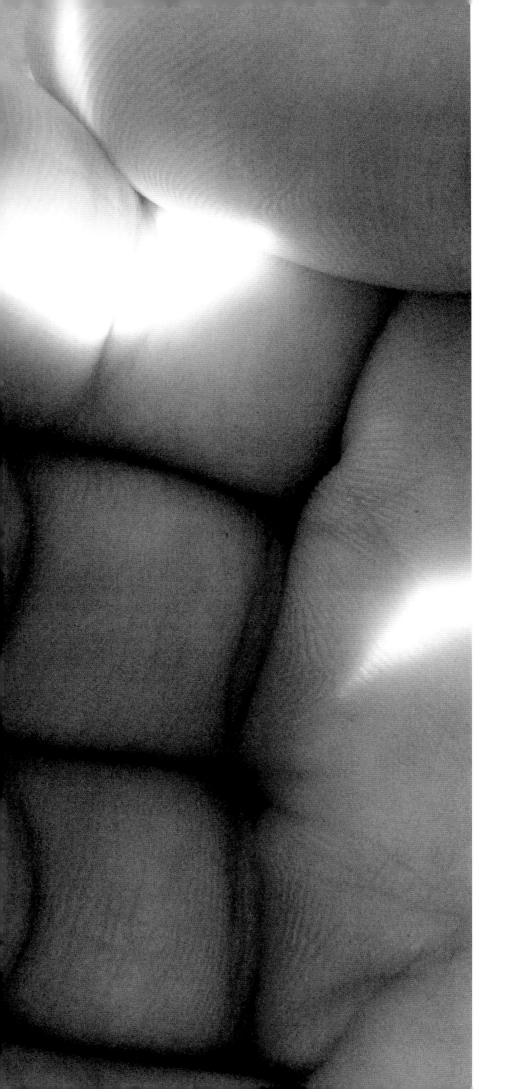

Haut

Die Haut ist das größte Organ des Menschen. Sie ist nur eine millimeterdünne Schicht, mit der sich der Mensch nach außen abgrenzt. Bei einem Erwachsenen bedeckt sie eine Fläche von 1,5 bis 2 m² und wiegt ein Sechstel des Körpergewichts, im Durchschnitt 10 bis 12 kg. Verliert ein Mensch 20 % seiner Haut, z.B. durch Verbrennungen, ist dies lebensbedrohlich. Die Haut schützt den Körper gegen bakterielle, chemische und physikalische Einwirkungen, dient als Ausscheidungsorgan, reguliert den Feuchtigkeitshaushalt und die Temperatur und gibt über die Drüsen Duftstoffe ab. Sie stellt eines der wichtigsten Immun-, Sinnes- und Kontaktorgane des menschlichen Organismus dar. Die Haut wird häufig als Spiegel der Seele bezeichnet. Wie eng diese Verknüpfung ist, wird oft so ausgedrückt: Es geht einem etwas unter die Haut, man möchte aus ihr herausfahren. Erröten oder starkes Schwitzen der Hände deuten auf Scham oder die Peinlichkeit einer Situation hin. Zudem kann uns unser größtes Organ bei Lügen verraten und überführen: Aufgrund des Stresses verändert sich die Zusammensetzung des Wasser-Fett-Films auf der Haut, was mithilfe eines Lügendetektors gemessen werden kann. Auch körperliche Erkrankungen können durch die Farbe dieser multifunktionalen Schutzhülle signalisiert werden. Die menschliche Haut ist ein überaus elastisches Organ, das sich dehnen und zusammenziehen kann. Alterserscheinungen werden zuerst an der Haut sichtbar. Sie wird dünn und trocken und somit weniger elastisch.

Wie stark unsere Haut mit dem Gehirn verknüpft ist, zeigt sich in der Entwicklung des menschlichen Embryos. So entwickeln sich das Nervensystem und die oberste Hautschicht aus den gleichen Zellschichten. In den ersten Lebensmonaten spielt die Haut eine entscheidende Rolle: Der Körperkontakt mit den Eltern beeinflusst die weitere Entwicklung des Neugeborenen entscheidend. So haben im 13. Jahrhundert Kinder, die, nach Anordnung Friedrichs II., von ihren Ammen nur gefüttert und gesäubert wurden, jedoch keine zärtliche Zuneigung erhielten, nicht überlebt. Zu einer guten Entwicklung gehört nicht nur in den ersten Lebensmonaten viel Körperkontakt.

Die drei Hauptschichten dieser multifunktionalen Schutzhülle sind die dünne Oberhaut, die dickere Lederhaut und das Unterhaut-, Binde- bzw. Fettgewebe. Die gesamte Hautoberfläche erneuert sich innerhalb eines Monats – das den Körper nach außen abschließende Zellgewebe kann sich selbst schnell reparieren.

Die Haut übernimmt eine wichtige Funktion bei der Anpassung an unterschiedliche Klimata und reguliert mithilfe von Wärme- und Kälterezeptoren sowie Blutgefäßen, Schweißdrüsen und der Behaarung die Wärmeabgabe. Durch die temperaturgesteuerte Durchblutung verändert sich die Wärmeleitfähigkeit der Haut. Bei Hitze werden die Oberflächengefäße maximal durchblutet, wodurch die Wärmeabgabe erhöht wird, bei Kälte wird die Durchblutung und somit der Wärmeverlust reduziert.

Kleidung

Die Kleidung bildet, neben der natürlichen Hülle des Körpers – der Haut – eine künstliche Hülle. Sie wird daher oft als „zweite Haut" bezeichnet, die an- und ablegbar ist. Die Funktionen von Kleidung sind sehr unterschiedlich. Kleidung bietet Schutz vor Witterung oder anderen äußeren Einflüssen, wärmt oder kühlt, saugt Schweiß auf und darf die Hautatmung nicht behindern. Organisch gewachsenes Material wie Naturwolle und Naturseide erfüllen alle an die Kleidung zu stellenden Forderungen optimal. Die Haut bleibt trocken, gut durchblutet und gleichmäßig warm, unabhängig von Witterung und Außentemperatur.

Je nach Klima und kulturellen Eigenheiten kleiden sich Menschen unterschiedlich. Eskimos beispielsweise tragen viele Schichten übereinander und versuchen sich so vor der Kälte zu schützen. Trotz ähnlicher Klimata kann der Verhüllungsgrad aber sehr unterschiedlich sein. Dient einhüllende Kleidung den Arabern als Schutz vor gefährlicher Sonnenstrahlung, sind die Menschen im Sudan weitgehend unbekleidet.

Neben der leiblichen Hülle stellt die Kleidung auch eine geistige Hülle des Menschen dar. Sie ist Ausdruck kultureller Traditionen, dient als Mode und Schmuck und trägt somit zur Identität des Menschen bei. Die Symbolik von Kleidung lässt sich in ihrem religiös-kultischen Gebrauch erkennen. So tragen im Christentum Kinder bei ihrer Taufe ein Taufkleid und Frauen zur Hochzeit ein weißes Brautkleid. Auch das Verkleiden zu Karneval spiegelt eine Bedeutung von Kleidung wider: Für einige Stunden wird eine andere Rolle angenommen – Kleidung wird zur Maske. Auch die Zugehörigkeit oder Abgrenzung zu bestimmten Gruppen wird durch die Kleidung nach außen sichtbar gemacht. Im Europa des Mittelalters beispielsweise schrieben Kleiderordnungen vor, wie sich Angehörige der unterschiedlichen Stände zu kleiden hatten. Heute sind vor allem Berufsgruppen durch ihre Kleidung leicht erkennbar: Polizisten, Ärzte oder Schaffner. Damit wird Kleidung zu einem nonverbalen Kommunikationsmittel. Der kulturelle und gesellschaftliche Aspekt von Kleidung äußert sich in der Mode, die einem ständigen Wandel unterzogen ist: der Bikini in den 1950ern, die Jeans in den 60ern als Symbol einer ganzen Generation, die Schlaghose in den 70ern. Wie stark der Mensch in der westlichen Industriegesellschaft durch seine Kleidung definiert wird, spiegelt sich in dem Satz „Kleider machen Leute" wider. Kleidung ist käufliches Image, bedeutet Prestige. Dabei kann Kleidung das tatsächliche Selbst unterstreichen oder helfen, das ideale Scheinselbst zu inszenieren und somit der reinen Repräsentation oder Kompensation dienen.

Gebäude

Der ursprüngliche Sinn von Gebäuden ist es, das menschliche Bedürfnis nach Sicherheit zu befriedigen: ein Haus bietet Schutz vor Witterung, wilden Tieren und anderen Gefahren. Mithilfe von Hütten, Zelten und Häusern haben sich Menschen an die unterschiedlichsten klimatischen und geografischen Gegebenheiten angepasst. Weltweit entstanden energieeffiziente Gebäudeformen als Antwort auf die Herausforderungen des Klimas und die Gegebenheiten des jeweiligen Ortes. Daneben spiegeln Gebäude aber auch den Geist wider, in dem sie erbaut wurden. Durch die gebaute Umwelt lässt sich also immer eine Aussage über die Kultur einer Zeit und eines Volkes treffen.

Das Bedürfnis nach Wohnen entsteht durch lebenswichtige soziale und psychische Grundanforderungen. Die „eigenen vier Wände" sind Symbol für Sicherheit, Geborgenheit und Zuflucht – „my home is my castle" – und dienen dem Menschen als Rückzugs- und Zufluchtsort. In westlichen Industrieländern sind sie Statussymbol ihrer Bewohner. Der Wohnsitz bezeichnet den örtlichen Mittelpunkt der Lebensbeziehungen eines Menschen. Je nach Bedürfnissen, Ansprüchen und der aktuellen Lebenssituation gestalten sich Menschen ihren Wohnraum auf sehr individuelle Art und Weise. Durch die „Pluralisierung der Lebensformen" werden neue Anforderungen an den Wohnungs- und Städtebau gestellt.

Als dritte Haut des Menschen muss die Außenhülle des Gebäudes ähnliche Aufgaben erfüllen wie die Haut oder die Kleidung. Diese schaffen ein Innen und Außen, trennen, sind dabei aber durchlässig, sodass ein Austausch möglich ist. Dies kann nur gelingen, wenn die eingesetzten Materialien der Gebäudehülle viele Hautfunktionen erfüllen können. Die Behausung kann die Sinne schärfen und stimulieren, aber auch zu Unbehagen führen. Der Körper und seine Sinne erfordern einen angemessen gestalteten Raum.

Da der Mensch sich mittlerweile überwiegend in Räumen und kaum noch im Freien aufhält, nimmt die Bedeutung des Raumklimas für das Wohlbefinden des Menschen zu. Dabei spielen nicht nur messbare und physikalische Größen wie Lufttemperatur, Oberflächentemperatur, Luftgeschwindigkeit, Luftfeuchte und Luftqualität eine wichtige Rolle. Weiche Faktoren und subjektive Anforderungen sind mit einzubeziehen. Der Nutzer möchte seine Bedürfnisse zulassen können und die Möglichkeit haben, sein unmittelbares Raumklima zu beeinflussen. Zusätzlich muss er die ihn umgebenden Vorgänge verstehen, um sich nicht hilflos ausgeliefert zu fühlen. Da sich die Arbeitswelt in Bürogebäuden von Routinearbeiten hin zu anspruchsvollen Tätigkeiten verlagert, spielt die Behaglichkeit der Räume für die Mitarbeiter eine immer größere Rolle.

Bürogebäude sind nicht nur Arbeitsstätten, sondern haben auch einen hohen Repräsentationswert. Je authentischer das Unternehmenskonzept durch das Gebäude abgebildet wird, umso nachhaltiger sind die Wirkung nach außen und die Identifikation der Mitarbeiter.

Sommerreise

Dezember	Juni
−0,2 °C	15,5 °C
81 %	72 %
3,9 m/s	3,2 m/s
55 mm	126 mm
25 kWh/m²	160 kWh/m²

München
0 km
536 m über NN
11°35' Ost
48°08' Nord

Außenlufttemperatur
Relative Luftfeuchte
Windgeschwindigkeit
Monatlicher Niederschlag
Globalstrahlung

Alle Werte sind Monatsmittelwerte. Niederschläge sind als Monatssummen angegeben.

Dezember	Juni
1,7 °C	16,1 °C
90 %	72 %
3,0 m/s	2,6 m/s
72 mm	46 mm
19 kWh/m²	152 kWh/m²

Heidelberg
330 km
289 m über NN
8°42' Ost
49°25' Nord

Dezember	Juni
1,5 °C	16,8 °C
90 %	69 %
2,6 m/s	2,3 m/s
55 mm	73 mm
17 kWh/m²	150 kWh/m²

Frankfurt
420 km
125 m über NN
8°41' Ost
50°0' Nord

Dezember	Juni
2,3 °C	16,1 °C
81 %	73 %
3,0 m/s	2,5 m/s
38 mm	45 mm
17 kWh/m²	147 kWh/m²

Loreley
520 km
166 m über NN
7°40' Ost
50°10' Nord

Dezember	Juni
3,8 °C	16,1 °C
84 %	70 %
3,5 m/s	3,0 m/s
71 mm	77 mm
17 kWh/m²	139 kWh/m²

Köln
660 km
61 m über NN
6°57' Ost
50°56' Nord

Dezember	Juni
2,8 °C	15,7 °C
86 %	72 %
3,6 m/s	3,0 m/s
70 mm	71 mm
14 kWh/m²	141 kWh/m²

Münster
810 km
59 m über NN
7°37' Ost
51°58' Nord

Dezember	Juni
2,0 °C	15,5 °C
92 %	70 %
4,2 m/s	3,5 m/s
69 mm	72 mm
13 kWh/m²	153 kWh/m²

Hamburg
1.090 km
1 m über NN
9°00' Ost
53°33' Nord

Dezember	Juni
1,5 °C	17,3 °C
83 %	64 %
5,6 m/s	4,1 m/s
52 mm	74 mm
13 kWh/m²	158 kWh/m²

Berlin
1.370 km
44 m über NN
13°52' Ost
52°32' Nord

Hülle | Sommerreise

Frankfurt erwacht

06:45

07:05

07:25

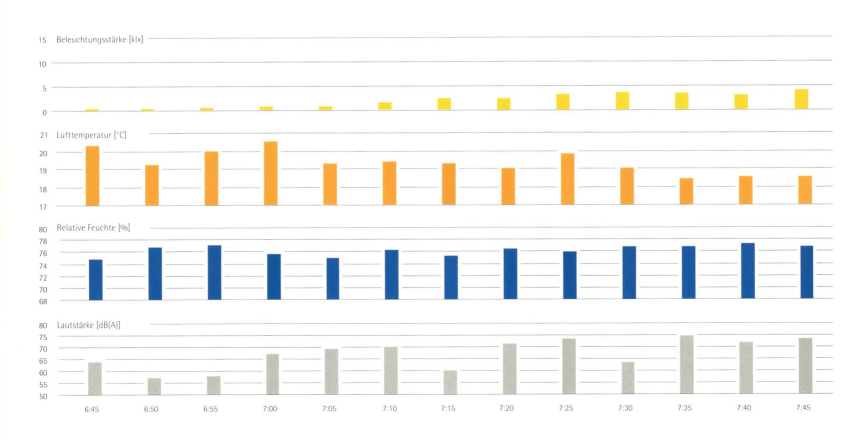

07:45

08:05

08:25

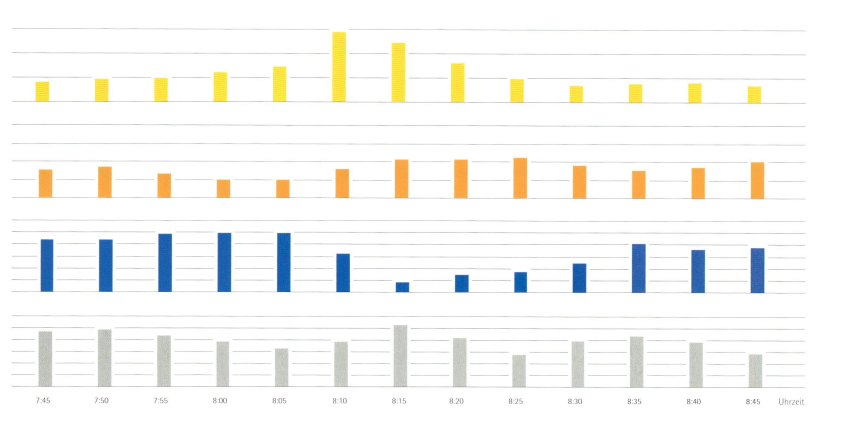

Hülle | Sommerreise

Köln strahlt

Hamburg bewegt

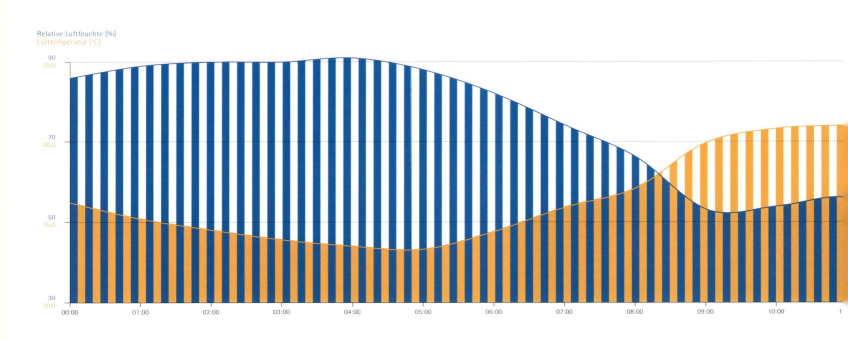

Relative Luftfeuchte [%]
Lufttemperatur [°C]

Berlin pulsiert

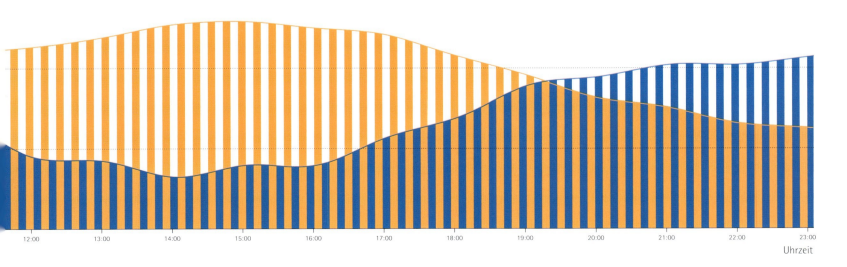

Uhrzeit

Hülle | Sommerreise

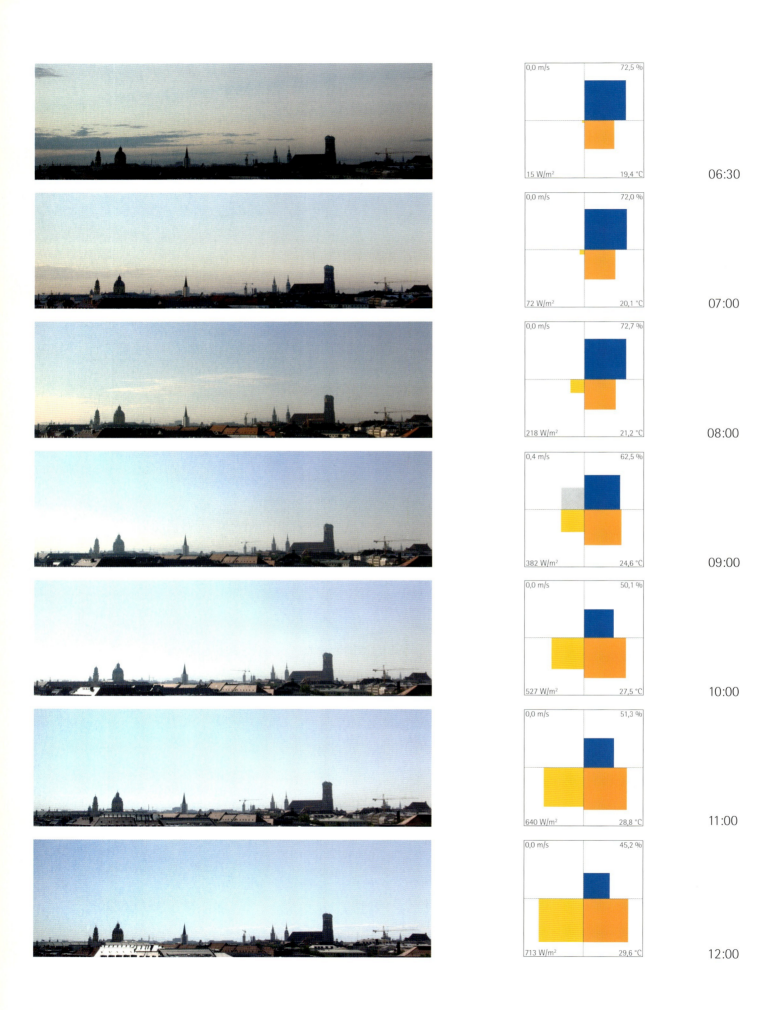

München leuchtet

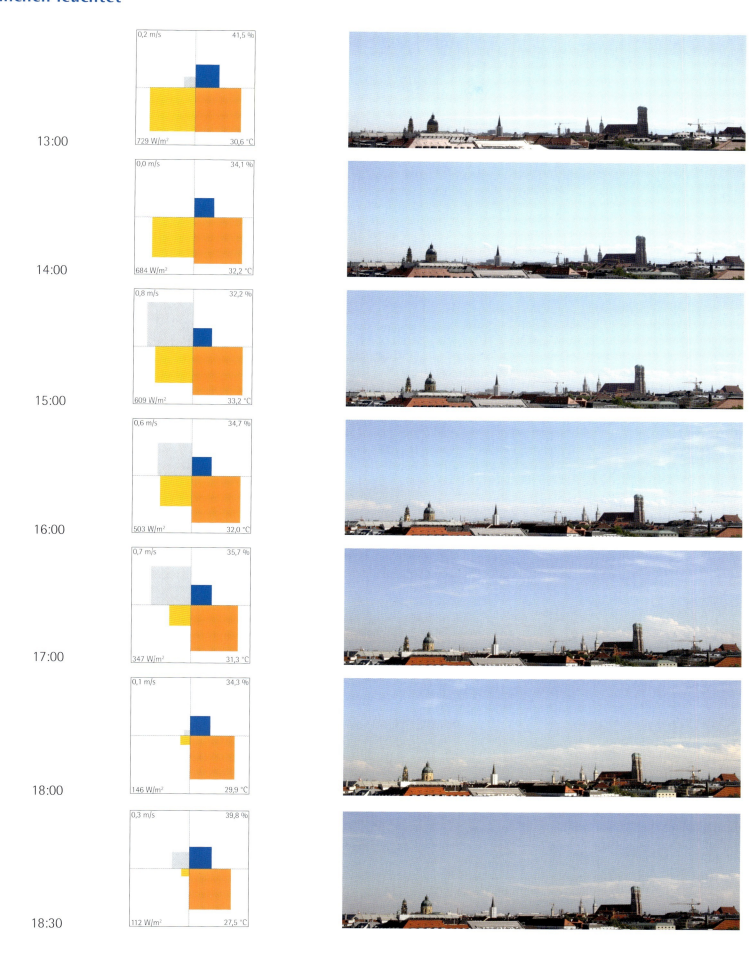

13:00

14:00

15:00

16:00

17:00

18:00

18:30

Hülle | Sommerreise

Fassadenfunktionen

„Das Vielsprachige und Mehrschichtige ist uns wichtig. Mit unserer Architektur möchten wir uns nicht auf einen durchgängigen ‚Stil' festlegen lassen. Vielmehr bezieht sie ihre jeweilige Ausprägung aus der intensiven Auseinandersetzung mit der Bauaufgabe selbst, den Bedingungen und Chancen des Ortes, an dem sie verwirklicht werden soll, den hierfür adäquaten Mitteln sowie aus dem Zusammenspiel aller an der Konzeption und Realisierung Beteiligten. Gemeinsamer Nenner des so Entstandenen ist die Offenheit und Eingängigkeit des Gebäudes für die Sinne und damit die Nutzbarkeit. Die Bandbreite der räumlichen Konzeptionen reicht dabei vom umgrenzenden Volumen bis zur offenen Struktur – sie stehen stets im Dialog mit ihrem jeweiligen räumlichen und sozialen Umfeld.
Insofern verstehen wir unsere Arbeit als soziale und kulturelle Dienstleistung auf einem hohen künstlerischen, funktionalen und technologischen Niveau. Die architektonische Qualität und Nachhaltigkeit muss sich in erster Linie daran messen, wie offen und vielseitig interpretierbar sie für die vielfältigen Formen des Lebens ist, denen sie eine Stätte schaffen will."

Auer+Weber+Assoziierte

Quelle: Auer+Weber+Assoziierte

Die Heizenergiebilanz von Gebäuden hat sich in den letzten Jahren entscheidend verändert. Der Einsatz von Materialien mit guten Dämmeigenschaften und von deutlich wirkungsvolleren Wärmeschutzgläsern sowie erhöhten Dämmstoffstärken reduziert die Transmissionswärmeverluste erheblich. Daher wird mittlerweile ein großer Teil der Heizwärme benötigt, um die Lüftungswärmeverluste auszugleichen, die sich bei der Lüftung über die Fassade einstellen. Bei Verwaltungsgebäuden führen Computerarbeitsplätze, künstliche Beleuchtung und eine hohe Belegungsdichte zu hohen internen Wärmegewinnen. Solare Gewinne sind daher nur noch in sehr begrenztem Maße nutzbar.

Fassade im Winter

Wechselwirkung zwischen der Reduktion des Heizwärmebedarfs und der Architektur

Die Entwicklung der Architektur ist Ausdruck und Spiegel der jeweiligen technischen Möglichkeiten sowie der kulturellen Situation einer Gesellschaft. So spiegelt die Geschichte der menschlichen Behausung nicht nur den technologischen und kulturellen Fortschritt der jeweiligen Kultur wider, sondern auch die intelligente Auseinandersetzung mit den Fragen der Herstellung von möglichst behaglichen Räumen, die dem Menschen Schutz vor der Natur bieten. Dabei waren die Antworten regional höchst unterschiedlich, was mit den unterschiedlichen Randbedingungen zu erklären ist. Beispielsweise war die jeweilige Verfügbarkeit von geeigneten Baumaterialien oder die klimatische Situation wesentlicher Faktor für die Gestaltung eines Raums. Eines aber ist den Urformen der menschlichen Behausungen in allen Kulturkreisen gemeinsam: Die äußeren Formen sind durchwegs beeinflusst von Gedanken der Energieoptimierung, sowohl was die Beheizung als auch was die Kühlung betrifft. Eindrückliches Beispiel dafür sind die Jurten der Mongolen, die Iglus der Eskimos oder die Lehmhäuser der Menschen aus dem Nahen Osten. Sowohl Formen und Materialien als auch die eingesetzten „Bautechniken" sind pragmatische Reaktionen auf das jeweilige klimatische Umfeld, von dem der architektonische Ausdruck entscheidend geprägt ist. Ebenso deutlich ist dies bei den historischen Bauten aus dem Alpenraum ablesbar.

So ist z.B. die Grundrisstypologie des alemannischen Flurküchenhauses eindeutig durch die Frage der Beheizbarkeit bestimmt. Der Ofen im Zentrum, der alle Räume wärmen kann, die Minimierung der Oberflächen durch die quadratische Grundrissform sowie die verschließbare seitliche Veranda (Schopf) sind Ergebnis einer jahrhundertelangen Verfeinerung der baulichen Antworten auf die Fragen nach energieeffizienten und behaglichen Wohnungen in einem rauen Umfeld.

Erst mit der leichten Verfügbarkeit von preiswerter Heizenergie hat sich das Bauen dieser Fragestellung entzogen. Diese Befreiung prägte das Bauen der letzten 100 Jahre und ermöglichte eine ideenreiche und vielfältige Architekturentwicklung mit präzisen Antworten auf die sozialen und kulturellen Herausforderungen. Die Kehrseite aber ist eine Unzahl an gestaltlosen und unüberlegten Bauten, die weder den Kriterien der Baukultur noch den Grundsätzen der Energieeffizienz entsprechen, da sie mit kurzsichtigen wirtschaftlichen Argumenten begründet wurden.

Heute stehen wir erneut vor einer Wende wie vor 100 Jahren. Durch die drohende Energieknappheit und die sich verschärfenden Umweltprobleme, die durch den Energiehunger unserer Zivilisation entstanden sind, wird sich das Bauen stark verändern. Die lange ausgeblendete Frage der Energieeffizienz wird wieder eines der zentralen Themen der Architektur werden. Es wird darum gehen, unser technisches Wissen und unsere langjährigen Erfahrungen konsequent für das Erstellen von Bau- und Sanierungskonzepten zu verwenden, die zu verbrauchsarmen Gebäuden führen. Das wird natürlich Konsequenzen in der Gestaltung haben – eine spannende Herausforderung für die Architektur. Dass auch unter diesen Prämissen gute Gestaltung und hochwertige Architektur möglich sind, dafür gibt es bereits zahllose Beispiele. Es wird also keinen Rückschritt für die Architektur bedeuten, sich konsequent um das Energiethema zu kümmern, sondern vielmehr eine Bereicherung darstellen, sofern auch kreativ damit umgegangen wird.

Prof. Dipl.-Ing. Hermann Kaufmann

Transmissionswärmeverluste

Die Dämmstoffstärke und die Qualität der Verglasungen beeinflussen die Transmissionswärmeverluste und die Oberflächentemperaturen auf der Innenseite der Fassade. Letztere haben auch Auswirkungen auf die Lüftungswärmeverluste, da die Raumlufttemperatur bei niedrigeren Oberflächentemperaturen höher sein muss. Die Oberflächentemperatur beeinflusst zudem die Behaglichkeitsparameter Strahlungsasymmetrie und Luftgeschwindigkeit, bedingt durch den Kaltluftabfall an der Fassade. Deshalb besteht eine Wechselwirkung zwischen Dämmstandard und Wärmeübergabesystem. So können bei gut gedämmten Gebäuden die Heizkörper auch an der Rauminnenseite angeordnet werden, was die Installation vereinfacht. Der Einsatz von Flächenheizsystemen ist ohne Behaglichkeitseinbußen möglich. Ein weiteres Kriterium für die Höhe der Oberflächentemperaturen ist die Heizleistung, die sich durch eine bessere Dämmqualität reduziert. Dies führt zu einer höheren Flexibilität bei der Wahl des Wärmeübergabesystems und der Wärmeerzeugung.

Dämmstoffstärke Der Transmissionswärmeverlust vermindert sich mit zunehmender Dämmstoffstärke, wobei die Dämmwirkung nicht linear zur Schichtdicke verläuft. Deshalb werden in der Praxis die Dämmstoffstärken durch die Art der Konstruktion, den Platzbedarf, den Herstellungsenergiebedarf, das Gebäudetechnikkonzept, den Gebäudetyp, die Nutzung und den Fensterflächenanteil bestimmt (Tab. 2.2). Insbesondere bei hohen internen Wärmelasten kann auch eine geringere Wärmedämmung vertretbar sein. In Bereichen, in denen eine hohe Schichtdicke nicht gewünscht oder möglich ist, kann eine Vakuumdämmung eine effiziente Alternative bieten.

Wärmebrücken und opake Elemente Mit zunehmender Verbesserung des Dämmstandards nimmt der Einfluss der Wärmebrücken erheblich zu. Aus energetischen und bauphysikalischen Gründen ist darauf ein besonderes Augenmerk zu richten. Auch die konstruktive Ausbildung von opaken Fassadenanteilen bei elementierten Fassaden sowie die Ausbildung von Decken- und Wandanschlüssen wird schwieriger, da in einer geringen Bautiefe eine hohe Dämmwirkung zu realisieren ist. Hier können Vakuumdämmpaneele eine Lösung darstellen.

Verglasungen Bei Gläsern besteht die Wahl zwischen Zwei-Scheiben- und Drei-Scheiben-Verglasungen. Letztere haben bei ungefähr doppelter Dämmwirkung einen 10 bis 15 % geringeren Gesamtenergiedurchlassgrad und eine ca. 10 % geringere Tageslichttransmission (Tab. 2.1). Die Farbwiedergabe im Innenraum und in der Durchsicht kann sich verändern. Zudem sind sie teurer als Zwei-Scheiben-Verglasungen und die Ausbildung von Beschlägen ist aufwändiger. Die Art der Verglasung richtet sich in der Praxis nach dem Fensterflächenanteil, den internen Wärmelasten und dem Wärmeübergabekonzept. Bei hohen internen Lasten in Verbindung mit geringen Fensterflächenanteilen sind in der Regel Verglasungen mit zwei Scheiben sinnvoll. Bei größeren Fensterflächenanteilen helfen Drei-Scheiben-Verglasungen, Energie zu sparen, verbessern jedoch vor allem die Behaglichkeit und ermöglichen eine einfachere Gebäudetechnik. Da der Rahmen mittlerweile die energetische Schwachstelle bildet, ist ein hoher Rahmenanteil energetisch ungünstiger. Daher sind kleinteilige Verglasungen zu vermeiden.

	2-Scheiben-Verglasung	3-Scheiben-Verglasung
U_g [W/m²K]	bis 1,1	bis 0,5
g [–]	0,55–0,65	0,5
τ [–]	0,8	0,7
R_w [dB]	30–31	32

Tab. 2.1 **Typische bauphysikalische Werte von 2- und 3-Scheiben-Verglasungen**
Wärmedurchgangskoeffizient gesamt U_g, Gesamtenergiedurchlassgrad g, Lichtdurchlässigkeit τ und Schalldämm-Maß R_w

Tab. 2.2 **Praxisgerechte Dämmstoffstärken und Verglasungen für verschiedene Gebäudetypen**
Die erforderliche wärmedämmende Qualität der Gebäudehülle steht in Wechselwirkung mit dem Fensterflächenanteil, der Nutzung und der Gebäudetechnik.

Gebäudetyp	Fensterflächenanteil	Verglasungsart	Dämmstoffstärke (WLG 035)
Niedrigenergie-Wohngebäude	< 30 %	2-Scheiben-WSV	15–25 cm
Niedrigenergie-Wohngebäude	> 30 %	3-Scheiben-WSV	15–25 cm
Passivhaus	< 50 %	3-Scheiben-WSV	25–35 cm
Bürogebäude	< 50 %	2-Scheiben-WSV	> 15 cm
Bürogebäude	> 50 %	3-Scheiben-WSV	> 15 cm
Bürogebäude, hohe interne Lasten	< 70 %	2-Scheiben-WSV	> 10 cm
Bürogebäude, hohe interne Lasten	> 70 %	3-Scheiben-WSV	> 10 cm
Bürogebäude, thermoaktive Decke	< 70 %	3-Scheiben-WSV	> 15 cm

Abb. 2.1 **Einfluss des Dämmstandards auf den Heizwärmebedarf und die Heizleistung**

Variation: Dämmstandard
schlecht $U_{Wand} = 0,5$ W/m²K $U_{Verglasung} = 1,4$ W/m²K
mittel $U_{Wand} = 0,3$ W/m²K $U_{Verglasung} = 1,1$ W/m²K
gut $U_{Wand} = 0,2$ W/m²K $U_{Verglasung} = 0,7$ W/m²K

Bei Verwaltungsgebäuden mit konventioneller Nutzung liegen die Einsparpotenziale durch eine gute Dämmung bei ca. 30 %. Die erforderliche Heizleistung reduziert sich um bis zu 25 %. Dadurch können ggf. einfachere Technikkonzepte realisiert werden.

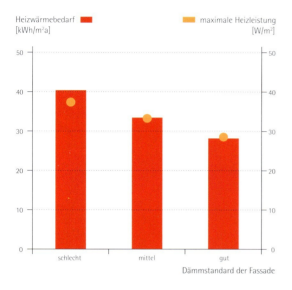

Abb. 2.2 **Hohe interne Wärmelasten: Einfluss des Dämmstandards auf den Heizwärmebedarf und die Heizleistung**

Variation: Dämmstandard bei zusätzlichen internen Lasten von 50 W/m²
schlecht $U_{Wand} = 0,5$ W/m²K $U_{Verglasung} = 1,4$ W/m²K
mittel $U_{Wand} = 0,3$ W/m²K $U_{Verglasung} = 1,1$ W/m²K
gut $U_{Wand} = 0,2$ W/m²K $U_{Verglasung} = 0,7$ W/m²K

Bei zusätzlichen hohen internen Wärmelasten durch Geräte (50 W/m² während der Nutzungszeit) vermindert sich der Heizwärmebedarf um ca. 75–90 %. Die Auswirkung der Lasten auf die Heizleistung ist aufgrund der Aufheizphasen geringer.

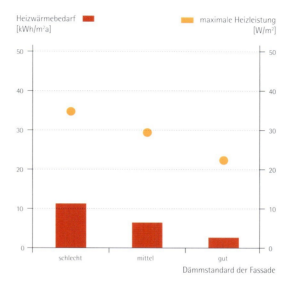

Randbedingungen zu Abb. 2.1 und 2.2, soweit nicht als Parameter variiert

Bürofläche	22,5 m²
Orientierung	Süd
Fassadenfläche	13,5 m²
Fensterflächenanteil	50 %
U-Wert Verglasung	variiert
g-Wert	0,5/0,6
Sonnenschutz	geschlossen bei T_{Raum} > 24 °C
U-Wert Außenwand	variiert
Innenwände	leicht, adiabat
Decken	massiv, adiabat
Lasten wochentags 8:00–18:00 Uhr	2 Pers. + 2 PC
Beleuchtung wochentags	
8:00–10:00 Uhr	10 W/m²
10:00–16:00 Uhr	aus
16:00–18:00 Uhr	10 W/m²
Lüftung wochentags	
8:00–18:00 Uhr	$n = 1,0$ h⁻¹
Lüftung sonstige Zeit	$n = 0,5$ h⁻¹
Heizung	$T_{Raum} < 20$ °C
Aufheizzeit	$t = 1,0$ h
Klima	Würzburg

Abb. 2.3 **Südfassade: Einfluss der Verglasungsqualität auf den Heizwärmebedarf in Abhängigkeit vom Fensterflächenanteil**

Variation: Verglasung   Fensterflächenanteil Süd
2-Scheiben $U_{Verglasung} = 1,1$ W/m²K   30 %, 50 %, 70 %
3-Scheiben $U_{Verglasung} = 0,7$ W/m²K   Sonnenschutz

Bei Verwaltungsgebäuden ist der Vorteil von 3-Scheiben-Verglasungen bei kleineren Fensterflächenanteilen gering. Bei hohem Glasanteil sind 3-Scheiben-Verglasungen sinnvoll, vor allem aus Behaglichkeitsgründen. Größere Fensterflächenanteile sind energetisch gesehen ungünstiger als kleine, da die zusätzlichen solaren Gewinne aufgrund der Überhitzungsgefahr durch den Sonnenschutz begrenzt werden.

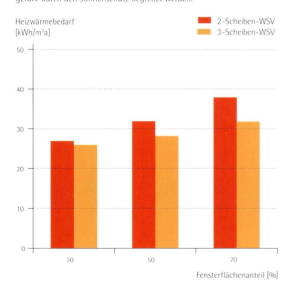

Abb. 2.4 **Nordfassade: Einfluss der Verglasungsqualität auf den Heizwärmebedarf in Abhängigkeit vom Fensterflächenanteil**

Variation: Verglasung   Fensterflächenanteil Nord
2-Scheiben $U_{Verglasung} = 1,1$ W/m²K   30 %, 50 %, 70 %
3-Scheiben $U_{Verglasung} = 0,7$ W/m²K   kein Sonnenschutz

Größere Fensterflächenanteile sind an der Nordfassade energetisch gesehen besonders ungünstig.

Randbedingungen zu Abb. 2.3 und 2.4, soweit nicht als Parameter variiert

Bürofläche	22,5 m²
Orientierung	Süd, Nord
Fassadenfläche	13,5 m²
Fensterflächenanteil	variiert
U-Wert Verglasung	variiert
g-Wert	0,5/0,6
Sonnenschutz	geschlossen bei T_{Raum} > 24 °C
U-Wert Außenwand	0,2 W/m²K
Innenwände	leicht, adiabat
Decken	massiv, adiabat
Lasten wochentags 8:00–18:00 Uhr	2 Pers. + 2 PC
Beleuchtung wochentags	
8:00–10:00 Uhr	10 W/m²
10:00–16:00 Uhr	aus
16:00–18:00 Uhr	10 W/m²
Lüftung wochentags	
8:00–18:00 Uhr	$n = 1,0$ h⁻¹
Lüftung sonstige Zeit	$n = 0,5$ h⁻¹
Heizung	$T_{Raum} < 20$ °C
Aufheizzeit	$t = 1,0$ h
Klima	Würzburg

Lüftungswärmeverluste

Durch den verbesserten Dämmstandard von Fassaden hat sich der Anteil der Lüftungswärmeverluste am Heizwärmebedarf von Gebäuden vergrößert. Hier ergeben sich Einsparpotenziale durch die Begrenzung des Luftwechsels auf das hygienisch erforderliche Maß (Abb. 2.5) und durch Wärmerückgewinnung (Abb. 2.8). Die Bedeutung der Lüftungswärmeverluste steht in Wechselwirkung mit den internen Wärmelasten. Bei hohen Lasten werden die Lüftungswärmeverluste kompensiert (Abb. 2.6) bzw. die Lüftung dient der Lastabfuhr. In diesem Fall vermindert sich die Bedeutung der Wärmerückgewinnung, es sei denn, die Wärme kann anderweitig genutzt werden, z.B. für andere Gebäudeteile oder zur Brauchwasservorwärmung.

Luftwechsel Der Luftwechsel ist die entscheidende Einflussgröße für den Lüftungswärmebedarf. Deshalb sollten möglichst wenig geruchs- und schadstoffemittierende Gegenstände, Baumaterialien und Geräte in den Räumen vorhanden sein. Bei der Begrenzung des Luftwechsels spielen die Dichtheit der Gebäudehülle und die Einstellbarkeit der Lüftungsöffnungen eine Rolle. Um unerwünschten Luftaustausch durch Leckagen, angetrieben durch Thermik oder Wind oder durch Druckunterschiede durch die Lüftungsanlage zu vermeiden, sollte bei der Bauausführung ein besonderes Augenmerk auf die Dichtheit der Gebäudehülle gelegt und diese durch einen Blower-Door-Test überprüft werden. Eine hohe Luftdichtheit ist auch aus bauphysikalischen Gründen wichtig, zum Beispiel zur Vermeidung von Tauwasserausfall. Wird über die Fassade gelüftet, so lassen herkömmliche Fensterbeschläge in der Regel nur zwei Stellungen zu. Der Nutzer kann dadurch den Lüftungsquerschnitt nicht seinen Bedürfnissen und dem Außenklima entsprechend anpassen. Deshalb sind fein dosierbare Lüftungselemente vorzusehen, die ggf. auch automatisch gesteuert werden können.

Zuluftvorwärmung Zur Vorwärmung der Zuluft können regenerative Wärmequellen wie Grundwasser oder das Erdreich eingesetzt werden. Dadurch ist eine Erwärmung der Zuluft auf bis zu 10 °C möglich. Der Einfluss eines erhöhten Luftwechsels auf den Heizwärmebedarf wird dadurch verringert (Abb. 2.7).

Wärmerückgewinnung Die Wärmerückgewinnung aus der Abluft kann über Wärmetauscher oder eine Abluftwärmepumpe erfolgen. Wärmetauscher haben einen hohen Wirkungsgrad, erfordern jedoch einen Zu- und Abluftstrom. Deshalb können sie bei der Zuluftführung über die Fassade, die aus Nutzersicht wünschenswert ist, nicht eingesetzt werden. Die Abluftwärmepumpe kann auch in ein mechanisches Abluftkonzept integriert werden. Sie überträgt dann die Wärme an ein Flächenheizsystem oder stellt sie zur Warmwassererwärmung zur Verfügung. Ist aufgrund des Standorts oder der Nutzung eine Zu- und Abluftanlage notwendig, so ist die Wärmerückgewinnung energetisch sinnvoll (Abb. 2.8). Dies gilt insbesondere dann, wenn eine Quelllüftung realisiert werden soll, da die Zulufttemperatur auf 2 K unter Raumtemperatur aufgeheizt werden muss. Wird die Zuluft über die Fassade eingebracht, so ist die Effizienz der Wärmerückgewinnung in Bezug auf die Nutzbarkeit der gewonnenen Wärme und die erforderliche Antriebsenergie zu überprüfen.

Fensterlüftung	Abluftanlage	Abluftanlage mit Wärmerückgewinnung	Zu- und Abluftanlage mit Wärmerückgewinnung
Single-Haushalt	Niedrigenergie-Haus	Bürogebäude	Familien-Haushalt
Einzelbüro	Kombibüro	Niedrigenergie-Haus mit Flächenheizung	Passivhaus
	Büro mit Atrium	Niedrigenergie-Haus mit Warmwasserbedarf	bei hoher Schallbelastung
			Mehrpersonenbüro
			Großraumbüro

Tab. 2.3 Sinnvolle Lüftungsstrategien für verschiedene Nutzungen im Wohn- und Verwaltungsbau

Abb. 2.5 **Einfluss des Luftwechsels auf den Heizwärmebedarf und die Heizleistung**

Variation: Luftwechselzahlen
n = 1,0 h⁻¹, n = 1,5 h⁻¹, n = 2,0 h⁻¹

Der Luftwechsel hat einen erheblichen Einfluss auf den Heizwärmebedarf (Erhöhung um bis zu 50 %) und auf die Heizleistung (Erhöhung um bis zu 65 %).

Abb. 2.6 **Hohe interne Wärmelasten: Einfluss des Luftwechsels auf den Heizwärmebedarf und die Heizleistung**

Variation: Luftwechsel bei zusätzlichen internen Lasten von 50 W/m²
n = 1,0 h⁻¹, n = 1,5 h⁻¹, n = 2,0 h⁻¹

Bei hohen internen Wärmelasten durch Geräte (50 W/m² während der Nutzungszeit) nimmt der Heizwärmebedarf erheblich ab. Der Einfluss des Luftwechsels auf den Heizwärmebedarf bleibt bestehen. Der Einfluss auf die Heizleistung ist gering, da Luftwechsel und Wärmelasten zeitgleich auftreten.

Randbedingungen zu Abb. 2.5 bis 2.8, soweit nicht als Parameter variiert

Bürofläche	22,5 m²
Orientierung	Süd
Fassadenfläche	13,5 m²
Fensterflächenanteil	50 %
U-Wert Verglasung	1,1 W/m²K
g-Wert	0,6
Sonnenschutz	geschlossen bei T_{Raum} > 24 °C
U-Wert Außenwand	0,30 W/m²K
Innenwände	leicht, adiabat
Decken	massiv, adiabat
Lasten 8:00–18:00 Uhr	wochentags 2 Pers. + 2 PC
Beleuchtung 8:00–10:00 Uhr 10:00–16:00 Uhr 16:00–18:00 Uhr	wochentags 10 W/m² aus 10 W/m²
Lüftung wochentags 8:00–18:00 Uhr Lüftung sonstige Zeit	variiert n = 0,5 h⁻¹
Heizung Aufheizzeit	T_{Raum} < 20 °C t = 1,0 h
Klima	Würzburg

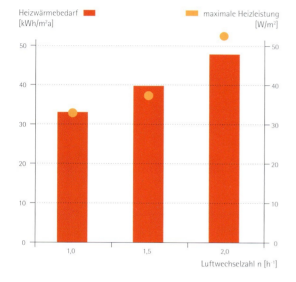

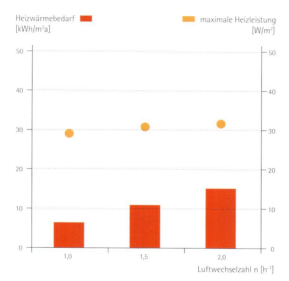

Abb. 2.7 **Zuluftvorwärmung: Einfluss des Luftwechsels auf den Heizwärmebedarf**

Variation: Luftwechselzahlen
n = 1,0 h⁻¹, n = 1,5 h⁻¹, n = 2,0 h⁻¹
Zuluftvorwärmung während der Nutzung auf 10 °C

Bei einer Zuluftvorwärmung auf 10 °C, z.B. durch Grundwasser, vermindert sich der Heizwärmebedarf um bis zu 25 %. Die Heizleistung wird durch den höheren Luftwechsel kaum erhöht.

Abb. 2.8 **Wärmerückgewinnung: Einfluss des Luftwechsels auf den Heizwärmebedarf**

Variation: Luftwechselzahlen
n = 1,0 h⁻¹, n = 1,5 h⁻¹, n = 2,0 h⁻¹
Wärmerückgewinnung 60 %, 80 % (ohne Antriebsenergie)

Durch Wärmerückgewinnung kann der Heizwärmebedarf um bis zu 25 % bei geringem Luftwechsel und um bis zu 40 % bei hohem Luftwechsel reduziert werden. Zu berücksichtigen ist dabei jedoch der erhöhte technische Aufwand und die Antriebsenergie.

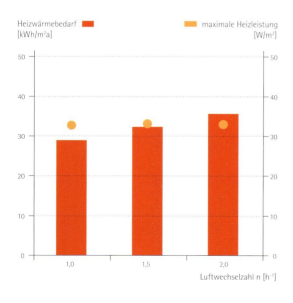

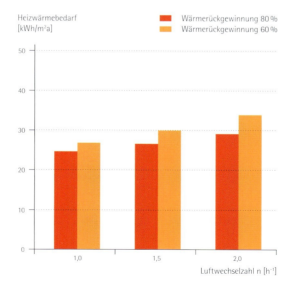

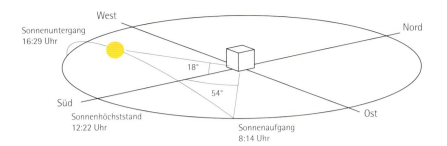

Abb. 2.9 **Verlauf der Sonne am 21. Dezember**
*(MEZ, Standort Stuttgart, 48°46′N, 9°10′O)
Im Winter geht die Sonne bei einem Azimutwinkel von 126° auf. Nur bei Fassaden, die in südliche Richtungen orientiert sind, lassen sich solare Gewinne erzielen.*

Solare Gewinne

Solare Gewinne in Innenräumen sind abhängig von der Größe der transparenten bzw. transluzenten Flächen, deren Orientierung und deren Energiedurchlassgrad, der sich aus dem g-Wert der Verglasung und dem Abminderungsfaktor des Sonnenschutzes zusammensetzt. Die Nutzbarkeit der solaren Gewinne hängt von den thermisch nutzbaren Speichermassen ab und steht in Wechselwirkung mit den internen Lasten, dem erforderlichen Heizwärmebedarf und der lokalen Klimasituation. Durch die mittlerweile verbesserte Dämmung verringern sich der Heizwärmebedarf und somit auch die nutzbaren solaren Gewinne, da Heizwärme fast nur noch an kalten Wintertagen benötigt wird, wenn die solare Einstrahlung gering ist.

Fensterflächenanteil Die Höhe der solaren Einstrahlung steigt linear mit dem Fensterflächenanteil. In der Praxis sind jedoch bei Verwaltungsgebäuden die solaren Gewinne aus Fensterflächenanteilen über 30 % in der Regel kaum noch nutzbar. Sie führen in der strahlungsarmen Zeit zu erhöhten Wärmeverlusten, sodass sich die Gesamtenergiebilanz verschlechtert (Abb. 2.10). Im Sommer ergeben sich hohe solare Wärmeeinträge, die zu Überhitzung führen können.

Klimatische Aspekte Der nutzbare Ertrag an solaren Gewinnen hängt vom Lokalklima ab, das sich schon nach wenigen Kilometern ändern kann. Günstig ist es, wenn ein hoher Wärmebedarf, bedingt durch niedrige Außentemperaturen, und eine hohe Einstrahlung zusammenfallen. Dies ist oft in Höhenlagen der Fall. Häufige Nebelsituationen sind hingegen ungünstig.

Speichermasse Damit die solaren Gewinne nicht sofort zu einem Anstieg der Raumtemperatur führen und abgelüftet werden müssen, sind ausreichend hohe Speichermassen erforderlich, die sich schnell aktivieren lassen. Durch eine schwere Bauweise wird der Heizwärmebedarf reduziert (Abb. 2.12). Phase Change Materials (PCM) können eine leistungsfähige Ergänzung oder ein Ersatz zur Speicherfähigkeit der Konstruktion sein.

Funktionale Wechselwirkungen Bei der Nutzung von solaren Gewinnen ist auch auf die Blendung zu achten. Es ist ein zusätzlicher innen liegender Blendschutz erforderlich, da direkt besonnte Arbeitsplätze für den Nutzer unangenehm sein können.

Wechselwirkung mit internen Wärmelasten Solare Gewinne und interne Wärmelasten treten in der Regel zeitgleich auf. Dadurch lassen sich solare Gewinne nur noch sehr eingeschränkt nutzen (Abb. 2.11), insbesondere wenn die Speichermasse gering ist.

Sonnenschutz Die Nutzung solarer Gewinne erfordert, dass der Sonnenschutz geöffnet bleibt. Die Raumtemperatur steigt insbesondere bei geringen Speichermassen an, was nicht immer als behaglich empfunden wird. In der Praxis ist auch im Winter das teilweise Schließen des Sonnenschutzes erforderlich. Dies erfolgt idealerweise in Abhängigkeit von der Raumtemperatur. Wird der Sonnenschutz im Winter zur Vermeidung hoher Raumtemperaturen geschlossen, erhöht sich der Heizwärmebedarf (Abb. 2.13).

Abb. 2.10 **Einfluss der Orientierung und des Fensterflächenanteils auf den Heizwärmebedarf**

Variation: Orientierungen Fensterflächenanteil
Nord, Ost, Süd, West 30%, 70%

Auf der Südseite ist der Einfluss des Fensterflächenanteils auf den Heizwärmebedarf gering, sofern der Sonnenschutz kontinuierlich geöffnet bleibt. Die Folge davon sind teilweise erheblich erhöhte Raumtemperaturen auch im Winter. Bei allen anderen Orientierungen steigt mit zunehmendem Fensterflächenanteil auch der Heizwärmebedarf.

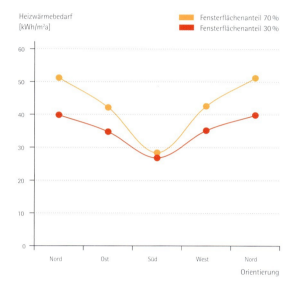

Abb. 2.11 **Hohe interne Wärmelasten: Einfluss der Orientierung und des Fensterflächenanteils auf den Heizwärmebedarf**

Variation: Orientierungen und Fensterflächenanteil bei internen Lasten von 50 W/m² während der Nutzungszeit

Bei zusätzlichen hohen internen Wärmelasten durch Geräte (50 W/m² während der Nutzungszeit) hat die Orientierung einen wesentlich geringeren Einfluss. Hohe Fensterflächenanteile sind in Bezug auf den Heizwärmebedarf ungünstiger.

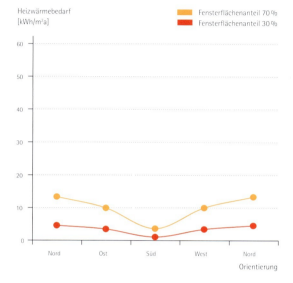

Randbedingungen zu Abb. 2.10 und 2.11, soweit nicht als Parameter variiert

Bürofläche	22,5 m²
Orientierung	variiert
Fassadenfläche	13,5 m²
Fensterflächenanteil	variiert
U-Wert Verglasung	1,1 W/m²K
g-Wert	0,6
Sonnenschutz	geöffnet
U-Wert Außenwand	0,30 W/m²K
Innenwände	leicht, adiabat
Decken	massiv, adiabat
Lasten 8:00–13:00 Uhr	wochentags 2 Pers. + 2 PC
Beleuchtung 8:00–10:00 Uhr 10:00–16:00 Uhr 16:00–18:00 Uhr	wochentags 10 W/m² aus 10 W/m²
Lüftung wochentags 8:00–18:00 Uhr Lüftung sonstige Zeit	n = 1,0 h⁻¹ n = 0,5 h⁻¹
Heizung	$T_{Raum} < 20\,°C$
Klima	Würzburg

Abb. 2.12 **Einfluss der Speichermasse auf den Heizwärmebedarf bei Sonnenschutzsteuerung (geschlossen bei $T_{Raum} > 24\,°C$)**

Variation: Fensterflächenanteil 30%, 70% und Speichermasse
leicht Innenwände leicht, Doppelboden, Decke abgehängt
mittel Innenwände leicht, Decken freiliegend
schwer Innenwände massiv, Decken freiliegend

Die Speichermasse hat einen erheblichen Einfluss auf den Heizwärmebedarf. Bei schwerer Bauweise ergibt sich bei großen Fensterflächen eine Reduktion um bis zu 40%.

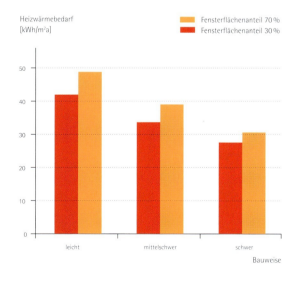

Abb. 2.13 **Einfluss der Sonnenschutzsteuerung auf den Heizwärmebedarf bei mittelschwerer Bauweise**

Variation: Sonnenschutzsteuerung

Die Steuerung des Sonnenschutzes hat einen erheblichen Einfluss auf den Heizwärmebedarf. Die Einsparungen durch solare Gewinne auf der Südseite lassen sich in der Praxis nicht komplett realisieren, da Blendung und erhöhte Raumtemperaturen dagegen sprechen.

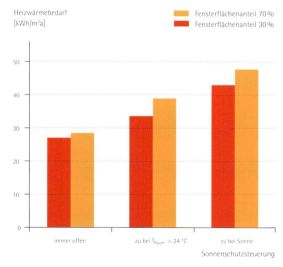

Randbedingungen zu Abb. 2.12 und 2.13, soweit nicht als Parameter variiert

Bürofläche	22,5 m²
Orientierung	Süd
Fassadenfläche	13,5 m²
Fensterflächenanteil	variiert
U-Wert Verglasung	1,1 W/m²K
g-Wert	0,6
Sonnenschutz	variiert
U-Wert Außenwand	0,30 W/m²K
Innenwände	variiert, adiabat
Decken	variiert, adiabat
Lasten 8:00–18:00 Uhr	wochentags 2 Pers. + 2 PC
Beleuchtung 8:00–10:00 Uhr 10:00–16:00 Uhr 16:00–18:00 Uhr	wochentags 10 W/m² aus 10 W/m²
Lüftung wochentags 8:00–18:00 Uhr Lüftung sonstige Zeit	n = 1,0 h⁻¹ n = 0,5 h⁻¹
Heizung	$T_{Raum} < 20\,°C$
Klima	Würzburg

Fassadenfunktionen | Fassade im Winter

Campo am Bornheimer Depot
sparsam

Die geplante Wohnbebauung im Stadtteil Bornheim in Frankfurt am Main wird im Passivhausstandard ausgeführt. Grundgedanke des Passivhauses ist es, Wärmeverluste zu vermeiden und nutzbare Wärmegewinne zu optimieren. Durch eine sehr gut gedämmte Gebäudehülle mit Dämmstoffstärken bis zu 40 cm, der Nutzung von solaren Wärmegewinnen und der Abwärme von Personen und Haushaltsgeräten wird ein Jahresheizwärmebedarf von unter 15 kWh/m²a erreicht. Obwohl es durch den geringen Heizwärmebedarf möglich ist, mit Luft zu heizen, wurden bei diesem Projekt die Systeme Lüften und Heizen getrennt. Dadurch kann der erforderliche Luftwechsel auf die Personenzahl und die Erfordernisse der Bauphysik reduziert werden. Der durchschnittliche Luftwechsel beträgt 0,35 h^{-1}. Als weitere Kennwerte für ein Passivhaus gelten ein Primärenergiebedarf von 120 kWh/m²a und ein Luftdichtigkeitswert $c_p 50 < 0,6$ h^{-1}.

Standort Die Wohnbebauung am Bornheimer Depot ist von einer dichten Blockrandbebauung umgeben. Dadurch konnten elementare Planungsgrundsätze des Passivhauses wie die Ausrichtung nach Süden und eine geringe Verschattung durch die Umgebungsbebauung nicht immer eingehalten werden. Um dennoch die Passivhauskennwerte zu erreichen und ein Minimum an Kosten bei maximaler Wohnfläche zu erreichen, wurden bei jedem Planungsschritt die Energiekennwerte der Gebäude ermittelt und überprüft. Dadurch konnten alle Planungsentscheidungen auf der Grundlage der Investitionskosten, der Betriebskosten und des Energiebedarfs bewertet werden.

Gebäudehülle Zur Optimierung der Gebäudehülle eines Passivhauses können die Planungsvariablen wie Fenstergrößen, Verglasungsqualität, Dämmstoffqualitäten und Dämmstoffstärken untersucht werden. Auch die Reduzierung von Wärmebrücken und die Erhöhung der Luftdichtheit wirken sich positiv aus. Vor allem an Fassadenbereichen, an denen geringe solare Erträge zu erwarten sind, widersprechen sich die Forderungen an eine ausreichende Belichtung der Räume und an eine Verringerung der Wärmeverluste über die Fenster. Neben der Optimierung der Gebäudehülle kann der Heizwärmebedarf und der Primärenergiebedarf stark durch den Wärmerückgewinnungsgrad und den Stromverbrauch der Lüftungsanlage beeinflusst werden.

Lageplan

Energiebilanz von Haus D

Skizze Fassadenschnitt

Abb. 2.14 **Lageplan**
Die vier- bis sechsgeschossigen Wohnbauten im Passivhausstandard sind durch die umgebende Bebauung teilweise stark verschattet. Zusätzlich werden die solaren Gewinne geschmälert, weil eine Ausrichtung aller Häuser nach Süden nicht möglich ist. Bei Haus D wird eine bestehende Klinkerfassade integriert.

Abb. 2.15 **Energiebilanz von Haus D**
Die Wärmeverluste setzen sich aus Transmissions- und Lüftungswärmeverlusten zusammen. Sie sind durch die großen Dämmstoffdicken und den hohen Wärmerückgewinnungsgrad der kontrollierten Wohnraumlüftung im Vergleich zu normalen Neubauten sehr gering. Die solaren Gewinne gleichen zusammen mit den internen Gewinnen die Wärmeverluste so weit aus, dass der Heizwärmebedarf den nach Passivhausanforderung maximal zugelassenen Wert von 15 kWh/m²a unterschreitet.

Abb. 2.16 **Skizze Fassadenschnitt**
Beim Campo am Bornheimer Depot wurde als Wandaufbau eine Holzständerbauweise mit außen zusätzlich aufgebrachtem WDVS gewählt. Dabei werden Wandstärken von um die 40 cm erreicht. Die Schotten sind in Stahlbeton mit WDVS mit Dicken von bis zu 40 cm ausgeführt. Die gesamte Wandstärke beträgt bis 60 cm, es werden U-Werte bis zu 0,10 W/m²K erreicht.

Abb. 2.17 **Bestand**
Die Klinkerwand der Schweißerhalle des ehemaligen Straßenbahndepots soll erhalten bleiben.

Abb. 2.18 **Entwurfsskizze**
Durch die Integration der Klinkerfassade der ehemaligen Schweißerhalle ergibt sich trotz der Verringerung des Dämmstandards ein Flächenverlust durch dicke Wandaufbauten. Bei den Fassadenversprüngen ergeben sich zusätzlich Wärmebrücken, die minimiert werden müssen.

Fertigstellung: 2007
Nutzung: Wohnen und Gewerbe
Bauherr: ABG Frankfurt Holding, Frankfurt
Architekten: Scheffler+Partner Architekten
Albert Speer & Partner GmbH,
Stefan Forster Architekten, alle Frankfurt
Projektsteuerer: Urbane Projekte GmbH
Gebäudetechnik: IB Hausladen, Kirchheim
Passivhausberatung: IB Hausladen, Kirchheim;
Passivhaus Dienstleistungs GmbH, Darmstadt

In Bezug auf Energieverbrauch und Technikaufwand liegt bei Verwaltungsgebäuden das Hauptaugenmerk mittlerweile auf dem Raumklima im Sommer. Der vermehrte EDV-Einsatz hat erhöhte interne Wärmelasten zur Folge. Der Wunsch nach Flexibilität und Transparenz führt zu verminderter Speichermasse und zu erhöhter solarer Einstrahlung. Das Raumklima von Gebäuden wird im Sommer in entscheidendem Maße von der Orientierung, dem Fensterflächenanteil, dem Sonnenschutz und der Konstruktion bestimmt. Es ergeben sich Auswirkungen auf die Tageslichtversorgung und den Außenbezug.

Fassade im Sommer

Künftige Potenziale zur Optimierung des Verhaltens von Gebäuden im Sommer

Das Wärmeverhalten von Gebäuden im Sommer rückt wieder verstärkt in den Vordergrund und wird sogar in politischen Magazinen thematisiert. Auslöser sind zunehmend als unbehaglich empfundene Raumklimata während der in den letzten Jahren immer heißer gewordenen Sommer und der dadurch hohen solaren Energieeinträge über die Fassade. Auch gestiegene interne Wärmequellen durch elektronische Geräte machen sich bemerkbar. Da der Kühlenergiebedarf bei Nichtwohngebäuden laut Energieeinsparverordnung nachgewiesen werden muss, rückt er immer stärker ins Bewusstsein und wird neben den Bedarfsanteilen Heizen, Warmwasser, Lüften und Beleuchten den Planungsprozess und den Gebäudebetrieb stärker als bislang beeinflussen.

Bereits in den 1970er Jahren war das Wärmeverhalten von Gebäuden im Sommer ein hochaktuelles Thema in der Bauphysik und fand auch seinen Niederschlag in entsprechenden Festlegungen der Normung. Zielsetzung war, mit bautechnischen Maßnahmen die Voraussetzung für ein behagliches Raumklima zu schaffen bzw. den wirtschaftlichen Betrieb einer Klimaanlage zu ermöglichen. Bautechnische Fehler sollten nicht weiter durch entsprechende Anlagentechnik korrigiert werden müssen.

In den letzten Jahren werden vermehrt Systeme realisiert, bei denen Bau- und Anlagentechnik eng zusammenwirken. Hierzu gehören insbesondere thermische Bauteilaktivierungen, meist so genannte Betonkernaktivierungen. Zunächst getrennt hiervon laufen derzeit Erprobungen von so genannten Phasenwechselmaterialien (Phase Change Materials, kurz PCM), mit deren Hilfe die Wärmespeicherfähigkeit selbst sehr leichter Gebäudeausführungen in einstellbaren Temperaturbereichen spürbar erhöht werden kann. Die Adaption dieser Systeme in die Baukonstruktion befindet sich derzeit in der Entwicklungs- bzw. schon Erprobungsphase. Künftig werden diese Systeme wohl verstärkt auch in Kombination mit thermischen Aktivierungssystemen zum Einsatz gelangen.

Über die Fassade wird weitgehend die äußere Kühllast eines Gebäudes bestimmt, wobei häufig Zielkonflikte zwischen Architektur, Versorgung mit Tageslicht, Sichtverbindungen nach außen und Kühllast entstehen.

Hieraus resultieren Forderungen an Fassaden, die im Hinblick auf die Optimierung des Wärmeverhaltens von Gebäuden im Sommer dadurch gekennzeichnet sind, dass Fassaden hinsichtlich Tageslichtnutzung, Solarstrahlungsdurchlässigkeit, Leuchtdichte in der Fläche, Lichtlenkung in größere Raumtiefen, Luftdurchlässigkeit und Energiedurchlässigkeit dem Bedarf anpassbar, d.h. schaltbar sein sollten. Dazu gehören z.B. nicht nur schaltbare Verglasungen, bei denen die strahlungsphysikalischen Eigenschaften in breiten Bereichen variiert werden können, sondern auch nutzungsfreundliche Sonnenschutzvorrichtungen mit Lichtlenk- und Blendschutzfunktion, die auch bei hohen Windgeschwindigkeiten aktiv bleiben können, sowie hinsichtlich der Luftdurchlässigkeit variable Raumabschlüsse zur Realisierung einer intensiven Nachtlüftung.

Darüber hinaus sollten Fassaden die Möglichkeit bieten, thermische und elektrische Energiegewinnungssysteme zu integrieren. Fassaden sind bereits heute die bedeutendsten Systeme zur Nutzung regenerativer Energie, da allein im Wohnungsbau in Deutschland über die Gebäudehülle 83,2 TWh Solarenergie genutzt wird, während über Photovoltaik 1,0 und über Wind 26,5 TWh gewonnen werden. Verbesserungen zur Nutzung von Solarenergie über integrierte Systeme in der Fassade sind anzustreben und werden künftig Gebäude zu Kraftwerken machen.

Prof. Dr.-Ing. Gerd Hauser

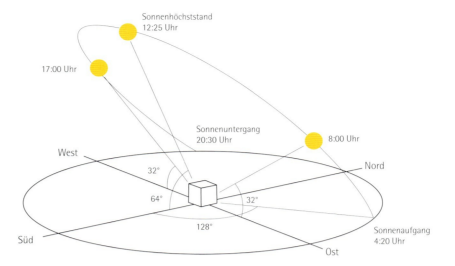

Abb. 2.19 Verlauf der Sonne am 21. Juni
(MEZ, Standort Stuttgart, 48°46' N, 9°10' O)
Im Sommer geht die Sonne bei einem Azimutwinkel von 128° auf. Die solare Belastung ist dann auf der Ost- und Westseite besonders hoch, da die Sonne am Vormittag und am Nachmittag nahezu senkrecht auf die Fassade scheint. Die Strahlung reicht weit in das Rauminnere und führt zu Blendung. Auf der Südseite hingegen steht die Sonne sehr hoch am Himmel, somit ist der solare Eintrag geringer.

Einfluss der Orientierung

Die Gebäudeorientierung ist eine wesentliche Einflussgröße für das Verhalten von Gebäuden im Sommer (Abb. 2.21). Durch sie ergibt sich der Azimut- und Höhenwinkel zur Fassade sowie die Intensität der solaren Einstrahlung (Abb. 2.19). Für verschiedene Fassadenorientierungen ergeben sich unterschiedliche Zeiträume, an denen die jeweilige Fassade besonnt ist. Diese Zeiträume stehen im Wechselspiel mit der Nutzungszeit der Büroräume und dem Verlauf der Außenlufttemperatur (Abb. 2.20). Während der Nutzungszeit müssen die thermischen Behaglichkeitsgrenzen im Raum eingehalten werden, wobei auch die internen Wärmelasten berücksichtigt werden müssen. Die aus hygienischen Gründen erforderliche Frischluft muss zugeführt werden und die Tageslichtversorgung sowie der Ausblick sollen möglichst wenig eingeschränkt werden. Die Fensterlüftung kann je nach Außenlufttemperatur der Wärmeabfuhr dienen oder zu unerwünschten Wärmeeinträgen führen. Werden die orientierungsspezifischen Merkmale einer Fassade in den Regelstrategien für den Sonnenschutz und durch richtige Lüftung berücksichtigt, so kann das Raumklima mit geringem Aufwand erheblich verbessert werden.

Nordorientierung Die Nordfassade erhält nur in der Zeit um die Sommersonnwende direkte Einstrahlung. Dadurch kann sie großflächiger verglast werden. Dennoch ist der Strahlungseintrag vor allem durch diffuse Strahlung zu berücksichtigen, insbesondere vor dem Hintergrund, dass in der Regel an Nordfassaden kein Sonnenschutz vorgesehen wird. Um ein behagliches Raumklima bei großen Fensterflächen zu erreichen, ist ein raumtemperaturgesteuerter Sonnenschutz oder eine Sonnenschutzverglasung vorzusehen (Abb. 2.21 u. 2.22). Letztere ist zwar thermisch gesehen etwas ungünstiger, aus ökonomischen und funktionalen Gründen jedoch sinnvoller.

Ostorientierung Die Ostfassade erhält im Sommer hohe Strahlungseinträge in flachem Winkel. Dadurch ist die Verschattung schwieriger zu realisieren. Es ergibt sich in der Regel eine Verminderung des Tageslichteintrags und des Ausblicks. Andererseits decken sich nur ca. 50 % der Besonnungszeit mit der Nutzungszeit. In den frühen Morgenstunden kann der Sonnenschutz komplett geschlossen bleiben, da Tageslicht und Ausblick nicht erforderlich sind. Am Vormittag liegen die Außenlufttemperaturen meist unter 26 °C, sodass der Raum durch eine verstärkte Lüftung entwärmt werden kann, wodurch sich interne und solare Lasten abführen lassen (Abb. 2.20).

Südorientierung An der Südfassade verläuft die Einstrahlung in einem steilen Winkel. Dadurch ist die Strahlungsintensität auf die Fassade geringer und es lässt sich eine effiziente Verschattung mit nur geringer Beeinträchtigung des Tageslichteintrags und des Außenbezugs realisieren, z.B. durch feststehende Auskragungen oder horizontale Lamellen. Die Besonnungszeit deckt sich komplett mit der Nutzungszeit, sodass solare und interne Lasten zeitlich zusammenfallen. Der Sonnenschutz muss einen gewissen Außenbezug ermöglichen. Während 50 % der besonnten Zeit, bis ca. 12:00 Uhr, kann mit der Fensterlüftung Wärme abgeführt werden (Abb. 2.20). Am Nachmittag muss der Luftwechsel auf das hygienisch erforderliche Maß reduziert werden, um zusätzliche Wärmeeinträge zu vermeiden.

Westorientierung Die Westfassade erhält im Sommer hohe Strahlungseinträge in flachem Winkel. Dadurch ist es schwieriger, den Sonnenschutz so auszubilden, dass bei hoher Effizienz genügend Tageslicht in den Raum dringt und der Ausblick gegeben ist. Die besonnte Zeit deckt sich zu ca. 75 % mit der Nutzungszeit. Nach der Nutzungszeit kann der Sonnenschutz dicht geschlossen sein und der Luftaustausch bei hohen Außenlufttemperaturen vermindert werden. Zudem wirken sich erhöhte Raumtemperaturen nicht mehr auf den Nutzer aus. Die abends eingestrahlte Energie muss jedoch während der Nacht wieder abgeführt werden. Aufgrund der hohen Außenlufttemperaturen am Nachmittag können erhöhte Strahlungseinträge nicht über Fensterlüftung abgeführt werden (Abb. 2.20). Deshalb ist die Westseite im Sommer die ungünstigste (Abb. 2.23).

Bewertung der Gebäudeausrichtung Aus thermischer Sicht ist die Nord-Süd-Ausrichtung im Sommer günstiger. Es ist nur die Südfassade maßgeblich besonnt. Auf der Nordfassade ist auf eine Verminderung des diffusen Strahlungseintrags zu achten. Der Nachteil der Nord-Süd-Ausrichtung besteht darin, dass erheblich unterschiedliche Raumqualitäten entstehen, was die Attraktivität von Gebäuden einschränken kann.

Die Ost-West-Ausrichtung ist aus thermischer Sicht wesentlich ungünstiger, jedoch werden alle Räume besonnt, was von vielen Nutzern geschätzt wird. Um ein behagliches Raumklima im Sommer zu erzielen, sind die Fensterflächenanteile zu begrenzen und die Potenziale einer optimierten Lüftungs- und Sonnenschutzstrategie auszunutzen. Zudem ist aufgrund des flachen Einstrahlwinkels auf die Ausbildung des Sonnen- und Blendschutzes ein besonderes Augenmerk zu richten.

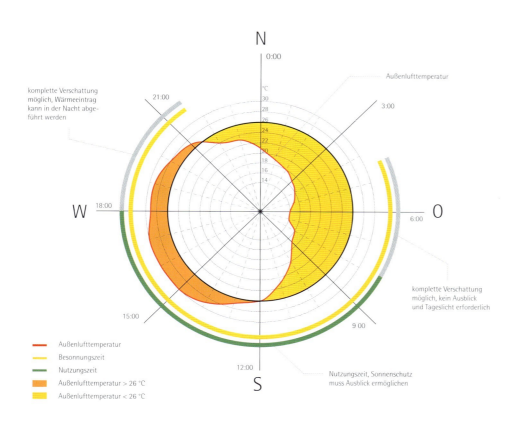

Abb. 2.20 **Funktionale und thermische Wechselbeziehungen je nach Fassadenorientierung**
Dargestellt sind funktionale Anforderungen, der Verlauf der Außenlufttemperatur und die Besonnungszeit an einem warmen Sommertag [TRY Würzburg, 1. August].
In den frühen Morgenstunden und am Abend kann der Sonnenschutz komplett geschlossen werden, da weder Tageslicht im Raum noch Ausblick notwendig sind.
Während der Nutzungszeit von 8:00–18:00 Uhr müssen die Behaglichkeitsgrenzen eingehalten werden, der Ausblick gegeben sein und eine ausreichende Tageslichtversorgung sichergestellt werden (grüne Linie).
In den Nachtstunden bis zum Mittag des folgenden Tages liegt die Außenlufttemperatur meist unter 26 °C und kann zur Wärmeabfuhr genutzt werden (gelbe Fläche).

Randbedingungen zu Abb. 2.21 u. 2.22, soweit nicht als Parameter variiert

Bürofläche	22,5 m²
Orientierung	variiert
Fassadenfläche	13,5 m²
Fensterflächenanteil	70 %
U-Wert Verglasung	1,1 W/m²K
g-Wert	0,6
F_c-Wert	0,2
Sonnenschutzsteuerung	variiert
U-Wert Außenwand	0,30 W/m²K
Innenwände	leicht, adiabat
Decken	massiv, adiabat
Lasten	wochentags
8:00–18:00 Uhr	2 Pers. + 2 PC
Lüftung	wochentags
8:00–10:00 Uhr	n = 5 h⁻¹
10:00–18:00 Uhr	n = 2 h⁻¹
18:00–8:00 Uhr	n = 1 h⁻¹
Wochenende	n = 1 h⁻¹
Beleuchtung	keine
Kühlung	keine
Klima	Würzburg

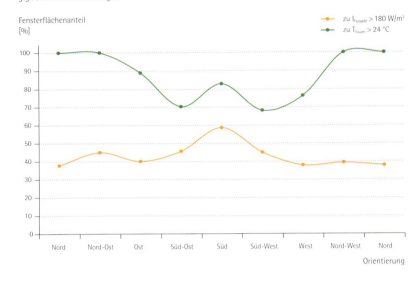

Abb. 2.21 Mögliche Fensterflächenanteile in Abhängigkeit von der Orientierung, wenn die operative Raumtemperatur 28 °C nicht mehr als an 50 Stunden pro Jahr während der Nutzungszeit übersteigen soll
Dargestellt sind die Werte für eine von der Direktstrahlung I abhängige Sonnenschutzstrategie sowie für eine raumtemperaturabhängige Sonnenschutzstrategie.

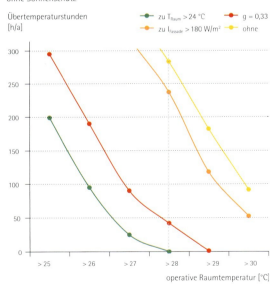

Abb. 2.22 Übertemperaturstunden während der Nutzungszeit und operative Raumtemperaturen an drei warmen Tagen bei Nordräumen in Abhängigkeit von der Sonnenschutzsteuerung

Variation: Sonnenschutzsteuerung
Sonnenschutz zu, wenn T_{Raum} > 24 °C
Sonnenschutz zu, wenn Direktstrahlung $I_{Fassade}$ > 180 W/m²
Sonnenschutzglas, g = 0,33
ohne Sonnenschutz

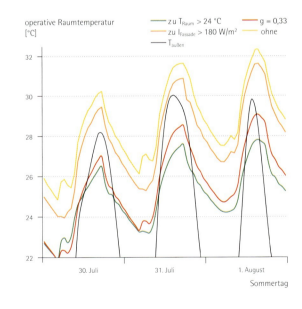

An der Nordfassade wirkt sich bei geöffnetem bzw. nicht vorhandenem Sonnenschutz die diffuse Strahlung erheblich aus. Da aus funktionalen und ökonomischen Gründen an Nordfassaden oftmals kein Sonnenschutz vorgesehen wird, kann eine Sonnenschutzverglasung das Raumklima im Sommer auf einfache Weise verbessern.

Abb. 2.23 Übertemperaturstunden während der Nutzungszeit und operative Raumtemperaturen an drei warmen Tagen in Abhängigkeit von der Orientierung

Variation: Orientierung
Ost, Süd, West

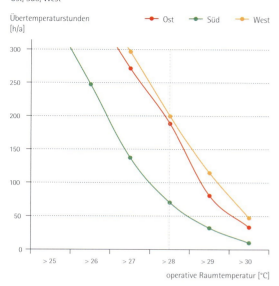
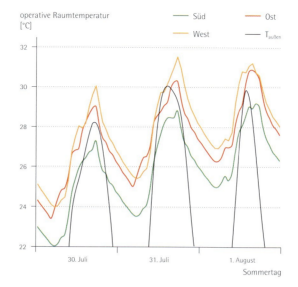

Die Südorientierung ist in Bezug auf das Raumklima im Sommer günstiger als die Ost- bzw. Westorientierung. Bei Ost und West bestehen noch gewisse Verbesserungspotenziale durch eine Optimierung der Sonnenschutzsteuerung und insbesondere der Lüftungsstrategie.

Randbedingungen zu Abb. 2.23 und 2.24, soweit nicht als Parameter variiert

Bürofläche	22,5 m²
Orientierung	variiert
Fassadenfläche	13,5 m²
Fensterflächenanteil	70 %
U-Wert Verglasung	1,1 W/m²K
g-Wert	0,6
F_c-Wert	0,2
Sonnenschutzsteuerung	zu $I_{Fassade}$ > 180 W/m²
U-Wert Außenwand	0,30 W/m²K
Innenwände	leicht, adiabat
Decken	massiv, adiabat
Lasten	wochentags
8:00–18:00 Uhr	2 Pers. + 2 PC
Lüftung	wochentags
8:00–10:00 Uhr	n = 5 h⁻¹
10:00–18:00 Uhr	n = 2 h⁻¹
18:00–8:00 Uhr	n = 1 h⁻¹
Wochenende	n = 1 h⁻¹
Beleuchtung	keine
Kühlung	keine
Klima	Würzburg

Abb. 2.24 Kältebedarf und Kühlleistung sowie operative Raumtemperaturen an drei warmen Tagen in Abhängigkeit von der Orientierung bei aktiver Raumkühlung

Variation: Orientierung
Ost, Süd, West

Raumkühlung
Kühlung bei T_{Raum} > 26 °C
während der Nutzungszeit
Abkühlzeit t = 1,0 h

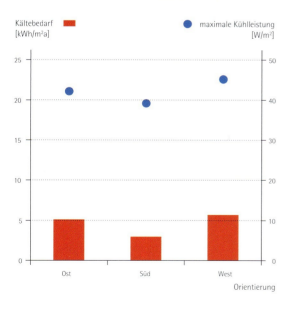
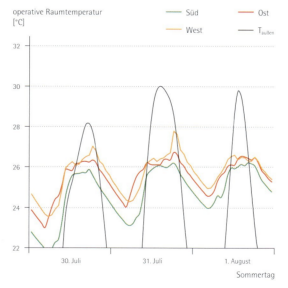

Räume mit Südorientierung haben einen um ca. 50 % verminderten Kältebedarf. Bei der Kühlleistung ist die Auswirkung der Orientierung gering. Die Kühlleistung lässt sich durch eine optimierte Regelstrategie noch etwas begrenzen.

Einfluss der Fensterfläche

Der Fensterflächenanteil beeinflusst das Raumklima im Sommer in erheblichem Maße (Abb. 2.26). Insofern sind große Fensterflächenanteile an strahlungsexponierten Fassaden zu überdenken. Generell sind große besonnte Fensterflächen nur mit einem außen liegenden Sonnenschutz akzeptabel. An der Nordseite sind großzügige Verglasungen möglich, sofern der Strahlungsdurchgang auch hier begrenzt wird. Die Südseite erlaubt eine höhere Transparenz als die Ost- bzw. Westseite (Abb. 2.25). Mit zunehmendem Fensterflächenanteil steigt die thermische Dynamik eines Gebäudes, sodass bei einer aktiven Kühlung eine wesentlich höhere Kälteleistung vorgehalten werden muss. Der Kühlenergiebedarf steigt nahezu proportional zum Fensterflächenanteil (Abb. 2.27). In Bezug auf die Tageslichtversorgung ist die Anordnung der transparenten Flächen entscheidender als ihre absolute Größe, sofern ein Fensterflächenanteil von 50 % erreicht wird. Insbesondere die Höhe der Fensteroberkante spielt hier eine Rolle. Bei Fensterflächenanteilen von über 50 % sind im Winter die zusätzlichen solaren Gewinne kaum noch nutzbar.

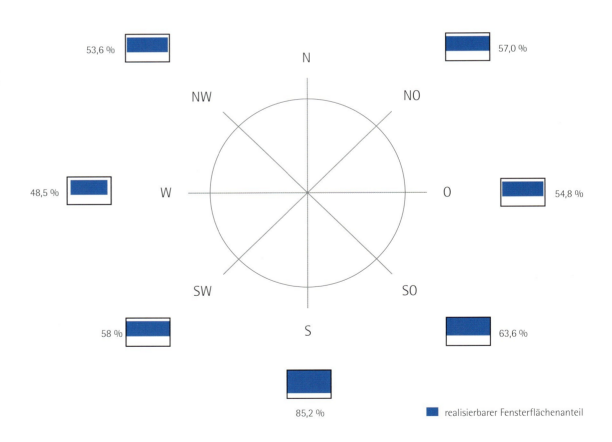

Abb. 2.25 **Realisierbare Fensterflächenanteile in Abhängigkeit von der Orientierung**
Möglicher Fensterflächenanteil für die jeweilige Orientierung, wenn die operative Raumtemperatur 28 °C an nicht mehr als 100 Stunden pro Jahr während der Nutzungszeit übersteigen soll.

Abb. 2.26 Übertemperaturstunden während der Nutzungszeit und operative Raumtemperaturen an drei warmen Tagen in Abhängigkeit vom Fensterflächenanteil

Variation: Fensterflächenanteil
30 %, 50 %, 70 %, 90 %

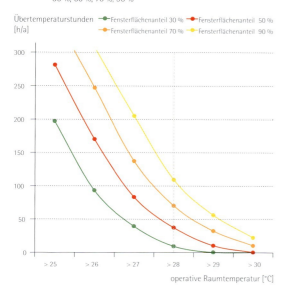

Der Strahlungseintrag ist direkt proportional zum Fensterflächenanteil. Ohne aktive oder passive Kühlung können nur bei Fensterflächenanteilen von bis zu 50 % akzeptable Verhältnisse erreicht werden, sofern ein außen liegender Sonnenschutz und moderate interne Lasten gegeben sind.

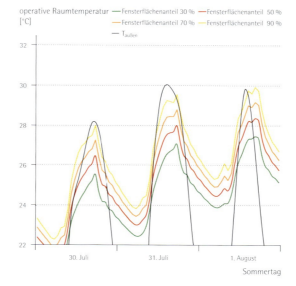

Randbedingungen zu Abb. 2.26 und 2.27, soweit nicht als Parameter variiert

Bürofläche	22,5 m²
Orientierung	Süd
Fassadenfläche	13,5 m²
Fensterflächenanteil	variiert
U-Wert Verglasung	1,1 W/m²K
g-Wert	0,6
F_c-Wert	0,2
Sonnenschutzsteuerung	zu $I_{Fassade}$ > 180 W/m²
U-Wert Außenwand	0,30 W/m²K
Innenwände	leicht, adiabat
Decken	massiv, adiabat
Lasten	wochentags
8:00–18:00 Uhr	2 Pers. + 2 PC
Lüftung	wochentags
8:00–10:00 Uhr	n = 5 h⁻¹
10:00–13:00 Uhr	n = 2 h⁻¹
18:00–8:00 Uhr	n = 1 h⁻¹
Wochenende	n = 1 h⁻¹
Beleuchtung	keine
Kühlung	keine
Klima	Würzburg

Abb. 2.27 Kältebedarf und Kühlleistung sowie operative Raumtemperaturen an drei warmen Tagen in Abhängigkeit vom Fensterflächenanteil bei aktiver Raumkühlung

Variation: Fensterflächenanteil   Raumkühlung
30 %, 50 %, 70 %, 90 %   Kühlung bei T_{Raum} > 26 °C
während der Nutzungszeit
ideale Kühlung
Abkühlzeit t = 1,0

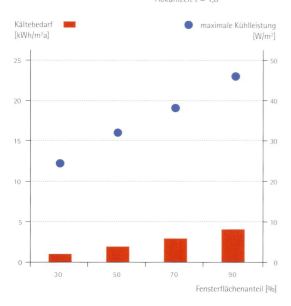

Kältebedarf und Kühlleistung steigen mit zunehmendem Fensterflächenanteil. Bei einem guten Sonnenschutz ist der Kältebedarf auch bei großem Fensterflächenanteil relativ gering. Die Kühlleistung lässt sich durch eine optimierte Regelstrategie etwas begrenzen.

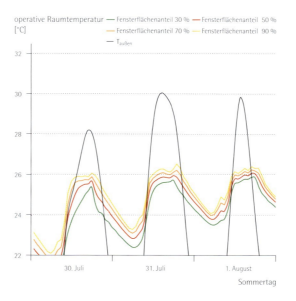

Fensterflächenanteile

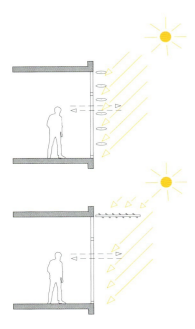

Abb. 2.28 **Sonnenschutz an der Südfassade**
Aufgrund der im Sommer im Süden hoch stehenden Sonne können horizontale Verschattungen den Strahlungseintrag verringern und dabei den Ausblick ermöglichen.

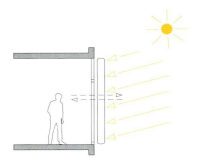

Abb. 2.29 **Sonnenschutz an Ost- und Westfassaden**
Im Osten und Westen steht die Sonne im Sommer niedrig. Eine horizontale Verschattung müsste ganz geschlossen werden. Mit nachgeführten vertikalen Systemen können Tageslichteintrag und Ausblick in gewissem Umfang erhalten bleiben.

Abb. 2.30 **In der Praxis geeignete Anwendung von Sonnenschutzsystemen für die jeweiligen Orientierungen**
Sonnenschutzglas und innen liegende Systeme eignen sich für alle Seiten. Vertikallamellen sind für Ost und West günstig. Horizontallamellen und feststehende Überhänge bieten sich für südliche Richtungen an. Markisen und Screens eignen sich für alle Orientierungen.

Einfluss des Sonnenschutzes

Der Energieeintrag durch eine Fassade wird durch den Gesamtenergiedurchlassgrad g der Verglasung und den Abminderungsfaktor F_c des Sonnenschutzes bestimmt. Der Gesamtenergiedurchlassgrad kann durch Beschichtung des Glases oder durch Sonnenschutzmaßnahmen im Scheibenzwischenraum beeinflusst werden. Der Abminderungsfaktor des Sonnenschutzes hängt davon ab, ob dieser innen oder außen liegt. Ist er außen liegend, so ist die Effizienz um den Faktor 3 bis 5 höher, allerdings muss er bei Wind hochgefahren werden. Innen liegende Systeme sind wartungsarm, kostengünstig und witterungsunabhängig nutzbar. Allerdings ist die Effizienz geringer, es entstehen höhere Oberflächentemperaturen an der Innenseite der Fassade. Die damit verbundene Abstrahlung in die Aufenthaltszone des Nutzers kann als unbehaglich empfunden werden. Bei der Anordnung des Sonnenschutzes im Fassadenzwischenraum von Doppelfassaden oder in Kastenfenstern werden eine hohe Effizienz und Witterungsunabhängigkeit erreicht.

Orientierung Die Ausbildung des Sonnenschutzsystems steht in Wechselwirkung mit der Orientierung des Gebäudes (Abb. 2.30). Horizontal gestellte Sonnenschutzlamellen können auf der Südseite direktes Sonnenlicht ausblenden, ohne dabei den Ausblick nennenswert einzuschränken (Abb. 2.28). Das energieärmere, diffuse Tageslicht kann in den Raum dringen und dadurch helfen, den Strombedarf für die Beleuchtung und die damit verbundenen internen Lasten zu vermeiden. Auch feststehende Verschattungseinrichtungen wie Auskragungen, Dachüberstände oder Balkone (Abb. 2.28) können an der Südfassade als saisonaler Sonnenschutz genutzt werden. Im Winter kann die flach stehende Südsonne tief in den Raum dringen und so den Heizwärmebedarf vermindern. Bei der Ost-West-Orientierung ist aufgrund des nahezu senkrechten Einstrahlwinkels die Einstrahlung auf die Fassade hoch und die Reflexion an den Scheiben gering. Der niedrige Sonnenstand erfordert bei horizontalen Lamellen eine nahezu geschlossene Lamellenstellung, die den Ausblick verhindert und das Tageslicht ausblendet. Der Strombedarf für Beleuchtung steigt und dem Nutzer geht

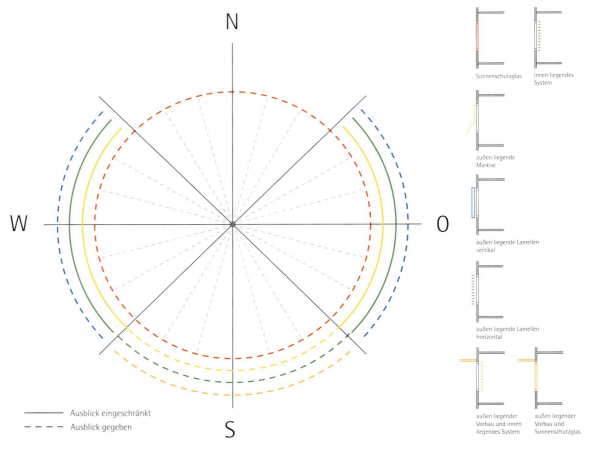

der Außenbezug verloren. Ost- und Westfassaden lassen sich mit nachgeführten Vertikallamellen verschatten (Abb. 2.29). Durch den einstellbaren Lamellenwinkel ist die Ausblendung der direkten Strahlung in Verbindung mit einem partiellen Ausblick möglich.

Einfluss der Regelstrategie Die Regelstrategie des Sonnenschutzes hat erheblichen Einfluss auf das Raumklima im Sommer (Abb. 2.31). Zur Vermeidung diffuser Strahlungseinträge ist es oft sinnvoll, den Sonnenschutz zu schließen, auch wenn keine direkte Strahlung auf die Fassade trifft. Insofern ist eine raumtemperaturabhängige Sonnenschutzsteuerung wirkungsvoller als eine strahlungsabhängige. In der Praxis jedoch kann dies auf Akzeptanzprobleme beim Nutzer stoßen, da ein geschlossener Sonnenschutz ohne Sonne nicht der Erwartungshaltung entspricht. Zudem muss der Sonnenschutz automatisiert werden, da der Nutzer diesen üblicherweise nicht raumtemperaturabhängig betätigt. Damit wird der Einfluss der Nutzer eingeschränkt. Auch die Zeiträume, in denen der Sonnenschutz geschlossen ist, werden von der automatischen Steuerung festgelegt. Wird die Grenztemperatur der Raumluft, bei der der Sonnenschutz schließt, auf 24 °C angesetzt, ist bei besserem Raumklima der Sonnenschutz nur halb so lang geschlossen wie bei einer strahlungsabhängigen Steuerung. Bei einer Grenztemperatur von 22 °C ist das Raumklima noch besser und der Zeitraum mit geschlossenem Sonnenschutz ist immer noch kürzer als bei der strahlungsabhängigen Steuerung. Wird bei einer strahlungsabhängigen Steuerung der Grenzwert erhöht, sodass teilweise auch direkte Strahlung in den Raum dringen kann, so ergibt sich bei kaum verkürzter Schließungszeit ein erheblich ungünstigeres Raumklima. Mit einer raumtemperaturabhängigen Sonnenschutzsteuerung kann ein angenehmeres Raumklima geschaffen werden, obwohl der Sonnenschutz seltener geschlossen werden muss.

Wechselwirkung mit dem Fensterflächenanteil Der realisierbare Fensterflächenanteil steht in erheblicher Wechselwirkung mit der Art des Sonnenschutzes. Bei der Wahl des Systems ist darauf zu achten, dass der Ausblick möglichst wenig eingeschränkt wird, damit der Nutzer den Sonnenschutz optimal bedient.

Randbedingungen zu Abb. 2.31, soweit nicht als Parameter variiert

Bürofläche	22,5 m²
Orientierung	Süd
Fassadenfläche	13,5 m²
Fensterflächenanteil	70 %
U-Wert Verglasung	1,1 W/m²K
g-Wert	0,6
F_c-Wert	0,2
Sonnenschutzsteuerung	variiert
U-Wert Außenwand	0,30 W/m²K
Innenwände	leicht, adiabat
Decken	massiv, adiabat
Lasten	wochentags
	8:00–18:00 Uhr
	2 Pers. + 2 PC
Lüftung	wochentags
8:00–10:00 Uhr	n = 5 h⁻¹
10:00–18:00 Uhr	n = 2 h⁻¹
18:00–8:00 Uhr	n = 1 h⁻¹
Wochenende	n = 1 h⁻¹
Beleuchtung	keine
Kühlung	keine
Klima	Würzburg

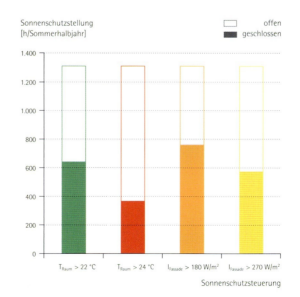

Abb. 2.31 Übertemperaturstunden während der Nutzungszeit und Stunden mit geschlossenem Sonnenschutz im Sommerhalbjahr in Abhängigkeit von der Art der Sonnenschutzsteuerung

Variation: Sonnenschutzsteuerung
Sonnenschutz zu, wenn T_{Raum} > 22 °C
Sonnenschutz zu, wenn T_{Raum} > 24 °C
Sonnenschutz zu, bei Direktstrahlung auf Fassade $I_{Fassade}$ > 180 W/m²
Sonnenschutz zu, bei Direktstrahlung auf Fassade $I_{Fassade}$ > 270 W/m²

Die Sonnenschutzsteuerung hat einen erheblichen Einfluss auf das Raumklima im Sommer. Ideal ist eine raumtemperaturabhängige Sonnenschutzsteuerung. Diese führt zu einem angenehmeren Raumklima, obwohl der Sonnenschutz an weniger Nutzungsstunden geschlossen ist. Ist der Sonnenschutz strahlungsgesteuert, so sollte der Schwellwert so gewählt werden, dass der Sonnenschutz geschlossen wird, sobald Direktstrahlung auf die Fassade trifft.

Randbedingungen zu Abb. 2.32,
soweit nicht als Parameter variiert

Bürofläche	22,5 m²
Orientierung	Süd
Fassadenfläche	13,5 m²
Fensterflächenanteil	variiert
U-Wert Verglasung	1,1 W/m²K
g-Wert	variiert
F_c-Wert	variiert
Sonnenschutzsteuerung	zu $I_{Fassade}$ > 180W/m²
U-Wert Außenwand	0,30 W/m²K
Innenwände	leicht, adiabat
Decken	massiv, adiabat
Lasten	wochentags
8:00–18:00 Uhr	2 Pers. + 2 PC
Lüftung	wochentags
8:00–10:00 Uhr	n = 5 h⁻¹
10:00–18:00 Uhr	n = 2 h⁻¹
18:00–8:00 Uhr	n = 1 h⁻¹
Wochenende	n = 1 h⁻¹
Beleuchtung	keine
Kühlung	keine
Klima	Würzburg

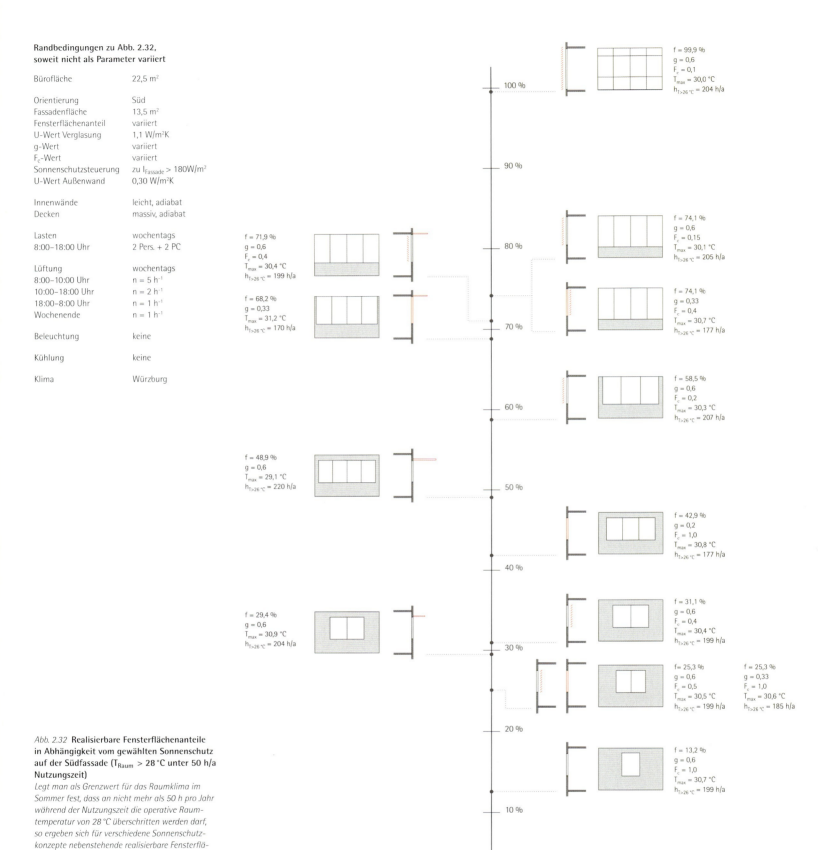

Abb. 2.32 **Realisierbare Fensterflächenanteile in Abhängigkeit vom gewählten Sonnenschutz auf der Südfassade** (T_{Raum} > 28 °C unter 50 h/a Nutzungszeit)
Legt man als Grenzwert für das Raumklima im Sommer fest, dass an nicht mehr als 50 h pro Jahr während der Nutzungszeit die operative Raumtemperatur von 28 °C überschritten werden darf, so ergeben sich für verschiedene Sonnenschutzkonzepte nebenstehende realisierbare Fensterflächenanteile. Die Maximaltemperaturen liegen alle bei ca. 30 °C. Die Übertemperaturstunden > 26 °C liegen in der Größenordnung von ca. 200 h/a, bei geringen g-Werten ca. 10% darunter.

Abb. 2.33 **Übertemperaturstunden während der Nutzungszeit und operative Raumtemperaturen an drei sehr warmen Tagen in Abhängigkeit von der Ausbildung des Sonnenschutzes**

Variation: Sonnenschutz
außen liegend ($F_c = 0{,}1$)
Vordach (Tiefe = halbe Fensterhöhe) + innen liegend ($F_c = 0{,}4$)
Vordach (Tiefe = Fensterhöhe)
innen liegend ($F_c = 0{,}4$)

Mit einem außen liegenden System bleiben auch an warmen Tagen die Raumtemperaturen noch in einem akzeptablen Bereich. Die Effizienz eines feststehenden Sonnenschutzes hängt vom Verhältnis der Fensterhöhe zur Auskragungstiefe ab. Selbst bei einer weiten Auskragung ist er allein nicht ausreichend. Eine guter witterungsunabhängiger Sonnenschutz besteht aus einer Kombination aus Auskragung und innen liegendem System. Bei ausschließlich innen liegenden Systemen kommt es zu unbehaglichen Raumtemperaturen.

Randbedingungen zu Abb. 2.33 und 2.34, soweit nicht als Parameter variiert

Bürofläche	22,5 m²
Orientierung	Süd
Fassadenfläche	13,5 m²
Fensterflächenanteil	70 %
U-Wert Verglasung	1,1 W/m²K
g-Wert	0,6
F_c-Wert	variiert
Sonnenschutzsteuerung	zu $I_{Fassade}$ > 180 W/m²
U-Wert Außenwand	0,30 W/m²K
Innenwände	leicht, adiabat
Decken	massiv, adiabat
Lasten wochentags 8:00–18:00 Uhr	2 Pers. + 2 PC
Lüftung	wochentags
8:00–10:00 Uhr	n = 5 h⁻¹
10:00–18:00 Uhr	n = 2 h⁻¹
18:00–8:00 Uhr	n = 1 h⁻¹
Wochenende	n = 1 h⁻¹
Beleuchtung	keine
Kühlung	keine
Klima	Würzburg

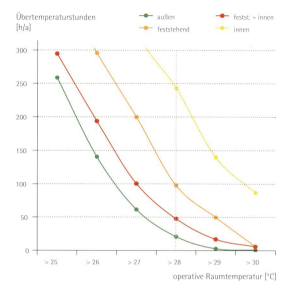

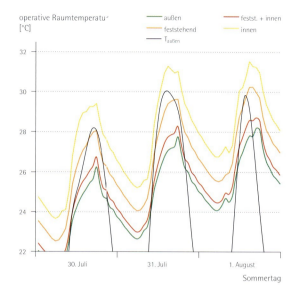

Abb. 2.34 **Kältebedarf und erforderliche Kühlleistung sowie operative Raumtemperaturen an drei sehr warmen Tagen in Abhängigkeit von der Ausbildung des Sonnenschutzes bei aktiver Kühlung**

Variation: Sonnenschutz
außen liegend ($F_c = 0{,}1$)
Vordach (Tiefe d = halbe Fensterhöhe) + innen liegend ($F_c = 0{,}4$)
Vordach (Tiefe d = Fensterhöhe)
innen liegend ($F_c = 0{,}4$)

ideale Kühlung bei T_{Raum} > 26 °C während der Nutzungszeit

Der innen liegende Sonnenschutz führt zu einem erhöhten Kältebedarf und erfordert eine hohe Kühlleistung. Diese kann mit passiven Kühlstrategien nicht mehr zur Verfügung gestellt werden. Die Folge ist ein erheblicher technischer Aufwand. Die Kombination aus halbem Überstand und innen liegendem System ist in Bezug auf den Kältebedarf sehr günstig, allerdings ist die erforderliche Kühlleistung etwas erhöht.

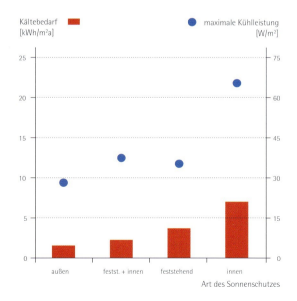

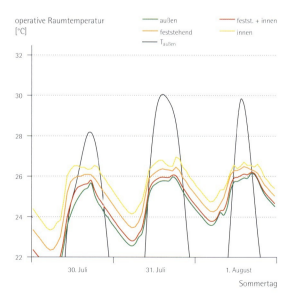

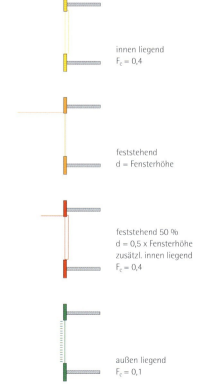

Fassadenfunktionen | Fassade im Sommer

Kirche Dietenhofen
Licht und Schatten

Licht ist das zentrale Thema für den Neubau der katholischen Kirche in Dietenhofen bei Eichstätt. Aufgabe der Planer war es, Gebäudehülle und Gebäudetechnik in der vollverglasten Kirche zu optimieren, um behagliche thermische Verhältnisse zu Gottesdienstzeiten zu gewährleisten. Der Gesamtenergiedurchlassgrad der Verglasung, der Sonnenschutz, die Speichermasse und das Lüftungskonzept sind die entscheidenden Aspekte beim Entwurf der Fassade. Im Laufe der Planung wurden zwei Varianten untersucht.

Variante 1 Um den solaren Eintrag zu minimieren, wurde eine Sonnenschutzverglasung mit innen aufgeklebten farbigen Einfachglaselementen vorgesehen. Diese erzeugen besondere Stimmungen durch Licht- und Farbspiele. Zur Erprobung dieser Lichteffekte wurde ein Versuchsstand entwickelt, an dem die verschiedenen Gläserkombinationen und Farbvariationen getestet werden konnten.
  Zur Verschattung dienen außen und innen liegende Holzlamellen. Diese sind über die gesamte Höhe der Fassade je nach Himmelsrichtung in unterschiedlicher Dichte verteilt.
  Die Kirche wird weitgehend natürlich über Lüftungsklappen im unteren Bereich der Fassade und im Sheddach belüftet. Die oberen Lüftungsklappen befinden sich nahe der Fassade, um das rasche Abführen der sekundären Wärmeabgabe der Verglasung sicherzustellen. Die Klappen werden außerhalb der Betriebszeiten geöffnet, wenn die Raumtemperatur über 19°C steigt und die Außentemperatur niedriger als die Raumtemperatur ist. Während der Gottesdienstzeiten ist eine mechanische Lüftung mit Vorkonditionierung der Zuluft über einen Erdkanal vorgesehen. Speichermassen im Boden und in der Decke verzögern die Aufheizung am Tage. Die Nachtlüftung sorgt dann für eine Abführung der Wärme.

Variante 2 Bei dieser Variante besteht die Gebäudehülle aus einer Doppelfassade. Der Fassadenzwischenraum wird über Klappen natürlich belüftet. Die äußere Ebene übernimmt die Sonnen- und Wärmeschutzfunktion der Doppelfassade. Die innere Ebene wird als Einfachverglasung ausgebildet. Der Fußboden und die Decke dienen als Kühlflächen, dadurch wird im Kirchenraum eine behagliche Raumtemperatur sichergestellt. Die Kälte wird über Erdsonden regenerativ erzeugt. Über zusätzliche Lüftungsöffnungen kann der Kirchenraum direkt mit Außenluft durchlüftet werden.

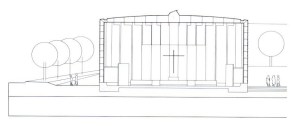

Schnitt

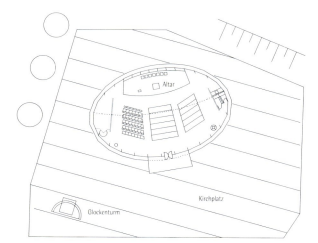

Grundriss

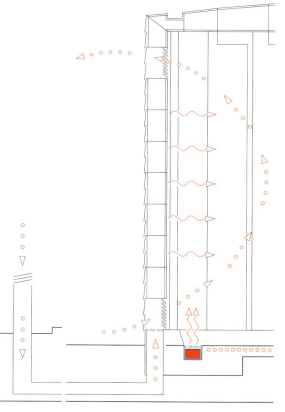

Fassadenschnitt

Abb. 2.35 **Grundriss und Schnitt**
Die Kirche in Dietenhofen hat einen elliptischen Grundriss. Die lichte Raumhöhe liegt bei 9,35 m, die Grundfläche beträgt 245 m². Es ist ein freistehender Glockenturm vorgesehen.

Abb. 2.36 **Fassadenschnitt (Variante 1)**
*Die Kombination Sonnenschutzverglasung und Buntglas erreicht folgende Werte: Gesamtenergiedurchlassgrad 24 %, Strahlungstransmission 11 %. Da das Buntglas relativ viel Solarstrahlung absorbiert, beträgt die sekundäre Wärmeabgabe 13 %. Die Wärme des Buntglases wird direkt über Konvektion an den Raum abgegeben.
Die horizontalen Holzlamellen an der Außenfassade mit einem Reflexionsgrad von 20 % sind 15 cm tief und haben einen Abstand von ca. 30 cm zur Verglasung. Der Abstand zwischen den horizontalen Lamellen beträgt 80 cm auf der Südfassade und 20 cm auf der Ost- und Westfassade.
Die inneren Holzlamellen verlaufen entlang der gesamten Ost- und Westfassade, außer im Bereich der Hauptscheitel. Die Dichte der innen liegenden Holzlamellen nimmt von unten nach oben hin ab.*

Abb. 2.37 **Kirchenraum (Modellfoto)**
Der Raumeindruck der verglasten Kirche wird durch die Lichteffekte geprägt, die durch das Buntglas und die Holzlamellen erzeugt werden.

Abb. 2.38 **Altar (Modellfoto)**
Die Wand hinter dem Altar hebt diesen vom Hintergrund ab und sorgt für Blendfreiheit.

Fertigstellung: in Planung
Nutzung: Kirche
Bauherr: Diözesanbauamt Eichstätt
Architekt: Diözesanbauamt Eichstätt
Gebäudetechnik, Fassade, Energiekonzept:
IB Hausladen, Kirchheim, C. Jacobsen

Die Möglichkeit der natürlichen Lüftung ist eine grundlegende Anforderung bei der Fassadenkonzeption. Werden Fassaden hermetisch abgeschlossen, können objektive Behaglichkeitsparameter durch mechanische Lüftung zwar erfüllt werden, viele subjektive Aspekte des Wohlbefindens gehen jedoch verloren. Die Wahrnehmung der Umwelt in Form von Gerüchen, Geräuschen, Luftströmungen, Feuchtigkeits- und Temperaturschwankungen ist eingeschränkt. Das Empfinden von Jahres- und Tageszeiten wird stark abgeschwächt. Bei der Zulufteinbringung über die Fassade kann der Nutzer jedoch bei spontanem Frischluftbedürfnis schnell und direkt Abhilfe schaffen und der Luftaustausch ist unmittelbar nachvollziehbar. An Standorten mit guter Außenluftqualität kann eine Fassade, die eine behagliche Zulufteinbringung ermöglicht und den Lärmeintrag begrenzt, eine Lüftungsanlage ersetzen. Dadurch sinken der technische Aufwand, der Platzbedarf für den erforderlichen Installationsraum und der Antriebsenergiebedarf. Ist aufgrund der Nutzung eine mechanische Lüftung erforderlich, so sollte diese durch natürliche Lüftung ergänzt werden. Die natürliche Lüftung wirkt sich auch auf das Raumklima im Sommer aus. Bei entsprechender Planung kann sie ein erhebliches Kühlpotenzial bieten.

Lüftung

Potenziale der freien Lüftung

In unserem gemäßigten Klima gibt es Jahreszeiten, in denen die freie Lüftung genutzt werden kann. Die Luft strömt dann durch Öffnungen in der Fassade nur durch Auftriebskräfte oder den Wind bewegt durch den Raum. Aus Erfahrung wissen wir, dass das im Wohnungsbereich ganzjährig funktionieren kann. Bei Bürogebäuden ist das wegen der intensiveren Nutzung und der höheren thermischen Lasten häufig anders.

Nimmt man den einfachsten Fall an, dass der Raum selbst zum Gebäude hin durch eine dichte Tür abgeschlossen ist, dann wird die Luft im Raum gegen Außenluft nur durch Auftriebskräfte infolge von Temperaturdifferenzen zwischen innen und außen ausgetauscht. Der Winddruck hat wenig Einfluss, wenn der Raum zum Gebäude hin dicht ist und die Fenster sich nur an einer Seite des Gebäudes befinden. Die Temperaturdifferenz zwischen innen und außen ist im Winter hoch, ca. 30 °C, im Sommer jedoch sehr klein. Deshalb muss die Öffnung in der Fassade im Winter sehr gering und im Sommer groß sein, mindestens 100-mal so groß und stufenlos einstellbar!

Es gibt eine untere Grenze der Außentemperatur und eine obere der thermischen Lasten im Raum, bei deren Überschreitung im Winter Zugerscheinungen nicht zu vermeiden sind. Thermische Lasten über 30 W/m² bei Raumtiefen von etwa 5 m haben Luftgeschwindigkeiten von über 15 cm/s zur Folge und werden deshalb als unbehaglich empfunden. Bei Außentemperaturen unter 10 °C spüren empfindliche Personen Zugerscheinungen. Wird eine Luftgeschwindigkeit von 18 cm/s zugelassen, könnte auch bei tieferen Außentemperaturen mit dem Fensterspalt gelüftet werden, wenn dieser klein genug eingestellt werden kann. Bei kleiner thermischer Last kann auch bei tieferen Außentemperaturen noch mit freier Lüftung gearbeitet werden. Die Fensteröffnungen bestehen dann nur noch aus sehr kleinen Öffnungen, am besten dünnen durchgehenden Spalten, die über die gesamte Raumbreite möglichst hoch im Raum verlaufen.

Sobald die Außentemperaturen 8 °C unterschreiten, scheint eine ausreichende Dauerlüftung durch Fensterspalte nicht möglich zu sein, weil die Temperaturen am Boden dann zu niedrig sind. Für diesen Fall wird „Stoßlüftung" mit ihren bekannten unbequemen Nebenwirkungen propagiert, die meist dazu führen, dass eine schlechte Luftqualität im Raum einer Lüftung vorgezogen wird. Anzustreben wäre, die Spaltlüftung bis zu ihrer Grenze weiter zu betreiben und zusätzlich, wenn erforderlich, Stoßlüftung anzuwenden.

Im Sommer ergeben sich die Grenzen der freien Lüftung durch die zulässigen Raumtemperaturen. Solange die Temperaturen außen niedriger sind als innen und unter 23 bis 25 °C liegen, müssen die Fenster möglichst weit geöffnet werden. Sobald die Außentemperatur über diesen Wert steigt, lässt sich der Speichereffekt des Gebäudes in Kombination mit Nachtkühlung bedingt nutzen, um behagliche Temperaturen einzuhalten. Dann darf das Fenster am Tage nur wenig geöffnet werden, nachts dafür wenigstens in Kippstellung. Die Grenzen der thermischen Lasten im Raum liegen dabei erfahrungsgemäß auch bei etwa 30 W/m² während der etwa achtstündigen Betriebszeit von Bürogebäuden.

Prof. a.D. Dr.-Ing. Klaus Fitzner

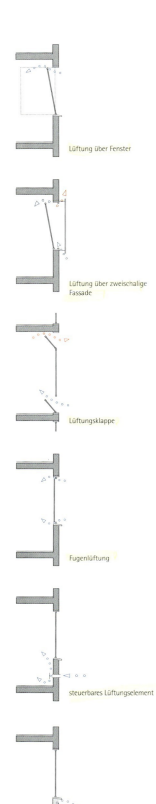

Abb. 2.39 Übersicht Lüftungsöffnungen

Lüftungselemente

Bei den meisten Gebäuden erfolgt die Lüftung über die Fenster. Diese waren in traditionellen Lochfassaden die einzigen Öffnungen und vereinten daher die Funktionen Lüftung, Tageslichteintrag und Ausblick in einem Element. Durch diese Verknüpfung von mehreren Funktionen ist es schwierig, allen Einzelaspekten optimal gerecht zu werden.

Bei der natürlichen Lüftung muss der Öffnungsflügel des Fensters fein einstellbar sein, einen gewissen Witterungsschutz bieten, einen umfangreichen Luftwechsel gewährleisten, dazu beitragen, thermische Unbehaglichkeit zu begrenzen und möglichen Lärmeintrag zu verhindern. Um die natürliche Lüftung während des gesamten Jahres sicherstellen zu können, ist ein konventioneller Dreh-Kipp-Beschlag allein meist nicht ausreichend. Weitere Lüftungselemente sind je nach Standort und Art der Nutzung zusätzlich vorzusehen. Ziel ist es, bei allen Außenbedingungen den Luftwechsel optimal einstellen zu können. Die Lüftungsöffnungen sollten sowohl eine Stoßlüftung als auch eine dosierte Dauerlüftung ermöglichen. Grundsätzlich kann die Lüftung über Fenster mit verschieden ausgebildeten Beschlägen oder über Lüftungselemente in der Fassade erfolgen.

Lüftung über Fenster Die Lüftung über Fenster kann durch horizontale oder vertikale Schiebeelemente, durch Dreh- und Kippelemente, durch Wende- oder Schwingfenster oder durch parallel auszustellende Fenster erfolgen. Diese Fensterelemente unterscheiden sich durch den möglichen Luftwechsel, die Regelbarkeit und den konstruktiven Aufwand. Die Fensterlüftung ist für Standorte mit geringer Schallbelastung und niedrigen Windgeschwindigkeiten geeignet. Sie ermöglicht einen hohen Außenbezug und eignet sich für die Stoßlüftung durch hohe Luftwechselraten.

Lüftung über zweischalige Fassade Bei Lärmbelastung oder Wind erweisen sich zweischalige Fassadenelemente als hilfreich. Sie können als Doppelfassade, Kastenfenster oder als Prallscheibe ausgeführt werden. Die Lüftung nur über die Doppelfassade ist aufgrund der im Sommer hohen Temperaturen im Fassadenzwischenraum eher ungünstig und sollte durch eine direkte Lüftungsmöglichkeit ergänzt werden. Durch die zweite Glasebene ist ein direkter Außenbezug nicht möglich. Die zweite Haut schützt jedoch vor Lärm- und Wind und dient in der kalten Jahreszeit der Zuluftvorwärmung. Ein weiterer Vorteil ist die Möglichkeit, den Sonnenschutz witterungsgeschützt anzubringen.

Lüftungsklappe Insbesondere bei hohen Häusern kann der Winddruck an der Fassade so hoch sein, dass der Nutzer die Fenster nicht mehr sicher bedienen kann. Auch muss bei unbeaufsichtigt geöffneten Fenstern ein grundlegender Witterungsschutz gegeben sein, damit es nicht zu Schäden durch Regen oder Durchzug kommt. Eine kleine Klappe kann auch bei hohen Windgeschwindigkeiten die Lüftung über die Fassade ermöglichen. Aufgrund der geringen Angriffsfläche ist eine sichere Bedienung auch bei starkem Wind noch möglich. Es sollten sich viele verschiedene Öffnungswinkel einstellen lassen, um eine dosierte Lüftung zu ermöglichen. Durch eine nach außen gestellte Lüftungsklappe ergibt sich ein gewisser Schutz gegen Niederschläge. Deshalb kann sie auch zur Nachtlüftung geöffnet werden. Diese Klappe ist eine gute Ergänzung zu einem Kastenfenster oder einem konventionellen Fenster.

	Luftwechsel	Regelbarkeit	Schallschutz	Außenbezug	Hinweise
Lüftung über Fenster	1–20 h^{-1}	mittel	gering	sehr gut	geringe Kosten
Lüftung über zweischalige Fassade	0,5–5 h^{-1}	gering	gut	gering	Überhitzungsgefahr
Lüftungsklappe	1–3 h^{-1}	gut	gering	gut	additive Lösung
Fugenlüftung	0,5–2 h^{-1}	gut	gut	–	geringer Aufwand
steuerbares Lüftungselement	0,5–1 h^{-1}	gut	sehr gut	–	mittlerer Aufwand
schallgedämpftes Lüftungselement	1–3 h^{-1}	mittel	sehr gut	–	hoher Aufwand

Tab. 2.4 Eigenschaften von Lüftungsöffnungen

Fugenlüftung Ein Grundluftwechsel mit geringem Schalleintrag kann auch durch eine definierte Undichtheit an den Fensterfugen erfolgen. Hohe Strömungsgeschwindigkeiten und thermische Unbehaglichkeit lassen sich dadurch vermindern. Da die Fugenlüftung vom Nutzer nicht unmittelbar wahrgenommen wird, besteht im Winter die Gefahr, dass sich durch eine kontinuierliche Fugenöffnung unnötig hohe Luftwechsel einstellen, die zu erhöhten Wärmeverlusten führen.

Steuerbares Lüftungselement Der Grundluftwechsel kann auch durch ein steuerbares Lüftungselement hergestellt werden. Dadurch ist eine nutzerunabhängige Lüftung ohne zusätzliche Ventilatoren möglich. Kriterien für die Steuerung können die Luftqualität, die Anwesenheit von Personen oder der Volumenstrom sein. Sinnvoll ist auch eine Steuerung der Lüftungsöffnungen in Abhängigkeit von den Außenbedingungen. Im Sommer können durch eine temperaturgeführte Regelung die thermischen Verhältnisse im Raum optimiert werden.

Schallgedämpftes Lüftungselement An lärmbelasteten Standorten kann ein schallgedämpftes Lüftungselement ein konventionelles Fenster ergänzen und eine Alternative zu einer Doppelfassade oder einem Kastenfenster darstellen. Zusätzlich sollte ein konventionelles Fenster mit Öffnungsflügel für einen guten Außenbezug vorgesehen werden.

Tab. 2.5 Vor- und Nachteile von Lüftungselementen für verschiedene Standorte und Bauaufgaben

Lüftungselemente	Vorteile	Nachteile	Standort und Außensituation
Doppelfassade	windgeschützter Sonnenschutz behagliche Zulufteinbringung im Winter Nachtlüftung	hohe Kosten kein Außenbezug Überhitzungsgefahr im Sommer	
Fensterlüftung und Lüftungsklappe	kostengünstig direkter Außenbezug	kein geschützter Sonnenschutz	
Fensterlüftung und Kastenfenster	direkter Außenbezug sehr variable Lösung Nachtlüftung	nur teilweise geschützter Sonnenschutz	
Fensterlüftung und steuerbares Lüftungselement	direkter Außenbezug Nachtlüftung nutzerunabhängige Lüftung	Regeltechnik erforderlich erhöhte Kosten kein geschützter Sonnenschutz	Hochhaus, windexponiert
Kastenfenster	Nachtlüftung behagliche Zulufteinbringung im Winter	kein direkter Außenbezug Überhitzungsgefahr im Sommer	
Fensterlüftung und Kastenfenster	direkter Außenbezug sehr variable Lösung Nachtlüftung		
Fensterlüftung und Fugenlüftung	schallgeschützte Grundlüftung direkter Außenbezug kostengünstig	eingeschränkter Schallschutz	
Fensterlüftung und schallgedämpftes Lüftungselement	schallgeschützte Lüftung direkter Außenbezug	hoher Aufwand	lärmbelasteter Standort
Fensterlüftung	direkter Außenbezug kostengünstig	keine geschützte Nachtlüftung	
Fensterlüftung und Prallscheibe	Nachtlüftung	eingeschränkter Außenbezug	
Fensterlüftung und Fugenlüftung	direkter Außenbezug Grundluftwechsel Basisnachtlüftung	unbemerkter Luftaustausch	
Fensterlüftung und steuerbares Lüftungselement	direkter Außenbezug nutzerunabhängige Grundlüftung	erhöhte Kosten Regeltechnik erforderlich	unbelasteter Standort

Fassadenfunktionen | Lüftung

Luftwechsel bei natürlicher Lüftung

Bei der Lüftung über die Fassade ist es schwierig, den Luftwechsel genau zu definieren, da viele Einflussfaktoren miteinander in Wechselbeziehung stehen. Die Hauptfaktoren sind die Ausbildung und Lage der Fassadenöffnungen sowie die Antriebskräfte Thermik und Wind. Diese Antriebskräfte können jeweils in jedem Raum für sich wirken oder sich bei entsprechendem Luftverbund im gesamten Gebäude auswirken. Sie können sich gegenseitig verstärken oder aufheben. Thermik und Wind sind in ihrer Stärke und Richtung nicht beeinflussbar und unterliegen kontinuierlichen Schwankungen. Die Größe der Fassadenöffnungen beeinflusst den Luftwechsel, daher ist auf ihre Ausbildung und Lage besonders zu achten. Da es bis jetzt in der Planung nur mit groben Ansätzen möglich ist, den natürlichen Luftwechsel zu prognostizieren, müssen die Lüftungsöffnungen sehr flexibel ausgebildet sein und entsprechende Reserven bei der Dimensionierung der Öffnungen eingeplant werden. Weiterhin sind die Aspekte Schallschutz, Raumklima im Sommer und behagliche Zulufteinbringung zu beachten, da sie oftmals eine spezielle Ausbildung der Lüftungsöffnungen erfordern.

Lüftung durch Thermik Bei unterschiedlichen Temperaturen zwischen innen und außen entsteht durch Dichteunterschiede der Luft eine vertikale Strömung. Diese ist abhängig von der wirksamen Höhe und der Temperaturdifferenz. Die wirksame Höhe ist abhängig von der Lage und Ausbildung der Fassadenöffnungen im Raum und von der Höhendifferenz der Öffnungen im Gebäude, wenn das Gebäude im Luftverbund steht. Dabei können aufgrund der großen wirksamen Höhe erhebliche Druckunterschiede entstehen. In den oberen Geschossen kann sich ein thermisch bedingter Überdruck ergeben, sodass die Strömungsrichtung von innen nach außen verläuft.

Im Winter, wenn große Temperaturunterschiede zwischen innen und außen vorherrschen, ist der Luftwechsel in der Regel leicht zu gewährleisten. Das Augenmerk ist dann mehr auf eine Begrenzung des Luftaustauschs und auf Behaglichkeitsprobleme durch zu kalte Zuluft und durch zu hohe Luftgeschwindigkeiten zu richten. Im Sommer bei geringen Temperaturunterschieden ist auf die Sicherstellung des Luftwechsels zu achten. Die Fassadenöffnungen und die wirksame Höhe müssen ausreichend groß sein. Dafür sind Fenster mit einer vertikalen Geometrie und Öffnungen jeweils im Brüstungs- und Oberlichtbereich günstiger als ein mittig angeordnetes Fenster mit geringer Höhe.

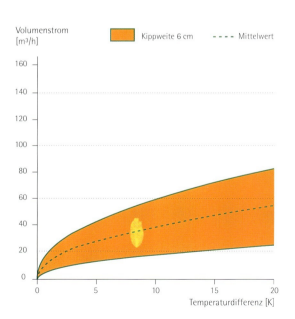

Abb. 2.40 Größenordnungen für den Zuluftvolumenstrom bei einer Kippweite von 6 cm in Abhängigkeit von der Temperaturdifferenz zwischen innen und außen. Bandbreite basierend auf verschiedenen Theorien und Messungen [Grafik nach Hall]

Randbedingungen
Höhe des Fensters: 1,23 m
Breite des Fensters: 0,94 m

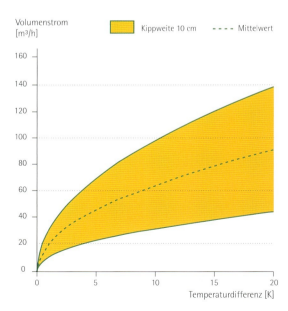

Abb. 2.41 Größenordnungen für den Zuluftvolumenstrom bei einer Kippweite von 10 cm in Abhängigkeit von der Temperaturdifferenz zwischen innen und außen. Bandbreite basierend auf verschiedenen Theorien und Messungen [Grafik nach Hall]

Randbedingungen
Höhe des Fensters: 1,23 m
Breite des Fensters: 0,94 m

Lüftung durch Wind Der windbedingte Luftaustausch kann auf zwei Arten erfolgen. Befinden sich Öffnungen eines Raums oder eines Gebäudes an unterschiedlichen aerodynamischen Druckzonen, so erfolgt eine Durchströmung von der Überdruckzone zur Sogzone. Je nach Gebäudeform und Gebäudestellung können sich lokal Sogspitzen herausbilden, die erheblichen Unterdruck aufweisen. Der Luftaustausch hängt stark von der Windgeschwindigkeit ab. Ein weiterer Einflussfaktor sind Turbulenzen der Luft. Bei Räumen mit nur einer Öffnung findet keine Durchströmung statt. Dennoch kann sich ein erheblicher Luftaustausch einstellen, der durch Schwankungen und Richtungsänderungen des Winddrucks entsteht. Der sich ändernde Winddruck ist vor allem durch die Turbulenzen und die Böigkeit des Windes begründet.

In den Übergangszeiten, die von höheren Luftgeschwindigkeiten geprägt sind, ergibt sich ein umfangreicher windbedingter Luftaustausch. Die Öffnungen müssen so ausgebildet sein, dass sie die Strömungsgeschwindigkeiten der Luft im Raum begrenzen können. Dies gilt insbesondere dann, wenn ein Luftverbund zu unterschiedlichen Druckzonen besteht. Weiterhin ist bei der Ausbildung von Lüftungsöffnungen in der Fassade und bei Überströmöffnungen darauf zu achten, dass sich bei schmalen Spaltöffnungen Pfeifgeräusche ergeben können.

Bewertung der natürlichen Lüftung Im Winter ist der Luftaustausch leicht herzustellen, das Hauptaugenmerk liegt auf der thermischen Behaglichkeit. In der Übergangszeit ergibt sich in der Regel ein ausreichender Luftwechsel durch Wind, die Strömungsgeschwindigkeiten sind dabei zu begrenzen. Selbst bei Windstille sind die Temperaturunterschiede zwischen innen und außen in der Regel ausreichend, um den Luftaustausch sicherzustellen. Im Sommer gibt es häufig Wetterlagen mit erhöhten Außenlufttemperaturen und Windstille, sodass der Luftaustausch eingeschränkt sein kann. Wenn keine mechanische Lüftung vorhanden ist, sind deshalb Fassadenöffnungen mit einer sehr großen Öffnungsfläche notwendig. Gegebenenfalls kann auch eine Luftführung über das Gebäude, z.B. über ein Atrium, den Luftaustausch optimieren. Dies kann im Sommer auch aus Gründen einer verbesserten Nachtlüftung zur Entwärmung des Gebäudes sinnvoll sein.

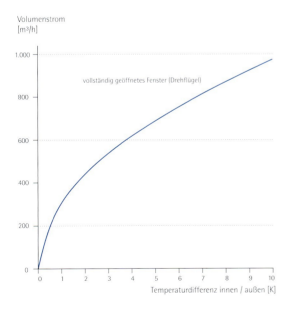

Abb. 2.42 Zuluftvolumenstrom bei geöffnetem Fenster in Abhängigkeit von der Temperaturdifferenz [Grafik Pültz]

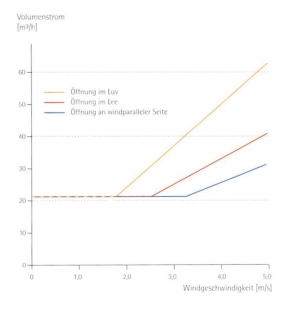

Abb. 2.43 Zuluftvolumenstrom in Abhängigkeit von der Windgeschwindigkeit und der Lage des Fensters zur Windrichtung [Grafik Blum]

Randbedingungen
Höhe des Fensters: 1,20 m
Breite des Fensters: 1,00 m

Abb. 2.44 **Zuluftführung über ein gekipptes Fenster**
Bei niedrigen Außentemperaturen können sich bei der direkten Lüftung über das gekippte Fenster hohe Strömungsgeschwindigkeiten und niedrige Lufttemperaturen im Fußbereich ergeben. Dieser Effekt kann von einem Heizkörper nicht immer befriedigend aufgefangen werden.

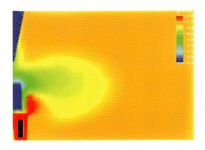

Abb. 2.45 **Zuluftführung über eine optimierte Fassade**
Bei Ausbildung einer Zuluftmischzone, in der die kalte Außenluft mit der warmen Raumluft vermischt werden kann, können zu niedrige Temperaturen im Fußbereich vermieden werden.

Behagliche Zulufteinbringung im Winter

Für die Lüftung bei sehr niedrigen Außenlufttemperaturen ($T_a < 5\ °C$) sind bauliche oder technische Vorkehrungen an der Fassade zu treffen, damit thermische Unbehaglichkeiten vermieden werden (Abb. 2.44 u. 2.45). Die grundsätzlichen Strategien dafür sind ein Vorwärmen der Zuluft, eine rasche Vermischung der Zuluft mit der Raumluft oder eine Kombination aus Vorwärmung und Vermischung (Abb. 2.46). Die Zuluftführung über die Fassade ermöglicht Kosteneinsparungen im Bereich der Gebäudetechnik, wodurch höhere Investitionen im Fassadenbereich getätigt werden können.

Vorwärmung der Zuluft Die Vorwärmung kann über das Heizsystem, durch Abwärme von Geräten und Beleuchtung sowie durch Zuluftkollektoren erfolgen. Bei der Vorwärmung durch das Heizsystem, z.B. über Radiatoren oder Konvektoren, ist in der Regel zusätzliche Heizenergie erforderlich. Zudem ergeben sich höhere Vorlauftemperaturen, was einen höheren Aufwand bei der Energieerzeugung nach sich ziehen kann. Die Vorwärmung über Kollektoren ist nur an der Südfassade sinnvoll, sie hängt von der solaren Einstrahlung ab und der bauliche Aufwand ist relativ hoch. Ideal ist es, wenn die Abwärme von Geräten oder Beleuchtungselementen zur Zuluftvorwärmung herangezogen wird. Die konstruktive Ausbildung ist jedoch aufwändig. Bei der Raumkonditionierung mit Bauteilaktivierung und einem Doppelboden kann die Luftverteilung und Vorwärmung auch im Zwischenraum des Doppelbodens erfolgen. Diese energetisch interessante Lösung ist jedoch aus hygienischer Sicht sehr problematisch und benötigt zudem einen Antrieb.

Vermischung der Zuluft Die Vorwämung durch Vermischung der Zuluft kann über die abgehängte Decke, einen Zuluftkanal oder eine fassadennahe Mischzone erfolgen. Mit der Luftführung über die Decke oder einen Kanal kann bei größeren Räumen auch die Raumtiefe besser belüftet werden. Der Bedarf an Heizenergie kann geringer sein, da die Zuluftworwärmung überwiegend durch die Kompensation von internen Lasten erfolgt. Der Nachteil der Vermischung liegt in einer geringeren Luftqualität. Bei der Luftführung über die Decke oder einen Kanal kann sich eine weitere Beeinträchtigung der Luftqualität durch Staubablagerungen ergeben. Für die Lüftführung über einen Kanal wird ein Antriebsventilator benötigt.

	Thermische Behaglichkeit	Luftwechsel und Luftqualität	Energetische Effizienz	Anwendung und Hinweise
Zuluftvorwärmung über Heizfläche	Gefahr von Kaltluftabfall	geringer Luftwechsel, hohe Luftqualität	ggf. erhöhter Heizwärmebedarf	bei geringen Luftmengen, sehr einfache Lösung
Zuluft über Mischzone	mittel	mittlerer Luftwechsel, hohe Luftqualität	erhöhter Heizwärmebedarf	einfache Lösung bei mittleren Luftwechseln
Zuluft über Mischzone mit Konvektor	hoch	mittlerer Luftwechsel, Quelllüftung	erhöhter Heizwärmebedarf	ggf. Verschmutzung, hohe Vorlauftemperatur
Zuluft über Technikzone	abhängig von der Abwärme	mittlere Luftwechsel bei Abwärme möglich	Nutzung von Abwärme	bei hohen Wärmelasten, aufwändige Detaillierung
Zuluft über Zuluftkollektor	abhängig von der Einstrahlung	sehr hohe Luftwechsel bei Einstrahlung	Nutzung von Solarstrahlung	nur bei Südfassaden, aufwändige Fassade
Zuluft über Lüftungsrohr	sehr hoch	sehr hohe Luftwechsel, Mischlüftung	Antriebsenergie, Lüftung regelbar	bei großen Raumtiefen, Antrieb erforderlich
Zuluft über Doppelboden	ggf. geringe Bodentemperatur	geringe Luftwechsel, Quelllüftung	Antriebsenergie, geringe VL-Temperatur	bei aktivierten Decken, Hygiene problematisch
Zuluft über abgehängte Decke	sehr hoch	hohe Luftwechsel, Mischlüftung	geringer Energieaufwand	bei großen Raumtiefen, kein Antrieb erforderlich

Tab. 2.6 **Vergleichende Bewertung der Zulufteinbringung**

Zuluftvorwärmung über Heizfläche
Ein Radiator unter dem Fenster erwärmt die Zuluft, die durch das geöffnete Fenster einströmt. Dadurch kann bei geringen Luftwechseln der Kaltluftabfall begrenzt werden.

Zuluft über Mischzone
Bei sehr kalten Außentemperaturen und hohen Luftwechseln ist eine Zuluftmischzone erforderlich. In dieser wird die kalte Zuluft mit der Raumluft vermischt und erwärmt, sodass Unbehaglichkeiten vermieden werden können.

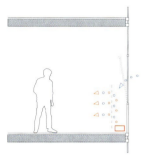

Zuluft über Mischzone mit Konvektor
Eine Zuluftmischzone kann auch in der Art ausgeführt sein, dass die kalte Luft zuerst am Fenster nach unten fällt, dabei von einem Konvektor erwärmt wird und über ein perforiertes Element langsam in den Raum strömt. Dadurch können dem Raum größere Frischluftmengen zugeführt werden.

Zuluft über Technikzone
Werden z. B. Computer oder Beleuchtungselemente in einer Technikzone in Fassadennähe integriert und die Zuluft daran vorbeigeführt, kann die Abwärme der Geräte zur Vorwärmung der Luft genutzt werden. Im Sommer können bei umgekehrter Luftrichtung die Wärmelasten direkt nach außen geführt werden.

Zuluft über Zuluftkollektor
Ein fassadenintegrierter Zuluftkollektor erwärmt die Zuluft. Allerdings besteht eine Abhängigkeit von der Himmelsrichtung.

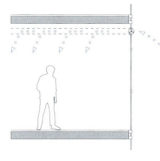

Zuluft über Lüftungsrohr
Ein Zuluftrohr übernimmt die Vermischung und Verteilung der Luft in die Raumtiefe. Über den Ventilator können die Druckverhältnisse im Raum genau definiert und Filter und Schalldämpfer eingebaut werden. Lange Leitungswege wie bei einer zentralen Lüftungsanlage entfallen.

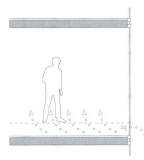

Zuluft über Doppelboden
Die Zuluft kann über einen Doppelboden vorgewärmt und als Quellluft in die Raumtiefe verteilt werden. Auf Hygiene ist besonders zu achten. Zur Sicherstellung eines definierten Luftwechsels ist ein Antrieb erforderlich.

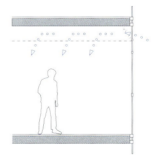

Zuluft über abgehängte Decke
Eine abgehängte Decke kann die im Zwischenraum vermischte Zuluft in die Raumtiefe leiten und gleichmäßig einströmen lassen. Ein Antrieb ist aufgrund der geringen Außenlufttemperaturen nicht erforderlich.

Abb. 2.46 **Übersicht über Konzepte für eine behagliche Zulufteinbringung**

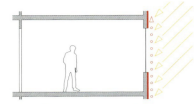

Abb. 2.47 **Fassadennahe Grenzschicht**
Im Sommer kann sich die Oberfläche von Fassaden je nach Reflexionsverhalten und Farbe auf Temperaturen von 40–80 °C aufheizen. Diese Aufheizung bewirkt eine Erwärmung der Luft unmittelbar vor der Fassade.

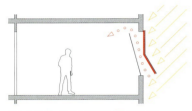

Abb. 2.48 **Durch Sonnenschutz bedingte Übertemperatur der Zuluft**
Die am Sonnenschutz absorbierte Solarstrahlung kann bei der Lüftung über die Fassade zu einer Temperaturerhöhung der Zuluft um 2–5 K führen.

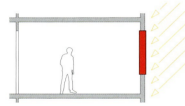

Abb. 2.49 **Fassadenbedingte Übertemperatur der Zuluft**
Bei Kastenfenstern oder Doppelfassaden kommt es je nach Öffnungsgrad zu Übertemperaturen von bis zu 30 K.

Einfluss der Lüftung auf das Raumklima im Sommer

Die Lüftung hat im Sommer einen erheblichen Einfluss auf die Behaglichkeit in Gebäuden. Bei hohen Außenlufttemperaturen ergeben sich insbesondere bei hohen Luftwechseln zusätzliche Wärmeeinträge in den Raum. Diese können sich durch einen fassadenbedingten, zusätzlichen Temperaturanstieg weiter erhöhen. Liegen die Außenlufttemperaturen jedoch unter der operativen Raumtemperatur, so können durch Lüftung Wärmelasten abgeführt werden, insbesondere bei hohen Temperaturdifferenzen. Deshalb ist die Nachtlüftung besonders zur Wärmeabfuhr geeignet.

Wärmeeinträge durch Lüftung Um das Raumklima im Sommer durch Lüftung nicht zu verschlechtern, sollte bei Außenlufttemperaturen, die über der Raumtemperatur liegen, der Luftwechsel begrenzt werden, insbesondere wenn die Zulufttemperatur durch fassadenspezifische Einflussfaktoren über der Außenlufttemperatur liegt (Tab. 2.7). Die Fassadenoberfläche kann sich je nach Farbe auf bis zu 80 °C aufheizen. Dadurch bildet sich eine Luft-Grenzschicht direkt vor der Fassade aus, deren Temperatur bis zu 10 K über der Umgebungstemperatur liegen kann (Abb. 2.47). Bei Wind ist der Grenzschichteffekt abgeschwächt, es ergeben sich Temperaturerhöhungen von bis zu 5 K. Im Zwischenraum von Kastenfenstern oder Doppelfassaden ergeben sich durch die am Sonnenschutz absorbierte Solarstrahlung erhebliche Temperaturerhöhungen von bis zu 30 K (Abb. 2.49). Je nach Öffnungsgrad der äußeren Hülle und dem Luftwechsel im Zwischenraum liegen an warmen Sommertagen mit Sonneneinstrahlung die typischen Temperaturen im Fassadenzwischenraum bei ca. 30 bis 40 °C. Eine weitere Erwärmungsgefahr der Zuluft besteht hinter Sonnenschutzsystemen, insbesondere dann, wenn sie markisenartig ausgebildet sind (Abb. 2.48). Generell ist es günstig, im Sommer die Zuluft von sonnenabgewandten Fassadenseiten einströmen zu lassen.

Kühlpotenziale durch Lüftung am Tag Die Wärmeabfuhr durch Lüftung wird vom Luftwechsel und der Temperaturdifferenz zwischen innen und außen bestimmt. Deshalb können mit einer Stoßlüftung am Morgen Wärmelasten besonderes effizient abgeführt werden. Der Luftwechsel während des Tages ist im Sommer eher höher als zu niedrig zu wählen, da in der Praxis nicht davon auszugehen ist, dass der Nutzer die Fenster temperaturoptimiert bedient. Auch bei Außenlufttemperaturen, die geringfügig über der mittleren operativen Raumtemperatur liegen, kann gegebenenfalls trotzdem noch Wärme abgeführt werden, da die internen Lasten auf einem höheren Temperaturniveau freigesetzt werden. Mögliche Wärmeeinträge durch erhöhte Luftwechsel fallen nur gering aus, da hohe Außenlufttemperaturen und hohe Raumlufttemperaturen meist zeitlich zusammenfallen und die Temperaturdifferenz deshalb nur gering ist. Zudem ergibt sich ein Behaglichkeitsgewinn, der sich durch eine erhöhte Luftbewegung einstellt.

Randbedingungen zu Abb. 2.50

Bürofläche	22,5 m²
Raumhöhe	3,0 m
Raumvolumen	67,5 m³

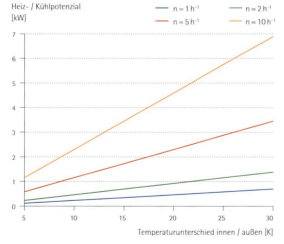

Abb. 2.50 Theoretisches Kühl- bzw. Erwärmungspotenzial durch Lüftung in Abhängigkeit vom Luftwechsel und von der Temperaturdifferenz

	typisch	maximal
Grenzschicht ohne Wind	5 K	10 K
Grenzschicht mit Wind	2 K	5 K
absorbierende Fassadenfläche	10 K	15 K
Kastenfenster	5–15 K	20 K
Kastenfenster schalloptimiert	5–20 K	30 K
unsegmentierte Doppelfassade	5–20 K	30 K
steuerbare Doppelfassade	5–10 K	20 K
Sonnenschutzlamellen	2–5 K	10 K
Markise	5–10 K	15 K

Tab. 2.7 Typische fassadenspezifische Temperaturerhöhungen der Zuluft gegenüber der Außenluft bei hoher Einstrahlung im Sommer

Abb. 2.51 Übertemperaturstunden während der Nutzungszeit und operative Raumtemperaturen an drei warmen Tagen bei erhöhter Zulufttemperatur während der Mittagszeit (10:00 bis 14:00 Uhr)

Variation: Zulufttemperatur von 10:00–14:00 Uhr
$T_{Zuluft} = T_{Außenluft}$
$T_{Zuluft} = 30\,°C$
$T_{Zuluft} = 35\,°C$
$T_{Zuluft} = 40\,°C$

Erhöhte Zulufttemperaturen durch den Grenzschichteffekt oder durch eine Aufheizung im Fassadenzwischenraum verschlechtern die sommerlichen Verhältnisse erheblich. Selbst bei einer Erhöhung der Zulufttemperatur auf 30 °C während der Mittagsstunden können bereits keine behaglichen Verhältnisse mehr erreicht werden. Eine alternative Zuluftführung ist erforderlich.

Randbedingungen zu Abb. 2.51 und 2.52, soweit nicht als Parameter variiert

Bürofläche	22,5 m²
Orientierung	Süd
Fassadenfläche	13,5 m²
Fensterflächenanteil	70 %
U-Wert Fenster	1,1 W/m²K
g-Wert	0,6
F_c-Wert	0,2
Sonnenschutzsteuerung	zu $I_{Fassade} > 180\,W/m²$
U-Wert Außenwand	0,30 W/m²K
Innenwände	leicht, adiabat
Decken	massiv, adiabat
Lasten 8:00–18:00 Uhr	wochentags 2 Pers. + 2 PC
Lüftung	wochentags
8:00–10:00 Uhr	n = 5 h⁻¹
10:00–18:00 Uhr	n = 2 h⁻¹
18:00–8:00 Uhr	n = 1 h⁻¹
Wochenende	n = 1 h⁻¹
Zulufttemperatur 10:00–14:00 Uhr	wochentags variiert
übrige Zeit	$T_{Außenluft}$
Beleuchtung	keine
Kühlung	keine
Klima	Würzburg

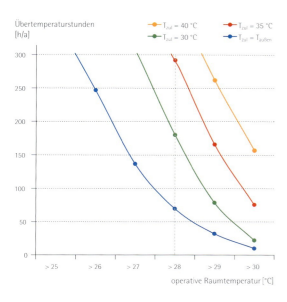

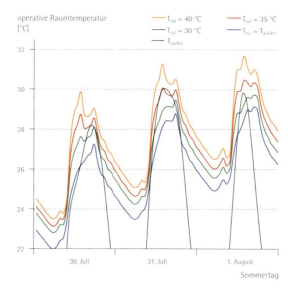

Abb. 2.52 Übertemperaturstunden während der Nutzungszeit und operative Raumtemperaturen an drei warmen Tagen in Abhängigkeit von der Lüftungsstrategie am Tag

Variation: Lüftungsstrategie
Dauerlüftung:
8:00–10:00 Uhr n = 5 h⁻¹
8:00–10:00 Uhr n = 2 h⁻¹

Morgendliche Stoßlüftung:
8:00–10:00 Uhr n = 5 h⁻¹
10:00–18:00 Uhr n = 2 h⁻¹
8:00–10:00 Uhr n = 10 h⁻¹
10:00–18:00 Uhr n = 1 h⁻¹

Im Bereich der operativen Raumtemperaturen von bis zu 28 °C kann eine thermisch optimierte Lüftungsstrategie das Raumklima im Sommer verbessern. Darüber hinaus ist der Einfluss des Luftwechsels nicht so erheblich, da die Temperaturdifferenzen zwischen Außenluft und operativer Raumtemperatur nur sehr gering sind.

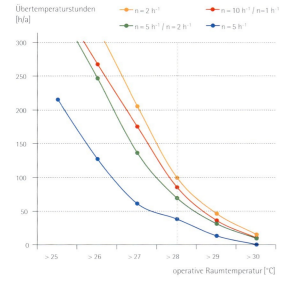

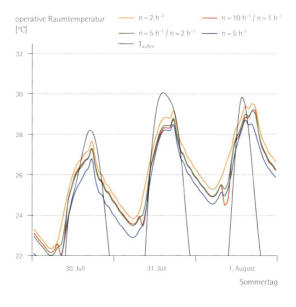

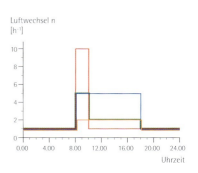

Fassadenfunktionen | Lüftung

Nachtlüftung

Bei der Nachtauskühlung werden die tieferen Außenlufttemperaturen während der Nacht genutzt, um durch Lüftung die freiliegenden Speichermassen des Raums auszukühlen. Diese stehen dann am folgenden Tag als Kältequelle zur Verfügung. Somit bietet die Nachtlüftung eine wirksame Kühlmöglichkeit ohne weitere Betriebskosten.

Die Nachtlüftung eignet sich insbesondere für Gebiete mit hohen Temperaturschwankungen zwischen Tag und Nacht. Günstig ist es, wenn die Außenlufttemperaturen in der Nacht auf etwa 15 °C absinken. Da thermisch nutzbare Speichermassen die Wirksamkeit der Nachtauskühlung erhöhen (Abb. 2.53), sollten die Decken aus Beton sein und keine abgehängten Decken sowie Doppelböden aufweisen. Ideal ist es, wenn auch die Innenwände massiv ausgeführt sind. Gegebenenfalls können PCM (Phase Change Materials) die baulichen Speichermassen ersetzen oder ergänzen. Anzustreben sind Luftwechsel von $n = 4\ h^{-1}$ oder höher (Abb. 2.55). Dazu sind ausreichend große Lüftungsöffnungen vorzusehen, die witterungsgeschützt und einbruchssicher sein müssen. Steuerbare Lüftungsöffnungen ermöglichen es, die Auskühlung zu optimieren und zu niedrige Raumtemperaturen in den Morgenstunden während der Übergangszeit zu vermeiden. Andererseits ergeben sich hohe Kosten für Beschläge und für die Steuerung. In der Praxis ist dies nur dann wirtschaftlich, wenn steuerbare Öffnungen ohnehin notwendig sind, z.B. für die gesteuerte natürliche Lüftung oder die Entrauchung. Eine thermik- oder windinduzierte Durchströmung des Gebäudes erhöht die Auskühlung. Dafür sind entweder vertikale Lufträume notwendig oder gegenüber liegende Fassadenöffnungen vorzusehen.

Mit der Nachtlüftung können Wärmelasten von 200 bis 250 Wh/m²d abgeführt werden. Damit erreichen Räume mit moderaten thermischen Lasten im Sommer gute klimatische Verhältnisse. Aufgrund der Abhängigkeit vom Außenklima können jedoch keine Grenztemperaturen garantiert werden. Bei günstigen Außenklimabedingungen und umfangreichen Speichermassen lassen sich höhere Lasten kompensieren. Dabei kann es jedoch zu kühlen Raumtemperaturen am Morgen kommen. Mit niedrigen Luftwechselraten, die auch mit konventionellen Fenstern über Fugenlüftung erreicht werden können, lassen sich zwar keine optimalen Verhältnisse erzielen, dennoch stellt sich eine erhebliche raumklimatische Verbesserung ein (Abb. 2.54).

Randbedingungen für die Abb. 2.53, soweit nicht als Parameter variiert

Bürofläche	22,5 m²
Orientierung	Süd
Fassadenfläche	13,5 m²
Fensterflächenanteil	70 %
U-Wert Fenster	1,1 W/m²K
g-Wert	0,6
F_c-Wert	0,2
Sonnenschutz	zu $I_{Fassade}$ > 180 W/m²
U-Wert Außenwand	0,30 W/m²K
Innenwände	variiert, adiabat
Decken	variiert, adiabat
Lasten 8:00–18:00 Uhr	wochentags 2 Pers. + 2 PC
Lüftung 8:00–10:00 Uhr	wochentags $n = 5\ h^{-1}$
10:00–18:00 Uhr	$n = 2\ h^{-1}$
18:00–8:00 Uhr	$n = 4\ h^{-1}$
Wochenende	$n = 1\ h^{-1}$
Beleuchtung	keine
Kühlung	keine
Klima	Würzburg

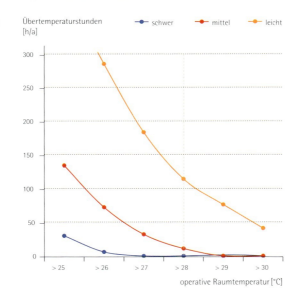

Abb. 2.53 **Einfluss der thermisch wirksamen Speichermasse auf die Zahl der Übertemperaturstunden und die operative Raumtemperatur an drei warmen Tagen**

Variation: Bauweise
Bauweise leicht: Innenwände leicht, Doppelboden, Decke abgehängt
Bauweise mittelschwer: Innenwände leicht, Decken freiliegend
Bauweise schwer: Innenwände massiv, Decken freiliegend
nächtlicher Luftwechsel $n = 4\ h^{-1}$

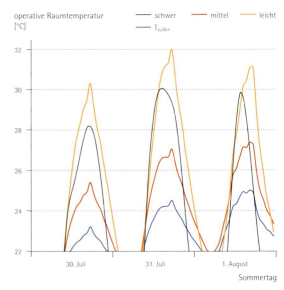

Speichermasse ist Voraussetzung für eine effiziente Nachtauskühlung. Die Bauweise muss mindestens mittelschwer sein. Bei umfangreichen Speichermassen können die Zeiten mit hohen Raumtemperaturen effizient begrenzt werden, die Temperaturen am Morgen können jedoch als zu kühl empfunden werden.

Abb. 2.54 **Übertemperaturstunden während der Nutzungszeit und operative Raumtemperaturen an drei warmen Tagen in Abhängigkeit vom Luftwechsel über Fugen während der Nacht**

Variation: Fugenluftwechsel 18:00–8:00 Uhr
$n = 0\ h^{-1}$, $n = 0,5\ h^{-1}$, $n = 1,0\ h^{-1}$, $n = 1,5\ h^{-1}$
Wochenende 00:00–24:00 Uhr: n = Wochentag 18:00–8:00 Uhr
Bauweise mittelschwer

Bereits ein geringer Luftaustausch über Fugen und kleine Öffnungen kann das Raumklima im Sommer erheblich verbessern. Deshalb ist im Sommer ein nutzerunabhängiger Mindestluftaustausch während der Nacht herzustellen. Dies ist auch ohne spezielle Nachtlüftungsöffnungen möglich.

Randbedingungen zu Abb. 2.54 und 2.55, soweit nicht als Parameter variiert

Bürofläche	22,5 m²
Orientierung	Süd
Fassadenfläche	13,5 m²
Fensterflächenanteil	70 %
U-Wert Fenster	1,1 W/m²K
g-Wert	0,6
F_c-Wert	0,2
Sonnenschutzsteuerung	zu $I_{Fassade}$ > 180 W/m²
U-Wert Außenwand	0,30 W/m²K
Innenwände	leicht, adiabat
Decken	massiv, adiabat
Lasten wochentags 8:00–18:00 Uhr	2 Pers. + 2 PC
Lüftung wochentags	
8:00–10:00 Uhr	$n = 5\ h^{-1}$
10:00–18:00 Uhr	$n = 2\ h^{-1}$
18:00–8:00 Uhr	variiert
Wochenende	$n = 1\ h^{-1}$
Beleuchtung	keine
Kühlung	keine
Klima	Würzburg

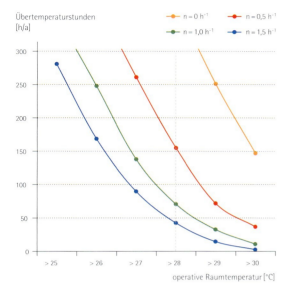

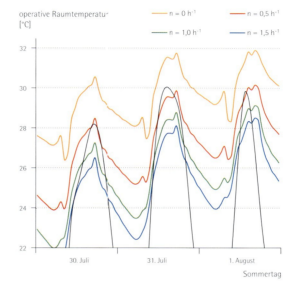

Abb. 2.55 **Übertemperaturstunden während der Nutzungszeit und operative Raumtemperaturen an drei warmen Tagen in Abhängigkeit vom Luftwechsel während der Nacht**

Variation: Luftwechsel 18:00–8:00 Uhr
$n = 2\ h^{-1}$, $n = 4\ h^{-1}$, $n = 6\ h^{-1}$, $n = 8\ h^{-1}$
Bauweise mittelschwer

Bereits bei niedrigen Luftwechselzahlen kann eine erhebliche Verbesserung des Raumklimas erreicht werden. Um gute Bedingungen zu schaffen, sollten Luftwechselzahlen von mindestens $n = 4\ h^{-1}$ erzielt werden.

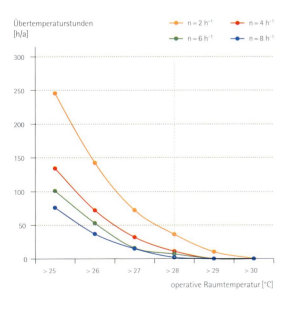

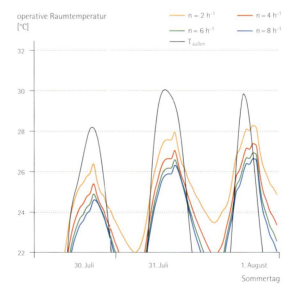

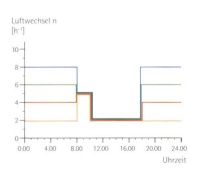

Sternhochhaus München
Wohnhochhaus mit Terrassen

Das Sternhochhaus in München-Obersendling soll sich als dritter Baukörper in das Ensemble der in den 1950er Jahren erstellten ersten zwei Wohnhochhäuser integrieren. Um einen hohen Wohnkomfort zu erreichen, erhalten alle Wohnungen großflächige Balkone, die mit über 24 m² Grundfläche und einer maximalen Tiefe von über 3 m die Qualität einer Terrasse besitzen. Die Nutzung dieser Balkone ist auch bei höheren Windgeschwindigkeiten ohne Einschränkungen möglich.

Aerodynamische Simulationen Das Strömungssimulationsmodell diente in erster Linie zur Ermittlung der Windgeschwindigkeiten auf den Balkonen der oberen Geschosse und der Druckverhältnisse an der Gebäudefassade. Daraus wurden die auf die Balkonverglasungen wirkenden Windkräfte berechnet. Eine Verschattungsstudie sollte analysieren, wie stark die Fassade durch die darüber liegenden Balkone verschattet wird und ob zusätzliche Sonnenschutzmaßnahmen erforderlich sind. Unter allen untersuchten Windbedingungen wurden auf den teilweise verglasten Balkonen nur sehr moderate Luftbewegungen festgestellt. Werte von 1 m/s werden in keiner der überprüften Situationen erreicht.

Durch die umfangreiche Verschattung kann an der Südfassade und an Teilbereichen der Westfassade auf einen außen liegenden Sonnenschutz verzichtet werden. Lediglich an den Eckräumen wird ein Sonnenschutz erforderlich. Dieser wurde in die aus Gründen des Windschutzes vorgehängte Fassade integriert. Somit hat man als Zweitfunktion des außen liegenden Sonnenschutzes, der innerhalb der Glasfassade vor Regen und Wind geschützt ist, einen Blickschutz für die Nutzer.

Optimierung Um die Windlasten zu reduzieren, bilden Glasflächen als vorgehängte Fassade vor den Balkonen einen Windschatten. Durch die Simulationen konnte die zu verglasende Fläche reduziert werden. Somit waren hohe Einsparungen möglich. Der Balkon ist in einen wintergartenähnlichen Bereich mit integriertem Sonnenschutz und einen offenen Balkon unterteilt und ermöglicht somit eine sehr variable Nutzung. Durch die geschützte Lage des außen liegenden Sonnenschutzes konnte auf Motorantriebe und auf eine zentrale Steuerung verzichtet werden.

Lageplan

Simulation des Winddrucks auf die Fassade *Wind aus Süd*
(Simulation: C. Meyer)

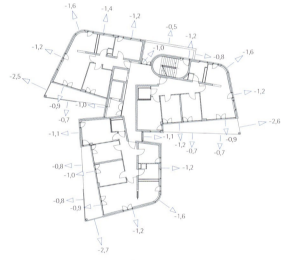

Grundriss mit anzunehmenden Sogwerten

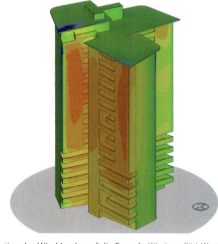

Simulation des Winddrucks auf die Fassade *Wind aus Süd-West*
(Simulation: C. Meyer)

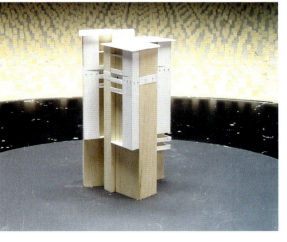

Abb. 2.56 **Lageplan**
Das Sternhochhaus ist Teil eines Ensembles aus drei Hochhäusern.

Abb. 2.57 **Grundriss mit anzunehmenden Sogwerten**
Lokale Bemessungswindlasten in kN/m² zur Dimensionierung der Fassadenelemente im Bereich des 6.–16. OG im Lastfall Sog.

Abb. 2.58 **Simulation des Winddrucks auf die Fassade**
Druckverteilung und resultierende Druckkräfte auf die Stirnseiten der Balkonbrüstungen und -verglasungen bei Südwind und Süd-Westwind. Bei Windrichtungen aus Süd bis Süd-West treten die stärksten Belastungen auf.

Abb. 2.59 **Sternhochhaus im Bau**

Abb. 2.60 **Windkanal**
Im Windkanalversuch werden die Bemessungswindlasten auf die Fassadenkonstruktion und die Fassadenelemente untersucht. Dazu wurde ein Modell des Gebäudes im Maßstab 1:150 aus Holz erstellt.

Fertigstellung: 2006
Nutzung: Wohnen
Bauherr: Siemens Wohnungsgesellschaft mbH, München
Architekt: Steidle + Partner, München
Gebäudetechnik: IB Hausladen, Kirchheim
Simulationen: IB Hausladen, Kirchheim;
IB Hausladen + Meyer, Kassel;
Wacker Ingenieure, Birkenfeld

Die Nutzung von Tageslicht in Gebäuden ist Voraussetzung für das Wohlbefinden der Menschen. Dies gilt insbesondere deshalb, da über die dynamische Änderung des Tageslichts das Erleben von Tages- und Jahreszeiten möglich ist. Des Weiteren werden der Beleuchtungsstrombedarf und die Kühllasten vermindert. Es besteht jedoch auch die Gefahr von erhöhten solaren Wärmeeinträgen und von Blendung, insbesondere bei Bildschirmarbeitsplätzen. Wesentlicher Einflussfaktor für die Nutzung des Tageslichts ist die Fassade. Fenstergröße und -position sowie die Tageslichttransmission der transparenten Flächen haben erheblichen Einfluss auf den Tageslichteintrag. Weitere Aspekte sind die Ausbildung des Sonnenschutzes und der Einsatz von Lichtlenksystemen. Die Reflexionseigenschaften der Innenoberflächen bestimmen die Beleuchtungsstärke auf der Arbeitsebene und die Leuchtdichteverteilung im Raum.

Tageslicht

Einfluss des Tageslichts auf die Behaglichkeit und Leistungsfähigkeit der Nutzer

Tageslicht oder Kunstlicht? Subjektiv und spontan würde diese Frage sicher überwiegend mit „Tageslicht" beantwortet werden. Es gibt jedoch viele „Technokraten", die dem nicht so ohne Weiteres zustimmen. Man kann ihrer Meinung nach beim heutigen Stand der Technik alle Komponenten, die das „primäre Licht" enthält, herstellen, also die Tageslichtquantitäten, die Verteilungen, die Strahlungsarten, die Eigenleuchtdichten der Lichtquellen, die Farbtemperaturen und die spektralen Verläufe. Grundsätzlich ist dies richtig, jedoch in der Realität Theorie, denn wesentliche Merkmale, wie die Veränderung der Intensität, der Strahlungsrichtung und der spektralen Verläufe sind nicht praktikabel bzw. nur unter Laborbedingungen nachvollziehbar.

Biologisch haben sich die Menschen im Laufe der Evolution dem Tageslicht angepasst. Die Mechanismen und das Funktionieren der optischen Wahrnehmung sind durch die Eigenschaften des Tageslichts geprägt und haben sich daraus entwickelt. Parallel dazu sind die Verarbeitungsvorgänge im Gehirn entstanden. Der permanente Wechsel des Tageslichts und die Vielfalt der daraus entstehenden Erscheinungsbilder „informieren" den Menschen und er hat gelernt, sie zu deuten. Beim aufmerksamen Betrachten von Objekten in einem tagesbelichteten, aber sonst visuell abgeschlossenen Museum kann aufgrund der Veränderung der sekundären Lichtstrukturen auch auf das Wetter und eventuell auf die Tageszeit geschlossen werden.

Das Kunstlicht hat immer eine statische Wirkung. Da das ausgestrahlte primäre Licht durch die Art des Leuchtmittels geprägt ist und keine Veränderung erfährt, ist das Informationsangebot eingeschränkt und von der Lichtquelle beeinflusst. Das Kunstlicht kann also mit den Tageslichtwirkungen in seiner Gesamtheit nicht verglichen werden – es ist bestenfalls das Plagiat eines Zeitmoments des Tageslichts. Es ist als Ergänzung zum Tageslicht einzusetzen oder ausschließlich als Nachtlicht, was seinem Wesen am besten entspricht.

Messungen im Bartenbach LichtLabor für Bildschirmarbeit auf optischer Wahrnehmungsbasis mit 30 Versuchspersonen zeigen an acht verschiedenen Gehirnfunktionen, dass bei Verwendung von Tageslicht bessere mentale Leistungen und geringere Ermüdungserscheinungen auftreten.

Das Fenster ist als Bezugssystem zur Außenwelt gedacht und stellt damit den wesentlichen Faktor einer Raumöffnung nach außen dar. Es ist sicher nicht möglich, auf den Bezug nach außen zu verzichten. Eine ausführliche Forschungsarbeit über Öffnungsgrößen von Fenstern zeigt, dass 20–30 % der Raumgrundfläche als Fensteröffnung notwendig ist, wobei dieses Maß neben dem visuellen Sichtkontakt nach außen auch das so genannte Fluchtbedürfnis, das dem Menschen archaisch anhaftet, befriedigt. Fenster vermitteln einem Betrachter die „externe" Umwelt. Damit treten aber auch unmittelbar die Himmelsleuchtdichten als mögliche Blendleuchtdichten auf. Die Leuchtdichtebereiche des Himmels betragen, je nach Außenhelligkeit, 8.000 cd/m^2 und darüber. Da sich solche Leuchtdichten über große Flächen ausdehnen und durch die aktive Raumwahrnehmung sowie die Art der Raumgeometrie in den Gesichtsfeldbereich kommen, tritt eine Störung des stabilen optischen Wahrnehmungszustands auf. Beim Auftreten solcher Leuchtdichtebereiche wird eine Nutzung von Datensichtgeräten durch Direkt- und Reflexblendung in Frage gestellt. Es werden geeignete Blendschutzmaßnahmen notwendig, die einerseits die Fensterleuchtdichte reduzieren und andererseits die Tageslichteinbringung ermöglichen. Diese hohen Fensterleuchtdichten können mithilfe geeigneter Lichtumlenksysteme auf das geforderte Maß von 100–400 cd/m^2 reduziert werden. Für Büroräume muss ein mittlerer Tageslichtquotient von 3 % gefordert werden. Es kommt dabei besonders auf die Ausgeglichenheit der Verteilung im Raum an. Eine Umlenklamelle, die durch ihre reduzierte Leuchtdichte auch als Blendschutz funktioniert und mit einer Umlenkdecke kombiniert ist, kann die 3%-Forderung am besten erfüllen. Auch die Ermüdungsmessungen zeigen eine eindeutige Bevorzugung der Umlenklamelle. Während das klare Fenster und der konventionelle Blendschutz aufgrund ihrer zu hohen bzw. zu niedrigen Helligkeiten (Adaptationsblendung) das Auge übergebührlich belasten, bewirkt das Umlenksystem (gelocht oder ungelocht) Ermüdungswerte, die einem konstanten und entspannten Aktivitätsniveau entsprechen.

Mit Lichtlenksystemen und durch Material- und Leuchtdichteabstimmung sowie ausreichend Bezug nach außen sind folgende Anforderungen an das Tageslicht zu erfüllen: ausreichende Tageslichtmenge, auf den Raum und seine Nutzung abgestimmte Tageslichtverteilung, Sonnenschutz und passive Solarenergienutzung, wahrnehmungspsychologische Eigenschaften wie Stressverhinderung, geringe Ermüdung und maximale mentale Leistung sowie Wohlbefinden des Nutzers. Dazu kommt, dass ein Serotoninmangel beim Menschen, der durch zu wenig Tageslicht entsteht und eine wesentliche Ursache für die Entstehung von Depressionen (z.B. SAD) ist, gerade durch solche Systemtechniken verhindert werden kann.

Prof. Dipl.-Ing. Christian Bartenbach

Abb. 2.62 **Einfluss der Jahreszeiten bei diffusem und direktem Licht auf die Beleuchtungssituation im Raum**

Randbedingungen zu Abb. 2.62

Bürofläche	22,5 m²
Orientierung	Süd
Fassadenfläche	13,5 m²
Fensterflächenanteil	70 %
Tageslichttransmission	80 %
Rahmenbreiten	0,08 m
Reflexionsgrade	
Decke	80 %
Innenwände	80 %
Boden	20 %
Standort	Würzburg

Tageslicht im Außenraum

Tageslicht unterliegt kontinuierlichen Schwankungen. Lichtintensität, Lichtfarbe, Einfallswinkel und Richtung ändern sich mit den Tages- und Jahreszeiten sowie der aktuellen Wettersituation. Das Ziel einer ganzheitlichen Tageslichtplanung liegt darin, diese Dynamik so weit zu begrenzen, dass einerseits die visuellen Komfortkriterien eingehalten werden, andererseits der Außenbezug und der Wechsel des Lichts wahrnehmbar bleiben. Damit erhält der Nutzer ein Zeitgefühl und kann das Außenklima erleben. Es ist darauf zu achten, dass auch die Bereiche in der Raumtiefe mit Tageslicht versorgt werden.

Die Tageslichtnutzung hat erheblichen Einfluss auf den Energiebedarf eines Gebäudes. Die unmittelbare Einsparung liegt in der Reduktion von Beleuchtungsstrom. Im Sommer kann ein gutes Tageslichtkonzept Kühlenergie einsparen bzw. die thermische Behaglichkeit verbessern. Gelingt es im Winter, die Solarstrahlung ohne Blendung in den Raum dringen zu lassen, so kann der Heizwärmebedarf reduziert werden.

Tageslichterscheinung Tageslicht kann in Form von direktem gerichtetem oder diffusem ungerichtetem Licht auftreten. Direktes Licht tritt bei klarem Himmel und Sonne auf. Es lässt sich über weite Strecken gezielt lenken. Direkte Strahlung führt in der Regel zu hohen Leuchtdichteunterschieden und zu Direktblendung. Bei der Diffusstrahlung ist das Licht gestreut. Die Streuung kann durch Feuchtigkeit oder Partikel in der Atmosphäre, durch den Lichtdurchgang durch transluzente Materialien oder durch Reflexion an rauen Oberflächen entstehen. Diffuses Licht ist mit ca. 120 lm/W wesentlich energieärmer als direktes Licht mit einer Lichtausbeute von 60 bis 90 lm/W. Deshalb ist es im Hinblick auf die Behaglichkeit im Sommer zu bevorzugen. Die Lenkung von diffusem Licht ist nur über kurze Strecken und nicht gezielt möglich. Direktes Licht kann gezielt in die Raumtiefe umgelenkt werden.

Einfluss der Jahreszeiten Die Intensität des Tageslichts steht in Wechselwirkung mit dem Sonnenstand, der Trübung der Atmosphäre und dem Bewölkungsgrad. Diese klimatischen Faktoren beeinflussen die Beleuchtungsstärke, die Lichtfarbe, die Leuchtdichten und somit die Lichtstimmung im Raum. Mit den Jahreszeiten ändern sich die Tageslängen sowie die Beleuchtungsstärken. So liegt die Beleuchtungsstärke bei diffusem Himmel zur Mittagszeit im Sommer bei ca. 18.000 lx, im Winter bei ca. 7.000 lx. Mit den Jahreszeiten verändert sich die Sonnenbahn, die den Einstrahlwinkel von direktem Sonnenlicht bestimmt.

Die flachstehende Sonne verbessert durch Direktstrahlung die Lichtverhältnisse in der Raumtiefe, allerdings besteht eine erhebliche Blendungsgefahr. Abhilfe können hier Lichtlenksysteme schaffen, die das Licht über die Decke in die Raumtiefe lenken.

Einfluss der Gebäudestellung Bei der Nutzung von diffusem Tageslicht spielt die Orientierung der Fassade eine untergeordnete Rolle, da die Himmelshelligkeit vor allem vom Höhenwinkel abhängt und im Zenit um den Faktor drei höher ist.

Lokale Einflussfaktoren auf die Lichtverhältnisse im Raum sind die Verschattung und die Reflexionsgrade im Außenraum. In Abhängigkeit von den Reflexionseigenschaften der umgebenden Bebauung kann das Licht diffus oder direkt reflektiert werden. Bei direkter Reflexion können dadurch Blendungserscheinungen auftreten.

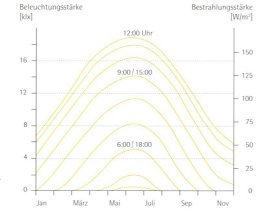

Abb. 2.61 **Horizontale Beleuchtungsstärke in Abhängigkeit von der Tages- und Jahreszeit**
Die Beleuchtungsstärke steht in direkter Wechselwirkung mit der Solarstrahlung.

Tab. 2.8 **Horizontale Beleuchtungsstärke in Abhängigkeit vom Himmelszustand**
Die Beleuchtungsstärke wird erheblich beeinflusst von der Bewölkung und dem Sonnenstand.

Himmelszustand	Beleuchtungsstärke
bedeckter Himmel Winter Mittag	7.000 lx
bedeckter Himmel Sommer Mittag	18.000 lx
bedeckter Himmel Sommer Vormittag	10.000 lx
klarer Himmel ohne Sonne	50.000 lx
klarer Himmel mit Sonne	100.000 lx

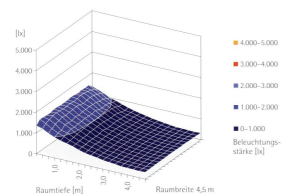

Winter, 21. Dezember

Frühjahr, 21. März

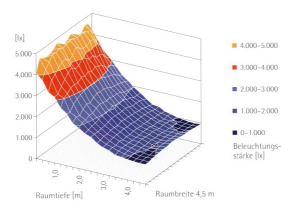

Sommer, 21. Juni

Beleuchtungsstärke
bei diffusem Himmel, 12:00 Uhr

Raumstimmung
bei Sonne, 11:00 Uhr

Fassadenfunktionen | Tageslicht

Abb. 2.64 Raumstimmung und Leuchtdichteverteilung bei unterschiedlichen Sonnen- und Blendschutzmaßnahmen

Randbedingungen zu Abb. 2.64

Bürofläche	22,5 m²
Orientierung	Süd
Fassadenfläche	13,5 m²
Fensterflächenanteil	70%
Tageslichttransmission	80%
Rahmenbreiten	0,08 m
Reflexionsgrade	
Decke	80%
Innenwände	80%
Boden	20%
Standort	Würzburg

Visuelle Behaglichkeit

Tageslicht ist dynamischer als Kunstlicht, was das Wohlbefinden des Menschen steigert. Ein weiteres Kriterium für eine gute visuelle Behaglichkeit ist der Ausblick. Neben einer hohen Beleuchtungsstärke ist eine gute Leuchtdichteverteilung erforderlich. Diese darf nicht zu Blendung führen, allerdings ist ein Mindestmaß an Kontrasten und Schatten für eine gute Raum- und Materialwahrnehmung erforderlich.

Ausblick Die Öffnungen für den Ausblick müssen in Augenhöhe des Nutzers angeordnet werden. Für die Tagesbelichtung ist eine möglichst hohe Fensterposition günstig. Deshalb kann es bei sehr geringen Fensterflächenanteilen sinnvoll sein, ein Fenster für den Ausblick und ein Oberlicht zur Tageslichtversorgung der Bereiche in der Raumtiefe vorzusehen.

Visuelle Wahrnehmung Das menschliche Auge kann keine Beleuchtungsstärken, sondern nur Leuchtdichten wahrnehmen. Diese werden von der Beleuchtungsstärke und der Reflexion der Materialien bestimmt. Der wahrnehmbare Leuchtdichtebereich liegt zwischen 10^{-6} und 10^5 cd/m². Das Gesichtsfeld des Menschen, der Bereich, in dem visuelle Eindrücke erfasst werden können, beträgt horizontal 180° und vertikal 140°. Das Auge benötigt eine gewisse Zeit, um sich ändernden Lichtbedingungen anzupassen. Zu hohe Leuchtdichteunterschiede im Gesichtsfeld führen zu Kontrastblendung.

Beleuchtungsstärke Die Art der Sehaufgabe bestimmt die erforderliche Beleuchtungsstärke. Je detaillierter die Sehaufgabe ist, desto höher sollte die Beleuchtungsstärke sein. Die erforderliche Beleuchtungsstärke reicht von 200 lx für Archive bis über 750 lx für Zeichenarbeiten. Für sehr detaillierte Tätigkeiten können auch wesentlich höhere Beleuchtungsstärken notwendig sein. Bei hohen Beleuchtungsstärken besteht die Gefahr von Blendung. Diese ist durch eine entsprechende Material- und Farbwahl zu begrenzen.

Blendung Blendung entsteht durch hohe Leuchtdichten oder Leuchtdichtekontraste. Sie kann als Direktblendung, Kontrastblendung oder Reflexblendung auftreten und ist durch Blendschutzmaßnahmen und eine abgestimmte Oberflächenausbildung zu begrenzen.

Direktblendung entsteht durch zu hohe Leuchtdichten. Sie tritt auf bei direktem Sonnenlicht, beim Blick in eine künstliche Lichtquelle oder durch Reflexion von starken Lichtquellen an spiegelnden Oberflächen. Übersteigt die Leuchtdichte 10.000 cd/m², kommt es zur Absolutblendung. Die Pupille kann den Lichteintrag nicht mehr begrenzen, die Sehleistung wird eingeschränkt.

Um Kontrastblendung zu vermeiden, sollten die Leuchtdichteunterschiede zwischen dem Infeld, dem Arbeitsbereich, und dem Umfeld, der unmittelbaren Umgebung, in einem optimalen Verhältnis zueinander stehen.

Mit der Einführung des Computers in die Arbeitswelt wurde das Problem der Reflexblendung verschärft. Die Reflexblendung an Bildschirmen ergibt sich, wenn sich eine Lichtquelle dort spiegelt und so höhere Leuchtdichten auf dem Bildschirm verursacht. Ein Blendschutz an der Fassade kann bewirken, dass die Flächen in der Umgebung des Arbeitsplatzes nicht mehr mit direktem Sonnenlicht bestrahlt werden und somit weniger Licht reflektieren. Um Reflexblendung zu vermeiden, sollten Bildschirme im rechten Winkel zum Fenster angeordnet werden. Die Gefahr von Reflexblendung tritt z.B. auch bei glatten Tischoberflächen auf.

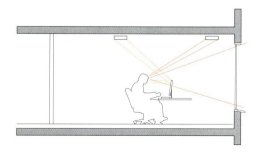
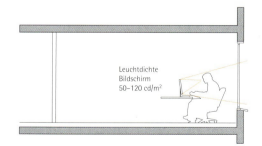

Abb. 2.63 **Blendung im Büroraum**
In einem Büroraum kann sich bei ungünstiger Anordnung von Schreibtisch und Bildschirm Direktblendung durch Fenster oder Lampen ergeben (rot). Lichtquellen im Rücken des Nutzers können sich im Bildschirm spiegeln und somit Reflexblendung hervorrufen (orange).

Ohne Maßnahmen

Blendschutzfolie
mit innen liegendem
Lichtschwert

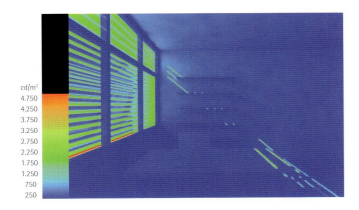 

Sonnenschutzlamelle
mit Lichtlenkstellung

Leuchtdichteverteilung
bei Sonne, 21. März, 11:00 Uhr

Raumstimmung
bei Sonne, 21. März, 11:00 Uhr

Fassadenfunktionen | Tageslicht

Abb. 2.67 **Beleuchtungsstärkeverteilung und Leuchtdichteverteilung bei unterschiedlichen Sonnenschutz- und Lichtlenksystemen**

Randbedingungen für die Abb. 2.67

Bürofläche	22,5 m²
Orientierung	Süd
Fassadenfläche	13,5 m²
Fensterflächenanteil	70 %
Tageslichttransmission	80 %
Rahmenbreiten	0,08 m
Reflexionsgrade	
Decke	80 %
Innenwände	80 %
Boden	20 %
Standort	Würzburg

Tageslicht und Strahlungseintrag

Bei direktem Sonnenlicht ergibt sich in der Regel eine ungleichmäßige Raumausleuchtung mit der Folge von Direkt- und Kontrastblendung. Deshalb sind ein Sonnenschutz sowie Blendschutz- und Lichtlenksysteme erforderlich. Bei der Systemauswahl ist darauf zu achten, dass ein guter Ausblick gegeben ist.

Sonnenschutzlamellen Sonnenschutzlamellen sind eine effiziente und fein einstellbare Möglichkeit, den Strahlungseintrag zu regulieren. Je nach Lamellenstellung ist noch ein gewisser Ausblick möglich. Die Lamellen können so gestellt werden, dass diffuses Licht und ein Anteil an direktem Licht noch in den Raum dringen kann. Für eine gute Ausleuchtung der Bereiche in der Raumtiefe ist es sinnvoll, die Lamellen im oberen Teil der Fassade in einem flacheren Winkel einzustellen. Dadurch kann je nach Ausbildung der Lamellenoberfläche eine Verbesserung der visuellen Behaglichkeit oder eine Lichtlenkung in die Raumtiefe realisiert werden.

Blendschutz Bei fensternahen Bildschirmarbeitsplätzen ist ein Blendschutz zwingend erforderlich. Dieser sollte sich von unten nach oben bewegen lassen, sodass der Arbeitsbereich wirkungsvoll vor Direktstrahlung geschützt ist. Damit der Raum nicht zu dunkel wird, sollte im oberen Bereich Licht in den Raum gelangen. Mit lichtstreuenden oder lichtlenkenden Elementen im Oberlichtbereich kann die Belichtung den jeweiligen Erfordernissen angepasst werden. Hohe Leuchtdichteunterschiede auf den Seitenwänden durch seitlich einfallendes Licht sollten vermieden werden.

Lichtlenkung Lichtlenksysteme bewirken eine gleichmäßigere Raumausleuchtung. Insbesondere bei größeren Raumtiefen kann durch Lichtlenkung der Tageslichteintrag verbessert werden. Durch die helle Decke entsteht der Eindruck, als sei der Raum lichtdurchflutet. Lichtlenksysteme können innen liegend, in der Verglasungsebene oder außen liegend angeordnet werden. Die Lichtlenkung kann über Reflektoren, gekrümmte Lamellen, Prismenplatten oder Spiegelraster erfolgen. Je nach Ausbildung der Systeme ist es möglich, auch nur gewisse Winkelanteile des direkten Lichts zu lenken. Auch eine saisonale Strahlungsanpassung ist auf diese Weise möglich. Für eine effektive Lichtlenkung ist es erforderlich, dass die Decke einen hohen Reflexionsgrad aufweist. Gegebenenfalls sind auch metallische hoch reflektierende Deckenelemente denkbar. Durch eine Anpassung der Krümmung kann das Licht optimal gelenkt werden. Innen liegende Lichtlenksysteme sind der Witterung nicht ausgesetzt, wodurch sie eine höhere Leistungsfähigkeit aufweisen.

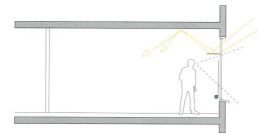

Abb. 2.65 Blendschutzfolie mit innen liegendem Lichtschwert

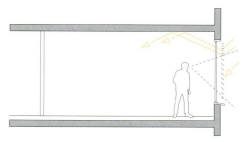

Abb. 2.66 Sonnenschutzlamellen mit Lichtlenkstellung im oberen Bereich

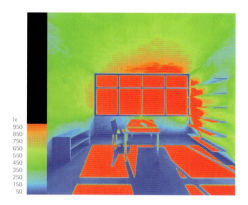 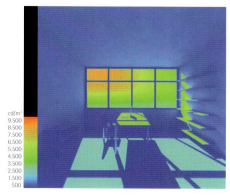 ohne Maßnahmen

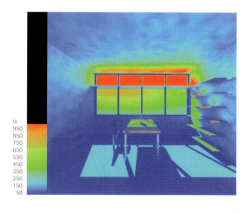 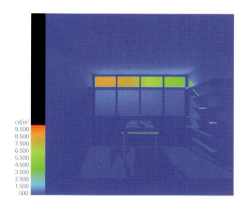 Blendschutzfolie mit innen liegendem Lichtschwert

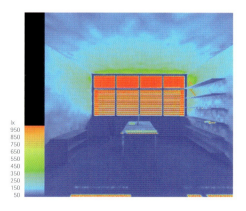 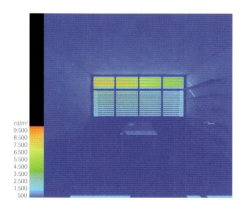 Sonnenschutzlamelle mit Lichtlenkstellung

Beleuchtungsstärkeverteilung
bei Sonne, 21. März, 11:00 Uhr

Leuchtdichteverteilung
bei Sonne, 21. März, 11:00 Uhr

Fassadenfunktionen | Tageslicht

Fensterflächenanteil

Abb. 2.68 **Einfluss des Fensterflächenanteils auf die Belichtung im Raum**

Bei Fensterflächenanteilen von 30 % erhalten an diffusen Tagen nur fensternahe Arbeitsplätze eine ausreichende Tagesbelichtung. Die Leuchtdichteverteilung im gesamten Raum ist aufgrund der geringeren Einstrahlung auf die Seitenwände ausgeglichener. Der Raum wirkt geschlossen. Bei Fensterflächenanteilen von ca. 50 % verbessert sich insbesondere die Raumausleuchtung in den fassadennahen Ecken. Die Bestrahlung der Raumseitenwände führt zu hohen Leuchtdichteunterschieden im Blickfeld. Aufgrund des Sturzes ist der Bereich in der Raumtiefe relativ dunkel. Bei einem Fensterflächenanteil von 70 % ist auch bei Bandfassaden eine sturzfreie Fassadenausbildung möglich. Dadurch verbessert sich die Ausleuchtung in der Raumtiefe. Durch die hellere Decke und die große transparente Fläche entsteht ein offener Raumeindruck. Bei Fensterflächen über 70 % wird die Brüstungszone zunehmend transparenter. In Bezug auf die Ausleuchtung der Raumtiefe ergibt sich nur noch eine minimale Verbesserung. Der Blick auf den Horizont bewirkt einen offeneren Raumeindruck.

Fensterflächenanteil 30 %

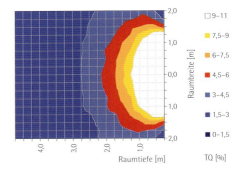

Fensterflächenanteil 50 %

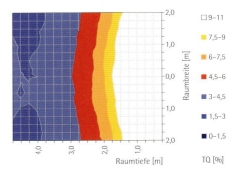

Fensterflächenanteil 70 %

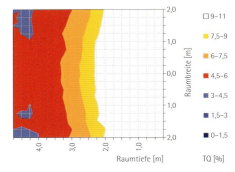

Randbedingungen zu Abb. 2.68

Bürofläche	22,5 m²
Orientierung	Süd
Fassadenfläche	13,5 m²
Fensterflächenanteil	30/50/70/90 %
Tageslichttransmission	80 %
Rahmenbreiten	0,08 m
Reflexionsgrade	
Decke	80 %
Innenwände	80 %
Boden	20 %
Standort	Würzburg

Fensterflächenanteil 90 %

Raumstimmung
bei diffusem Himmel, 21. März, 12:00 Uhr

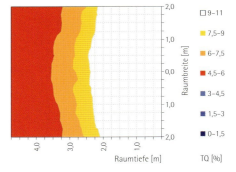

Verteilung Tageslichtquotient

 Raum dunkel

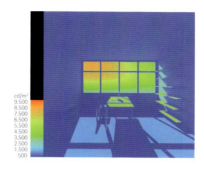

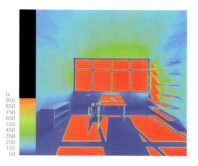

 Raum mittel

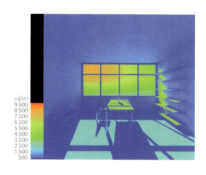

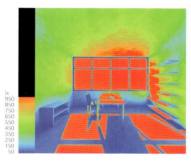

 Raum hell

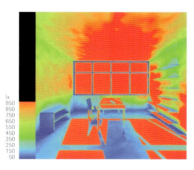

Raumstimmung
bei Sonne, 21. März, 11:00 Uhr

Leuchtdichteverteilung
bei Sonne, 21. März, 11:00 Uhr

Beleuchtungstärkeverteilung
bei Sonne, 21. März, 11:00 Uhr

Fassadenfunktionen | Tageslicht

79

Beleuchtungsstärke und Tageslichtquotient

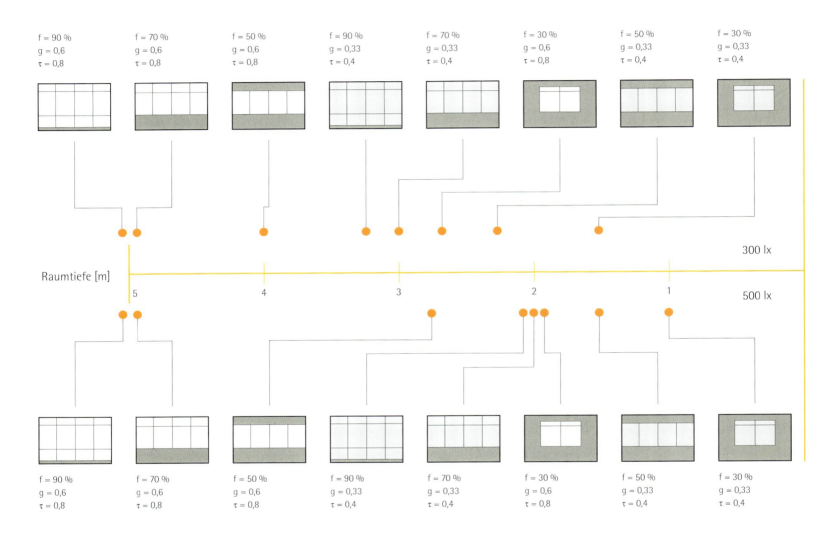

Abb. 2.71 **Grenzpunkte für die Beleuchtungsstärke für 300 lx und 500 lx**
Je nach Fensterflächenanteil und Lichttransmissionsgrad ergeben sich in der Raummitte verschiedene Ausleuchtungstiefen.

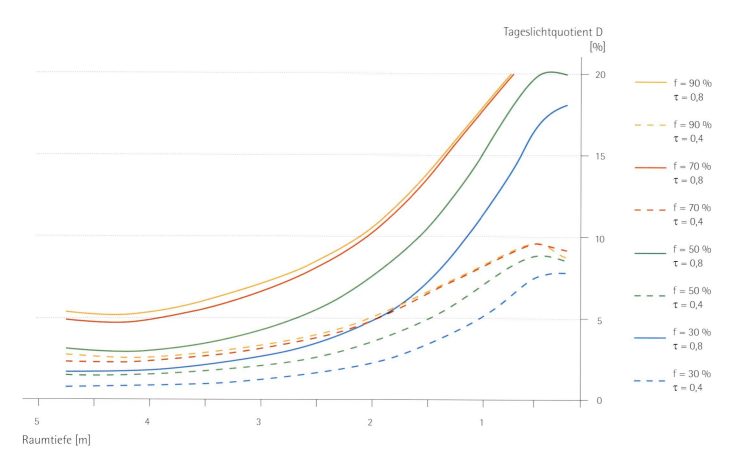

Abb. 2.72 **Tageslichtquotientenverlauf in einem Büroraum**
Dargestellt sind die Werte für verschiedene Fensterflächenanteile und verschiedene Tageslichttransmissionsgrade. Der Tageslichttransmissionsgrad ist ein maßgebliches Kriterium für den Verlauf des Tageslichtquotienten.

Randbedingungen zu Abb. 2.71 und 2.72

Bürofläche	22,5 m²
Orientierung	Süd
Fassadenfläche	13,5 m²
Fensterflächenanteil	30/50/70/90 %
Tageslichttransmission	40/80 %
Rahmenbreiten	0,08 m
Reflexionsgrad	
Decke	80 %
Innenwände	80 %
Boden	20 %
Standort	Würzburg
Außenbeleuchtung	10.000 lx

Fassadenfunktionen | Tageslicht

Herz-Jesu-Kirche München
transluzent

Das Besondere des innerstädtischen Kirchenneubaus, der im Grundriss einer klassischen Wegkirche entspricht, ist das Raum-im-Raum-Konzept. Der moderne Kirchenbau entzieht sich nicht der Öffentlichkeit, sondern soll ein starkes Zeichen des Glaubens darstellen und einladender Ort der christlichen Versammlung sein.

Seine Offenheit entsteht durch den fließenden Übergang vom Kirchenvorplatz durch die Vorkirche in den Kirchenraum. Die sich zum Kirchplatz hin öffnenden, haushohen Tore prägen die gesamte Eingangsfront und das Bild des Empfangs. Die äußere Erscheinung der Kirche gleicht einem überdimensionalen Kristall, die Fassaden verändern sich von transparent zu opak.

Raum im Raum Zwei ineinander gestellte Hüllen mit gegenläufigen Materialeigenschaften prägen den Kirchenraum. Die zunehmende Satinierung und abnehmende Transparenz der äußeren Hülle aus Glas verändert und veredelt den Lichteinfall und verleiht der Fassade ein kristallines Erscheinungsbild. Die innere Hülle aus hellen Ahornholzlamellen – von einem schmalen Umgang eingefasst – vermittelt Geborgenheit. Durch die Lamellenstellung und den immer größer werdenden Abstand zwischen den einzelnen Holzlamellen wird das weiche Diffuslicht zum Altar hin immer heller. Durch diese Lichtintensivierung steigert sich der Raumeindruck zu einer lichterfüllten immateriellen Stimmung vom Eingang bis hin zum Altar.

Die beiden Raumhüllen werden an ihren Kopfenden durch große Portale geschlossen: Das Eingangsportal, 14 m hohe Glasflügel, besteht aus 432 blauen Glasfeldern, auf denen Schriftzeichen aus Kreuzesnägeln Textpassagen aus der Johannespassion wiedergeben. Die Torflügel geben im geöffneten Zustand den Blick auf den hölzernen Innenraum frei. Das Altarportal aus einem zweilagigen Metallgewebe aus Tombak mit der Darstellung eines raumhohen Kreuzes öffnet sich symbolisch hell leuchtend dem Licht und ist Abbild für die Auferstehung Christi.

Bei der Innenbeleuchtung der Kirche konnte auf sichtbare Leuchten verzichtet werden. Ähnlich wie beim Tageslicht wird der Raum von unterschiedlichen Lichtsequenzen geformt und leuchtet nachts von innen heraus in warmem und mildem Licht.

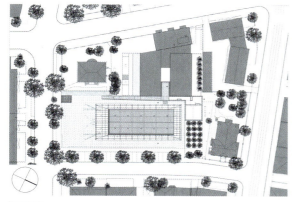

Lageplan

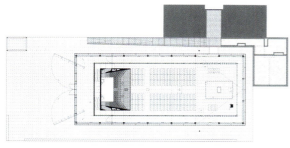

Grundriss

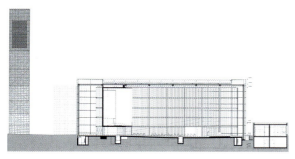

Längsschnitt

innen   außen

Hauptfassade
Konstruktion:
- vorgehängte Glaskonstruktion: Raster 3,36 m, Glasformate bis 3,36 x 2,21 m, Gesamthöhe 16,2 m
- Fassadentragkonstruktion: Hängeprofile und Riegel 70 x 50 mm
- Aussteifung: horizontale Glasschwerter: 6,70 m x 0,30 m
- Ableiten der Eigenlasten der horizontalen Glasschwerter durch vertikale Glasschwerter (bis 2,1 x 0,30 m) in das Hängeprofil
- innen liegende Hülle aus Holzlamellen, Ausrichtung nach akustischer Anforderung

Fassadenschnitt

Abb. 2.73 **Lageplan**
Die Sakristei als Nebenbau orientiert sich nach Norden hin zum Pfarrgarten und dem Pfarrhaus. Der freigestellte 37 m hohe Glockenturm aus Stahl rückt nahe an die Straße heran. Analog zu den Materialmetamorphosen des Kirchenbaus wurde der Turm mit sich nach oben hin verdichtenden, mehrfach überlagerten Metallgeweben verkleidet.

Abb. 2.74 **Grundriss und Längsschnitt**
Die Transparenz der äußeren Glashülle nimmt vom Eingangsportal zur Altarwand kontinuierlich ab. Der innere Kirchenraum wird durch eine Hülle aus hellen Holzlamellen begrenzt. Eine Empore aus hellem Beton, auf Rundstützen in den Raum gestellt, enthält den Sängerbereich und die Orgel. Der Raum unter der Empore wirkt gedrungen und ist verschattet. Die Helligkeit nimmt kontinuierlich Richtung Altar hin zu.

Abb. 2.75 **Fassadenschnitt**
Die Fassade besteht aus einer äußeren Glashülle und einer inneren Raumbegrenzung aus Holzlamellen. Dadurch entsteht eine Raum-im-Raum-Situation, zwischen den beiden Hüllen befindet sich der Kreuzgang. Die Kirche wird überwiegend natürlich belüftet. Die Zuluftöffnungen befinden sich im Fußpunkt der äußeren Glashülle, die Abluftöffnungen an der Innenseite der Attika. Im Sommer kann ein hoher Luftwechsel zur Entwärmung der Kirche eingestellt werden.

Abb. 2.76 **Kreuzweg**
Zwischen der Glasfassade und dem hölzernen Paravent verläuft ein Kreuzweg, ein weiterer Ort im Gesamtthema „Kreuzigung und Auferstehung" der künstlerischen Ausstattung der Kirche. Entlang der Wand sind auf Fotos von Matthias Wähner die 14 Stationen des „klassischen Kreuzwegs", der Via Dolorosa in Jerusalem im Jahr 2000, dargestellt.

Abb. 2.77 **Altar**
Die Kirche steht auf einer großen Natursteinplatte aus Kalkstein, deren Oberfläche sich von außen nach innen, von rau und lichtabsorbierend hin zu glatt und lichtreflektierend verändert. Der Altar, sakraler Mittelpunkt der Kirche, wächst als Monolith mit der Altarerhöhung aus der Natursteinplatte heraus. Tabernakel und die Marienverehrung sind in das Metallgespinst aus Tombak eingebettet.

Fertigstellung: 2000
Nutzung: Kirche
Bauherr: Kath. Pfarrkirchenstiftung Herz Jesu, vertreten durch das Erzbischöfliche Ordinariat, München
Architekt: Allmann Sattler Wappner Architekten, München
Technische Gebäudeausrüstung: HL-Technik AG, München

Fassadenkonzepte

„Das Kunsthaus steht im Licht des Bodensees. Sein Körper ist aus Glasplatten, Stahl und einer Steinmasse aus gegossenem Beton gebaut, die im Inneren des Hauses Struktur und Raum bildet. Von außen betrachtet wirkt das Gebäude wie ein Leuchtkörper. Es nimmt das wechselnde Licht des Himmels, das Dunstlicht des Sees in sich auf, strahlt Licht und Farbe zurück und lässt je nach Blickwinkel, Tageszeit und Witterung etwas von seinem Innenleben erahnen.

Denn die Haut des Gebäudekörpers besteht aus fein geätztem Glas. Sie wirkt wie ein leicht gesträubtes Gefieder oder eine aus großen gläsernen Tafeln gefügte Verschuppung. Die Glastafeln, alle von gleichem Format, sind weder gelocht noch beschnitten. Sie liegen auf Metallkonsolen auf. Große Klammern halten sie an ihrem Platz. Die Kanten der Gläser sind ungestört und liegen frei. Durch die offenen Fugen der Verschuppung streicht der Wind. Seeluft dringt in das feinmaschige Raumfachwerk ein, in die stählerne Struktur der selbsttragenden Fassade, die aus der Grube des Untergeschosses aufsteigt und die monolithische Raumskulptur im Innern mit einem differenzierten System von Fassadengläsern, Wärmedämmungen und Verschattungseinrichtungen umschließt, ohne mit ihr fest verbunden zu sein. Die mehrschichtige Fassadenkonstruktion ist ein auf das Innere abgestimmtes, konstruktiv autonomes Mantelbauwerk, das als Wetterhaut und Tageslichtmodulator, Sonnenschutz und Wärmedämmschicht funktioniert."

Peter Zumthor

Quelle: Peter Zumthor, Kunsthaus Bregenz, 1999, S. 7

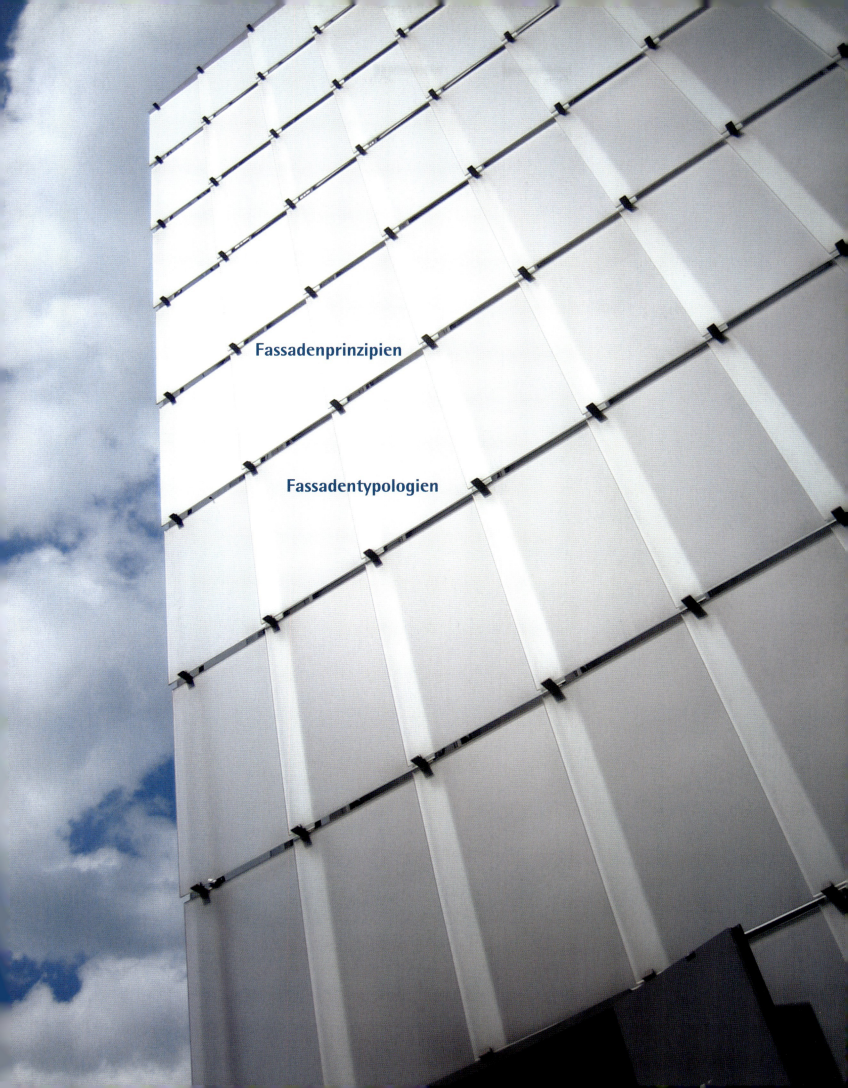

Fassadenprinzipien

Fassadentypologien

Jede Fassade erfüllt unterschiedlichste Funktionen. Diese werden abhängig vom Standort und von den geforderten Nutzerbedinungen im Innenraum definiert. Zu den Funktionen zählen die Versorgung mit Tageslicht, der Ein- und Ausblick, der Sonnenschutz, die Lüftungsmöglichkeit und die Energiegewinnung. Bei der Konzipierung der Hülle muss die grundsätzliche Anordnung der verschiedenen Funktionen in der Hülle - nebeneinander, hintereinander oder kombiniert - überlegt werden. Je nach Anforderungen ergeben sich positive Synergieeffekte aus der Anordnung.

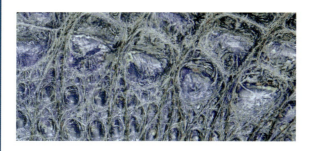

Fassadenprinzipien

Bedeutung der Fassade im historischen Wandel

Robert Venturi unterschied in seiner Publikation „Learning from Las Vegas" nur zwischen zwei Formen von Gebäuden bzw. Fassaden: den Bildzeichen und den dekorierten Schuppen. Bei der Bildzeichenarchitektur bestimmt die Funktion eines Bauwerks die gesamte Erscheinung, ein Restaurant für Geflügel sieht deshalb aus wie eine Ente; beim „decorated shed" wird die Funktion oder Bedeutung des Bauwerks an einer Fassade ablesbar, die wie ein Reklameschild vor das Gebäude gestellt wird. Das Thema Fassade ist damit allerdings etwas zu vereinfacht und überspitzt dargestellt, denn aus dem Blickwinkel der Las-Vegas-Architektur war für Venturi auch die Kathedrale von Amiens nur ein dekorierter Schuppen.

Die Notwendigkeit, Bauwerke gegen wechselnde klimatische Zustände und insbesondere gegen Feuchtigkeit zu schützen sowie das Innere der Gebäude für die Nutzer zu temperieren, bedingt seit jeher die Gestaltung von Fassaden. Diese entstanden entweder direkt als Abschluss des verwendeten Materials, beispielsweise bei massiven Stein- und Holzkonstruktionen, sie ergaben sich aus der Konstruktion, etwa bei Fachwerkbauten, oder die Oberfläche wurde je nach Region und vorhandenem Material mit Natursteinplatten überzogen, verputzt oder mit Klinker oder Holzbrettern verkleidet. Aus jedem Material konnte sich auch eine repräsentative Schmuckform entwickeln, von den geschnitzten oder bemalten Deckbrettern über die Mauerwerkformsteine und die aufgeputzten Dekorationen bis zu den vorgeblendeten Schaufassaden oder den kostbaren Marmorinkrustationen, die über römische Tempel, christliche Kirchen oder Herrscherpaläste gelegt wurden. Repräsentationscharakter und spezifischer Ausdruck von Fassaden variieren enorm je nach Epoche, Bauaufgabe, städtebaulichem Kontext und Finanzkraft des Bauherrn. Abstrahiert man jedoch von der unendlichen Fülle und den stilistischen Varianten historischer Fassaden im Hinblick auf den prinzipiellen bautechnischen Charakter, dann könnte grob vereinfacht festgestellt werden, dass sich die Oberflächen der Bauten entweder als Abschluss einer Massiv- oder Skelettkonstruktion ergeben, oder einfach diesen vorgelegt sind.

Eine entscheidende Veränderung im Hinblick auf diese grundsätzliche Struktur von Fassaden entstand mit der Trennung zwischen Massiv- und Skelettkonstruktion, zwischen tragenden und nicht tragenden Bauteilen. Obwohl es Skelettkonstruktionen zu allen Zeiten gab, wurde erst durch die Entwicklung von Stahl- und Stahlbetonkonstruktionen im Laufe des 19. Jahrhunderts eine neue Form von Fassade möglich, denn die Oberfläche von Gebäuden konnte großflächig nahezu vollständig von der tragenden Konstruktion abgelöst werden, oder umgekehrt: Die Gebäudehülle wurde als „curtain wall" vor die Konstruktion gehängt. Diese Trennung von Fassade und Konstruktion, von Erscheinung und Inhalt führte zu gravierenden Veränderungen, denn die Gebäudehülle brauchte nun nicht mehr dem klassischen Aufbau eines Gebäudes vom Sockel bis zum Dach folgen, sondern konnte weitgehend frei geformt werden, und außerdem konnte die Hülle als gläserne Haut den Bau umfassend belichten und gleichzeitig gegen Klimaeinflüsse abschirmen. Diese Möglichkeiten des Umgangs mit der Gebäudehülle bestimmen die Erscheinung von moderner Architektur: Zum einen wurde die Gestaltung der Hülle vielfach zum Ausdruck der „künstlerischen" Vorstellungen von Architekten, Bauten wurden zu Skulpturen, Fassaden zu Kunstwerken, der Architekt zum Fassadendekorateur. Zum anderen wurde das Bauwerk zur geschlossenen klimatisierten „Box", die entsprechend dem Ideal des International Style überall auf dem Globus „abgestellt" werden konnte.

Seit der Entwicklung eines neuen Verständnisses für ökologische und energetische Probleme sowie eines neuen Bezugs zu Geschichte, Region und Umwelt in den 1970er Jahren wurden anstelle der ortsunabhängigen abgeschlossenen Hüllen, orts- und kontextbezogene Bauten konstruiert, deren Hülle flexibel reagiert und deren Energiehaushalt entsprechend den wechselnden klimatischen Verhältnissen wie ein offenes System reguliert werden kann. Nicht mehr das Tragwerk, sondern die Hülle, die Klimafassade wird damit zum wichtigsten Element des Bauwerks, sie wird als Austauscher von Energie konzipiert und reagiert auf die spezifischen lokalen Bedingungen.

Während das Klima-Design aus architekturspezifischen Anforderungen entstand, führt die ständig wachsende Bedeutung der Medien in unserer globalisierten Welt in jüngster Zeit zur Entwicklung von Medienfassaden: Die Oberfläche der Gebäude wird zum Bildschirm, die Gebäudehülle wird zum Träger von Information und zum Element von Event und Unterhaltung. Während die Klimafassaden viel versprechende neue Wege in eine zunehmend von Energieproblemen bestimmte Zukunft weisen, sind weder die Kabinettstücke von Künstler-Architekten mit Schaufassaden noch die Beherrschung des öffentlichen Raums durch kommerziell oder politisch instrumentierte Medienfassaden sinnvolle und akzeptable Entwicklungen.

Prof. Dr.-Ing. Winfried Nerdinger

Anordnung von Fassadenelementen

Einschalige Fassade – Parallele Anordnung von Fassadenelementen Einschalige Gebäudehüllen sind gekennzeichnet durch transparente und opake Flächen, die in einer Ebene liegen. Ein Beispiel hierfür sind Lochfassaden, die im einfachsten Fall aus massiven Wandflächen mit Fenstern bestehen, jedoch auch mit einer Vielzahl von Funktionselementen ausgestattet sein können. Einfachfassaden können auch als Pfosten-Riegel-Konstruktionen ausgeführt sein. Die Funktionselemente für Lüftung, Sonnenschutz, Energiegewinnung oder Lichtlenkung sind überwiegend nebeneinander angeordnet. So kann jedes dieser Elemente unabhängig von den anderen für seine jeweilige Funktion optimal ausgelegt und positioniert werden. Der in der Regel geringere Fensterflächenanteil wirkt sich positiv auf das Raumklima aus. Große Verglasungsanteile sind nur mit einem außen liegenden Sonnenschutz möglich. Da Einfachfassaden keinen Windschutz für den Sonnenschutz bieten, muss dieser robust ausgeführt werden, z.B. in Form von feststehenden Elementen. Eine Kombination aus feststehenden Auskragungen und innen liegendem Sonnenschutz bildet an Südfassaden ein witterungsunabhängiges System.
Da Wind die Lüftung über die Fenster erschweren kann, sollten bei hohen Häusern zusätzlich speziell ausgebildete Lüftungselemente vorgesehen werden. Diese können gegebenenfalls auch eine schallgeschützte Lüftung an lärmexponierten Standorten ermöglichen.

Doppelfassade – Serielle Anordnung von Fassadenelementen Bei Doppelfassaden wird vor die Primärfassade eine zweite Glasebene gestellt. Der Fassadenzwischenraum kann unsegmentiert, vertikal unterteilt (Schachtfassade), horizontal unterteilt (Korridorfassade) oder vertikal und horizontal unterteilt (Kastenfenster) sein. Die Funktionselemente werden hintereinander angeordnet, sodass sie sich gegenseitig beeinflussen können. Ein uneingeschränkter Außenbezug im Hinblick auf Lüftung und Ausblick ist nicht gegeben. Der Tageslichteintrag ist vermindert, da die solare Strahlung mehrere Schichten durchdringen muss. Der Sonnenschutz kann im Fassadenzwischenraum witterungs- und windgeschützt angeordnet werden, die von ihm absorbierte Strahlung erwärmt jedoch den Fassadenzwischenraum, wodurch die Fensterlüftung im Sommer zu unerwünschten Wärmeeinträgen führen kann. In der Regel wird dann eine mechanische Lüftung erforderlich. Im Winter und in der Übergangszeit ermöglicht die Zwischentemperatur im Fassadenzwischenraum eine umfangreiche, natürliche Lüftung ohne Behaglichkeitseinbußen. Durch die Außenhülle sind die Fassadenöffnungen geschützt, wodurch eine Nachtlüftung problemlos möglich ist. Bei hohen Häusern vermindern Doppelfassaden den Winddruck und ermöglichen es somit, die Fenster zu öffnen. Auch an lärmexponierten Standorten ist eine natürliche Lüftung möglich. Durch steuerbare Klappen in der Außenhülle können bestimmte Druckverhältnisse im Fassadenzwischenraum und somit eine gerichtete Luftströmung erzeugt werden.

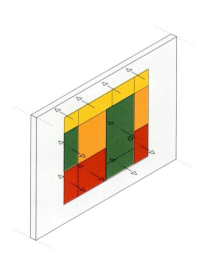

Abb. 3.1 **Einschalige Fassade**
Parallele Anordnung von Fassadenelementen

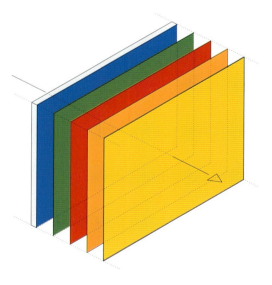

Abb. 3.2 **Doppelfassade**
Serielle Anordnung von Fassadenelementen

Wechselfassade – Kombiniertes Konzept Die Wechselfassade ist eine Kombination aus Einfach- und Doppelfassade. Dadurch werden beide Fassadenprinzipien in einem Gesamtsystem vereinigt. Die Nachteile der Interaktion der verschiedenen Schichten eines mehrschaligen Systems werden bei den Feldern mit den Einfachfassadenelementen vermieden. Andererseits können die Vorteile der Doppelfassade wie Lärm- und Windschutz, geschützter Sonnenschutz sowie behagliche Zulufteinbringung genutzt werden. Im Bereich der Einfachfassade kann aufgrund des geringeren Verglasungsanteils der Sonnenschutz auch innen liegend angeordnet werden. Dadurch ergibt sich ein witterungsunabhängiges Gesamtsystem. Die Öffnungsflügel in der Einfachfassade ermöglichen einen direkten Außenbezug. Die unterschiedlichen Fassadenöffnungen und Sonnenschutzstellungen geben dem Nutzer die Möglichkeit, die Gebäudehülle in großem Umfang an seine visuellen und lüftungsspezifischen Bedürfnisse anzupassen. Je nach Flächenanteil von Einfach- und Doppelfassade ändern sich Erscheinung und Funktionalität der Gesamtfassade. In der Regel geht die homogene und mehrschichtige Gesamtwirkung einer Doppelfassade jedoch verloren.

Doppelfassade mit Direktlüftung – Kombiniertes Konzept Wird eine Doppelfassade durch eine natürliche Lüftungsmöglichkeit ergänzt, durch welche Außenluft direkt dem Raum zugeführt werden kann, lassen sich die sommerlichen Probleme erheblich vermindern. Die Direktlüftungsöffnung ermöglicht an strahlungsreichen, warmen Tagen eine Zulufteinbringung ohne Temperaturerhöhung im Fassadenzwischenraum. Die Lüftungsöffnung kann unterschiedlich ausgebildet werden: als kleiner Durchstich durch den Fassadenzwischenraum oder als raumhohe kastenförmige Verbindung, die einen umfangreichen Luftwechsel ermöglicht und auch den Außenbezug verbessert. Der Strahlungseintrag erhöht sich nicht oder nur in geringem Maße. Gegebenenfalls können die Bereiche mit den Direktlüftungsöffnungen opak ausgebildet werden. Bei entsprechender Detailausbildung besteht die Möglichkeit, den Schallschutz bei der Direktlüftungsöffnung zu verbessern. Der Nutzer kann wählen, ob er über die Direktlüftungsöffnung oder über die Doppelfassade lüftet. Wird eine Direktlüftung vorgesehen, ist die Realisierung von Gebäuden mit Doppelfassade ohne ergänzende mechanische Lüftung denkbar. Aufgrund des geringen Flächenanteils der Direktlüftungsöffnungen und der homogenen Charakteristik der äußeren Fassadenebene bleibt die optische Wirkung einer Doppelfassade erhalten.

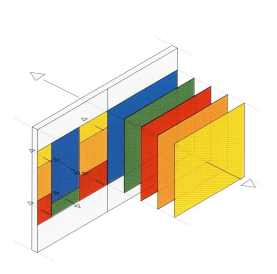

Abb. 3.3 **Wechselfassade** Kombiniertes Konzept

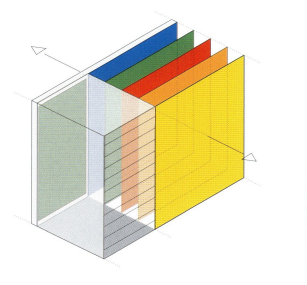

Abb. 3.4 **Doppelfassade mit Direktlüftung** Kombiniertes Konzept

- Lichtlenkung
- Sonnenschutz
- Energiegewinnung
- Lüftung
- Aus- und Einblick

Funktionszonen von Fassaden

Fassaden gliedern sich typischerweise in drei Zonen, die vertikal übereinander liegen. Diesen Zonen werden unterschiedliche prinzipielle Funktionen zugeordnet. Dementsprechend werden auch die verschiedenen Funktionselemente in die jeweiligen Zonen integriert.

Tageslichtzone Im oberen Wandbereich befindet sich die Tageslichtzone, die die natürliche Belichtung des Raums auch in der Raumtiefe sicherstellen soll. Günstig ist es, wenn sich dieser Oberlichtbereich über die gesamte Raumbreite erstreckt. Um die Raumtiefe gut auszuleuchten, sollte das Oberlicht bis an die Decke reichen. Im Idealfall wird die Tagesbelichtung mit einer Lichtlenkung optimiert. Dies ist insbesondere bei Raumtiefen über 6 m und bei fassadenfernen Arbeitsplätzen von Bedeutung. Um den Tageslichteintrag nicht einzuschränken, sollte der Oberlichtbereich nicht verschattet werden oder der Sonnenschutz einen differenziert einstellbaren Lamellenwinkel aufweisen. Wenn ein hoher thermisch bedingter Luftaustausch gewünscht wird, z.B. für die Nachtauskühlung, ist es günstig, das Oberlicht als Öffnungsflügel auszubilden, da sich die wirksame Höhe für die Thermik vergrößert.

Ausblickzone Die mittlere Fassadenzone dient dem Ausblick und auch der natürlichen Belichtung. Dieser Bereich wird durch einen Sonnenschutz verschattet, um im Sommer den Energieeintrag in den Raum und die Direktstrahlung auf den Nutzer zu reduzieren. Bei gewünschtem Wärmeeintrag im Winter verbessert ein innen liegender

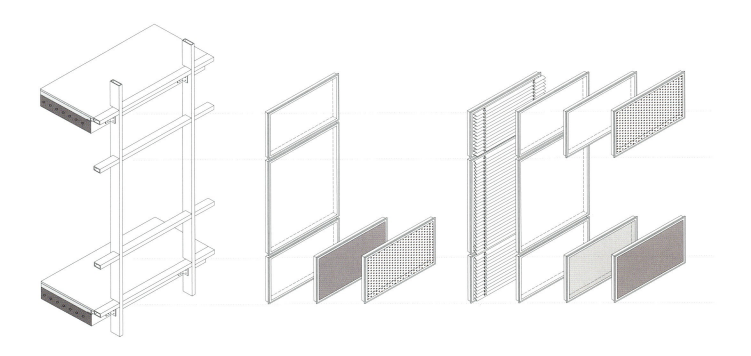

	Aus- und Einblick			Sonnenschutz			
Oberer Bereich	Fenster			Lamellen	Sonnenschutzglas	schaltbares Glas	bedrucktes Glas
Mittlerer Bereich	Fenster			Lamellen	Sonnenschutzglas		
Unterer Bereich	Fenster	opakes Material	bedrucktes Glas	Lamellen	Sonnenschutzglas	transluzentes Glas	opakes Material

Tab. 3.1 Anordnung von Funktionselementen in den verschiedenen Fassadenbereichen

Blendschutz den visuellen Komfort, insbesondere bei Bildschirmarbeitsplätzen. Der Blendschutz kann vom Nutzer individuell bedient werden, sodass dieser auf Wunsch auch in der Sonne sitzen kann. In die mittlere Zone der Fassade wird auch das Fenster integriert, das dem Nutzer den unmittelbaren Außenkontakt ermöglicht und auch der Stoßlüftung dient. Es ist nicht erforderlich, dass die mittlere Zone über die gesamte Fassadenbreite transparent ausgebildet wird. Opake Flächen in den Randbereichen erleichtern die Möblierung des Raums und vermindern auch die Einstrahlung im Sommer.

Brüstungszone Der Bereich der Brüstung hat für das Tageslicht nur eine sehr untergeordnete Bedeutung. Um das Raumklima im Sommer zu verbessern, sollte der Strahlungseintrag in diesem Bereich vermindert werden. Dies ist trotz einer gewünschten transparenten Erscheinung möglich, z.B. durch Sonnenschutzverglasungen mit sehr geringem Gesamtenergiedurchlassgrad, bedruckten Verglasungen oder Rasterstrukturen vor dem Glas. Dadurch bleibt der Ausblick in gewissem Umfang erhalten. Einblicke von außen sind nicht möglich, sodass sich der Nutzer geschützt fühlen kann. Am günstigsten ist es jedoch, wenn diese Zone opak ausgebildet wird, sowohl für das Raumklima im Sommer als auch für die Reduzierung des Heizwärmebedarfs im Winter. In die Brüstungszone können Lüftungselemente oder dezentrale Lüftungsgeräte eingesetzt werden. Dies ermöglicht die Zuluftführung über die Fassade ohne Behaglichkeitsprobleme. Auch für die Integration von Energiegewinnungssystemen eignet sich der Brüstungsbereich.

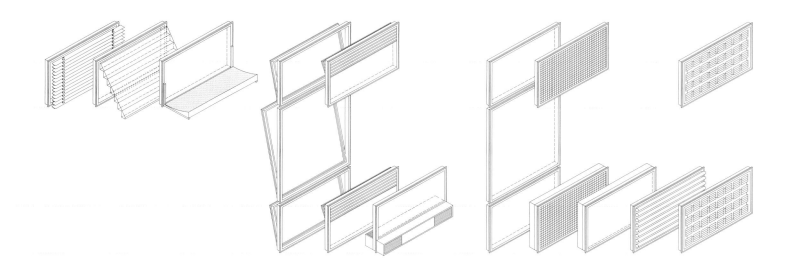

Lichtlenkung			Lüftung			Energiegewinnung				
Lamellen	Prismenplatte	Lichtschwert	Fenster	Lüftungsklappe		passiv	TWD			Photovoltaik
			Fenster			passiv				
			Fenster	Lüftungsklappe	dezentrales Lüftungsgerät	passiv	TWD / Speicher	Luftkollektor	Wasserkollektor	Photovoltaik

Sporthalle Tübingen
sportlich, sportlich

Die bundesligataugliche Wettkampfstätte für verschiedene Sportarten wurde 2004 eingeweiht und liegt in den Neckarauen im Südwesten von Tübingen. Die Sporthalle dient als Großsporthalle für Wettkämpfe mit 3.000 Zuschauern, dem Schul- und Leistungssport sowie als Freizeitsportgelände für Trendsportarten. Die Ausbildung der Außenwände der Halle leitet sich aus den verschiedenen Nutzungen ab. Die Nordwestfassade ist als Outdoor-Climbing-Wand ausgebildet, wobei der Dachüberhang als Schwierigkeitsgrad und als Regenschutz dient. Die Südwestfassade ist als Photovoltaik-Solarfassade ausgebildet. Der von der Halle nicht genutzte Strom wird dabei in das öffentliche Netz eingespeist. Das Dach ist extensiv begrünt und mit Dachoberlichtern versehen.

Photovoltaik-Fassade Der grüne Farbton der 20.000 Solarzellen soll die Landschafts- und Sportflächen optisch erweitern und den Übergang von der Stadt in die freie Auenlandschaft der Umgebung markieren. Durch diese Farbgebung hebt sich die Fassade vom sonst üblichen blauen Erscheinungsbild gängiger Solarfassaden ab. Mit einer Spitzenleistung von 43,7 kWp erzeugt sie trotz einer vertikalen Anordnung etwa 24.000 kWh elektrische Energie pro Jahr. Es wurden vier unterschiedlich große Modultypen verwendet. Die Solarmodule als Glas-Folien-Laminate bestehen aus einer Frontglasscheibe aus 8 mm dickem Einscheibensicherheitsglas und einer rückseitigen weißen Kunststoff-Folie. Dazwischen sind die Solarzellen eingebettet. Die Module dienen als hinterlüftete Fassade und sind bündig eingepasst. Durch filigrane Punkthalterungen in Form von Clips verlaufen offene Fugen zwischen den Modulen, sodass die Fassade als glatte Oberfläche erscheint.

Der grün schimmernde Oberflächen-Effekt wird durch eine Antireflexbeschichtung (Coating-Verfahren) auf den Modulen erreicht. Damit der äußere Laminatrand der Module einheitlich weiß erscheint, sind die Solarzellen rechteckig angeordnet und die üblicherweise sichtbaren Lötbahnen im umlaufenden Randbereich abgedeckt.

Ansicht von Südwesten

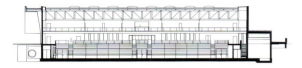
Schnitt

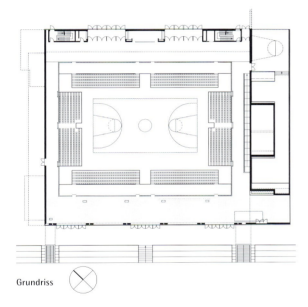
Grundriss

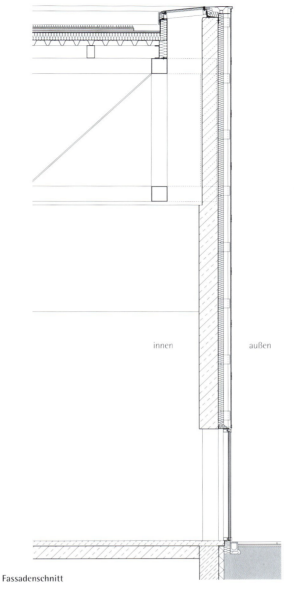
Fassadenschnitt

Abb. 3.5 **Ansicht und Schnitt**
Die Fassadenausbildung folgt den verschiedenen Nutzungen der Außenwände. Je nach Ausrichtung und Funktionswünschen ist die Fassade anders gestaltet: Die Nordwestfassade ist als Kletterwand ausgebildet, der Dachüberhang dient dabei als Schwierigkeitsgrad und als Regenschutz. Vor der Südostfassade erstreckt sich ein Freibereich für Trendsportarten wie Streetball, Inlineskaten und Skateboardfahren. Die Nordostfassade als Eingangsbereich erscheint in grünlichem Glas, die Südwestfassade ist als Solarfassade ausgebildet. Das einsehbare Dach der großen Halle ist extensiv begrünt und mit Oberlichtern versehen.

Abb. 3.6 **Grundriss**
Die Großsporthalle bietet bei Wettkämpfen Platz für 3.000 Zuschauer und dient dem Schul-, Leistungs- und Breitensport.

Abb. 3.7 **Fassadenschnitt**
Auf der Stahlbetonwand sind von innen nach außen Dämmung, Raum für die Hinterlüftung und Punkthalterungen für die Solarmodule angeordnet. Diese sorgen für ein glattes, geschlossenes Erscheinungsbild der Fassade.
Wandaufbau:
30 cm Stahlbetonwand
10 cm Mineralwolle
3 cm Photovoltaik-Fassade

Abb. 3.8 **Innenraum Halle**

Abb. 3.9 **Photovoltaik-Fassade**

Fertigstellung: 12 / 2004
Nutzung: Sporthalle
Bauherr: Universitätsstadt Tübingen
Architekt: Allmann Sattler Wappner Architekten, München
Solarmodule: Sunways Solartechnik

Fassadenkonzepte | Fassadenprinzipien

Die Fassade eines Gebäudes bildet die Schnittstelle zwischen der Umwelt und dem Nutzer im Inneren. Sie muss im Winter ein behagliches Innenklima gewährleisten und im Sommer ein Zuviel an Strahlungseintrag verhindern. Sie soll während der gesamten Nutzungszeit eine weitreichende Tageslichtversorgung sicherstellen sowie eine weitgehende natürliche Lüftung ermöglichen. Diese Anforderungen führen zu Zielkonflikten. Der im Sommer erforderliche Sonnenschutz bewirkt in der Regel auch eine Verminderung des Tageslichteintrags. Die optimale Tageslichtnutzung sowie der im Winter erwünschte Strahlungseintrag sind oftmals von Blendung begleitet. Eine überwiegend natürliche Lüftung ist an verkehrsreichen Standorten mit unerwünschtem Lärmeintrag verbunden. Ziel bei der Fassadenkonzeption ist es, für den jeweiligen Standort und die vorgesehene Nutzung den günstigsten Kompromiss aus den verschiedenen Anforderungen zu finden.

Fassadentypologien

Wechselwirkung zwischen Fassadenkonzept, Bauaufgabe und Standort

Welches Fassadenkonzept bietet Vor- und Nachteile bezüglich Investitionskosten, welches bezüglich der Betriebskosten? Wie hoch sind die Kosten für die Energie (Beleuchtung, Heizung, Kühlung, Belüftung), die Bedienung und die Reinigung sowie für die Instandhaltung (Inspektion, Wartung und Bauunterhaltung)? Welchen Nutzen bieten die jeweiligen Konzepte? Jede Bauaufgabe (Gebäudefunktion und -gestalt sowie Bauweise und Raumprogramm) und jeder Standort (Makro- und Mikroklima) sollte diesbezüglich individuell analysiert werden. Es gibt jedoch auch einige allgemeingültige Aussagen bezüglich der bauaufgaben- und standortspezifischen Anforderungen an Fassaden.

So haben die Gebäudegestalt und die Bauweise sowie die Frage, ob es sich um einen Neubau, einen Umbau oder um eine Renovierung handelt, entscheidenden Einfluss auf die Anforderungen und Möglichkeiten bezüglich der Fertigung und Montage der Fassade. Beim Fassadenkonzept geht es um Gesichtspunkte der Fertigung und der Montage. Bei Massivbauweise werden in der Regel Lochfenster eingesetzt, während sich bei Skelettbauweise Fensterbänder bzw. Vorhangfassaden anbieten. Bei kleineren Flachbauten in Skelettbauweise haben sich Pfosten-Riegel-Fassaden eingebürgert, während bei Hochhäusern zwischenzeitlich meist vorgehängte Elementfassaden eingesetzt werden.

Die Außenlufttemperatur und die Windgeschwindigkeit sowie die Niederschläge haben Einfluss auf die Arbeitsbedingungen auf der Baustelle. Je schlechter das Wetter auf der Baustelle ist, desto höher sollte der Werkstattvorfertigungsgrad der Fassade sein. Elementfassaden erweisen sich nicht nur diesbezüglich als optimal. Da sie auch außerhalb der Hauptverkehrszeiten just-in-time an der Baustelle angeliefert und im Rohbau zwischengelagert werden können, bieten sie sich insbesondere bei Baustellen im Zentrum von Großstädten an, wo in der Regel keine nennenswerten Lagerflächen verfügbar sind.

Im Hinblick auf die Nutzungsphase wird die Fassadenplanung insbesondere von der Gebäudefunktion und der Gebäudegestalt, der Bauweise und dem Flächen- und Raumprogramm beeinflusst, sowie von der Frage, ob es sich um einen Bauherrn handelt, der das Gebäude selbst nutzt, oder um einen Investor, der das Gebäude verkauft oder vermietet. So unterscheiden sich beispielsweise Bürogebäude von Hotels bezüglich der Betriebszeiten, der inneren Wärmelasten und der Anforderungen an den Raum- bzw. Bedienkomfort. Bei langfristig denkenden Bauherren treten die Betriebskosten und die Flexibilität bei Umnutzung sowie die Themen Komfort und Sicherheit stärker in den Vordergrund. Insofern unterscheiden sich bei den unterschiedlichen Bauaufgaben auch die Erwartungen an die Leistungsfähigkeit der Fassade in Bezug auf Raumkomfort, insbesondere thermische, hygienische, visuelle und akustische Behaglichkeit, Bedienkomfort und Energieverbrauch (Heizung und Beleuchtung sowie evtl. Lüftung und Kühlung). Daraus resultieren unterschiedliche Anforderungen an den Wärme- und Feuchteschutz, den Sonnen- und Blendschutz, den Schallschutz sowie an die Nutzung von Solarenergie und Tageslicht und an die natürliche Fensterlüftung. Andererseits beeinflusst das Flächen- und Raumprogramm die tatsächlichen Möglichkeiten der Tageslichtnutzung und der natürlichen Lüftung.

Da sich einerseits unsere Gesellschafts-, Wohn- und Arbeitsformen, andererseits die technischen Möglichkeiten immer schneller ändern, gewinnt zwangsläufig auch die Flexibilität der Fassade an Bedeutung. In der Regel erhöhen sich die Investitionskosten für die Fassade, je flexibler sich das Fassadenkonzept verhält. Die ursprünglichen Mehrkosten werden jedoch häufig durch die niedrigeren Umbaukosten kompensiert, wenn man die durch den Nutzungsausfall verursachten Kosten berücksichtigt.

Das für den Standort typische Makroklima, das gemäßigt, kalt, trocken-warm oder feucht-warm sein kann, beeinflusst ebenfalls die Anforderungen an eine Fassade. Durch die städtebauliche Situation entsteht ein Mikroklima mit lokalen Luftströmungen sowie Schall-, Staub- und Schadstoffemissionen. Auch aus der daraus resultierenden Belastung durch Lärm und Abgase ergeben sich spezielle Anforderungen an die Fasade und ggf. eingeschränkte Möglichkeiten für die Fensterlüftung. Letztere sollte immer dann in Erwägung gezogen werden, wenn nicht während der überwiegenden Zeit des Jahres zwingende Gründe dagegen sprechen. Klima- und nutzungsgerechte Gebäudehüllen stellen sich gegenüber wechselnden Außenbedingungen nicht als starre, undurchlässige Grenze zwischen Raum und Umgebung dar, sondern wirken wie eine semipermeable Membran mit dynamischen Eigenschaften. Als vorteilhaft erweisen sich diesbezüglich bewegliche Fassadenkomponenten, die durch eine Steuerung mit entsprechenden Sensoren in die jeweils optimale Position fahren. Automatische Steuerungen, die dem Nutzer Einflussmöglichkeiten eröffnen, reduzieren im Planungsprozess zwar die Vorhersagegenauigkeit, erhöhen jedoch in der Nutzungsphase die Akzeptanz.

Dr.-Ing. Winfried Heusler

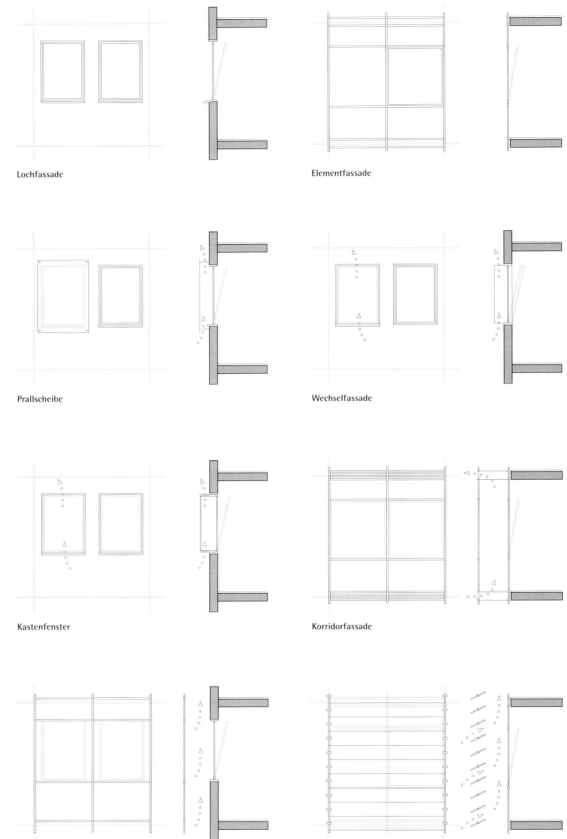

Abb 3.10 **Fassadenkonzepte**
Ein prinzipielles Unterscheidungsmerkmal von Fassadenkonzepten besteht darin, ob die Fassade einschalig oder zweischalig ausgebildet ist oder ob sie einschalig ausgebildet ist und partielle doppelschalige Flächenanteile aufweist. Davon hängt der direkte Außenbezug, der Schallschutz und das Lüftungsverhalten ab.

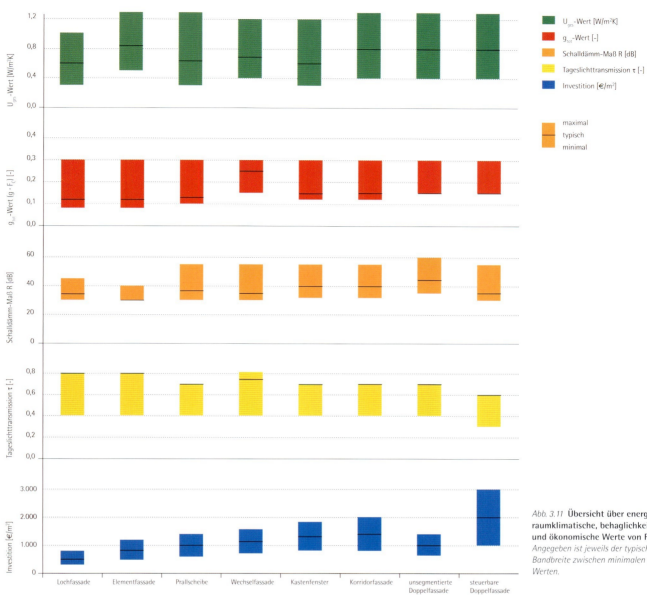

Abb. 3.11 Übersicht über energetische, raumklimatische, behaglichkeitsspezifische und ökonomische Werte von Fassaden
Angegeben ist jeweils der typische Wert sowie die Bandbreite zwischen minimalen und maximalen Werten.

	Schalldämmung bei Fensterlüftung	Übertragung Schall / Gerüche	Überhitzung in der Fassade	Platzbedarf	Reinigungsaufwand
Lochfassade	gering	–	–	gering	gering
Elementfassade	gering	–	–	sehr gering	mittel
Prallscheibe	mittel	–	gering	gering	mittel
Wechselfassade	hoch	–	– / hoch	mittel	mittel
Kastenfenster	hoch	–	hoch	mittel	hoch
Korridorfassade	hoch	mittel	hoch	hoch	hoch
unsegmentierte Doppelfassade	sehr hoch	hoch	sehr hoch	hoch	sehr hoch
steuerbare Doppelfassade	variabel	variabel	gering	hoch	sehr hoch

Tab. 3.3 Eigenschaften verschiedener Fassaden

Fassadenfunktionen | Fassadentypologien

Lochfassade

Die Lochfassade ist die ursprünglichste Form der Gebäudehülle. Sie besteht aus einer massiven tragenden Wand mit Öffnungen zur Belichtung und Belüftung. Zusätzlich können Funktionselemente wie Lichtlenk- oder Energiegewinnungssysteme sowie Lüftungsöffnungen oder Lüftungsgeräte integriert werden. Die opaken Flächen haben niedrige U-Werte und es entstehen nur wenige Wärmebrücken. Bei Massivkonstruktionen können die thermischen Speichermassen genutzt werden. Die kostengünstig zu erstellende Fassade erfordert einen geringen Wartungs- und Reinigungsaufwand.

	typisch	min.–max.
Verglasungsanteil	40 %	25–60 %
U-Wert gesamt	0,6 W/m²K	0,3–1,0 W/m²K
U-Wert (Verglasung)	1,1 W/m²K	0,7–1,4 W/m²K
U-Wert (opak)	0,3 W/m²K	0,2–0,5 W/m²K
g_{tot}-Wert	0,12	0,08–0,30
g-Wert (Verglasung)	0,60	0,30–0,65
Schalldämm-Maß R	34 dB	30–45 dB
Lichttransmission τ	0,80	0,40–0,80
Investition Euro/m²	500	300–800

Tab. 3.4 **Typische Werte und Größenordnungen für Lochfassaden**

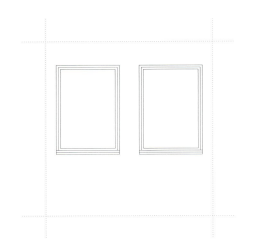

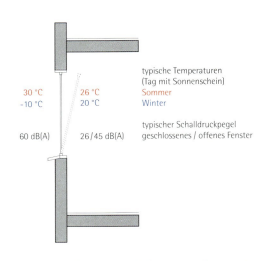

Abb. 3.12 **Temperaturverhältnisse und Schalldruckpegel bei Lochfassaden**

Randbedingungen zu Abb. 3.13

Dämmstoff	WLG 035
Dämmstoffstärke	10/30 cm
2-Scheiben-WSV	U = 1,1 W/m²K
Rahmenanteil 10 %	U = 1,4 W/m²K
3-Scheiben-WSV	U = 0,7 W/m²K
Rahmenanteil 10 %	U = 0,8 W/m²K

Randbedingungen zu Abb. 3.14

Raummaße L/B/H	5,0/4,5/3,0 m
Fassadenfläche	13,5 m²
opake Wand	R_w = 50 dB
Isolierverglasung	R_w = 30 dB
Schallschutzglas	R_w = 40 dB

Abb. 3.13 **Einfluss der Dämmstärke und der Verglasungsqualität auf den U-Wert der gesamten Gebäudehülle**
Zur Erzielung niedriger Transmissionswärmeverluste ist es ab einer Mindest-Dämmstoffstärke in der Größenordnung von ca. 10 cm wirksamer, eine 3-Scheiben-Verglasung anstatt sehr hohe Dämmstoffstärken zu wählen.

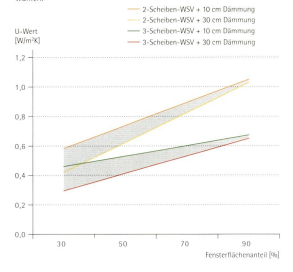

Abb. 3.14 **Einfluss des Fensterflächenanteils und des Schalldämm-Maßes R der Verglasung auf den Schallschutz der Fassade**
Der Einfluss des Fensterflächenanteils auf den Schallschutz liegt bei ca. 5 dB, der Einfluss der Glasqualität bei ca. 10 dB.

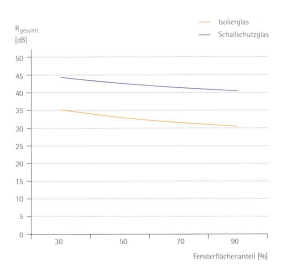

Konstruktion
- Fassade mit tragender Funktion
- häufig massive Konstruktion
- Stahlbeton
- Mauerwerk
- Holzständerkonstruktion

Typische Einsatzgebiete
- Wohngebäude
- Verwaltungsgebäude
- bei niedrigen Windgeschwindigkeiten
- bei geringer Lärmbelastung

Heizwärmebedarf
- niedrige U-Werte
- hohe Oberflächentemperaturen an der Fassadeninnenseite
- geringe Wärmebrückenproblematik
- geringere solare Gewinne

Lüftung
- thermische Unbehaglichkeit im Winter (T_a<5 °C)
- Wärmeeinträge im Sommer (T_a>24 °C)
- Windkräfte am Fenster
- keine Geruchsübertragung von Raum zu Raum

Raumklima im Sommer
- geringerer Fensterflächenanteil
- außen liegender Sonnenschutz windexponiert
- Speichermassen bei Massivkonstruktion

Tageslicht
- innen liegender Blendschutz erforderlich
- ggf. dunkle Raumecken
- oftmals Fensterstürze
- dickere Fensterlaibungen
- hohe Lichttransmission durch die Scheiben

Schallschutz
- geringer Schallschutz bei Fensterlüftung
- guter Schallschutz bei geschlossenen Fenstern
- geringe Schallübertragung von Raum zu Raum über die Fassade

Funktionale Aspekte
- direkter Außenbezug
- geringer Reinigungsaufwand
- geringer Wartungsaufwand
- Änderung und Nachrüstung schwierig

Vorteile
- guter Wärmeschutz
- geringe Wärmebrückenproblematik
- verfügbare Speichermasse
- kostengünstig
- moderate Wärmeeinträge im Sommer

Nachteile
- natürliche Lüftung ggf. unbehaglich
- außen liegender Sonnenschutz windexponiert

Elementfassade

Die Elementfassade besteht aus vorgefertigten Fassadenelementen. Sie verfügt über transparente und opake Flächen, zusätzlich können Funktionselemente zur Lüftung, Tageslichtnutzung oder Energiegewinnung integriert sein. Die opaken Bauteile führen in der Regel zu dickeren Wandstärken, wodurch sich Versprünge an der Innenseite ergeben können. Vakuumdämmpaneele können hier Abhilfe schaffen. Ebenso können sie die Dämmung im Geschossdeckenanschluss optimieren. Den entscheidenden Einfluss auf das thermische Verhalten hat die Verglasungsqualität. Bei größeren Fensterflächenanteilen sollte eine 3-Scheiben-Wärmeschutzverglasung gewählt werden, auch zur Verbesserung der Behaglichkeit.

	typisch	min.–max.
Verglasungsanteil	70 %	50–90 %
U-Wert gesamt	0,85 W/m²K	0,5–1,3 W/m²K
U-Wert (Verglasung)	1,1 W/m²K	0,7–1,4 W/m²K
U-Wert (opak)	0,3 W/m²K	0,2–0,5 W/m²K
g_{tot}-Wert	0,12	0,08–0,30
g-Wert (Verglasung)	0,60	0,30–0,60
Schalldämm-Maß R	30 dB	30–40 dB
Lichttransmission τ	0,80	0,40–0,80
Investition Euro/m²	800	500–1.200

Tab. 3.5 **Typische Werte und Größenordnungen für Elementfassaden**

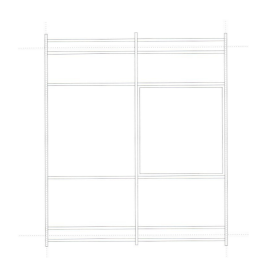

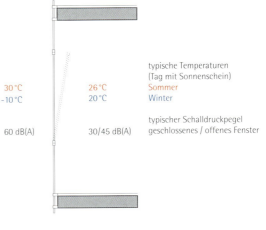

Abb. 3.15 **Temperaturverhältnisse und Schalldruckpegel bei Elementfassaden**

Abb. 3.16 **Einfluss der Brüstungsausbildung und der Verglasungsqualität auf den U-Wert der Fassade**
Aufgrund des hohen Fensterflächenanteils ist die Verglasungsqualität entscheidender als die Dämmqualität der Brüstungszone.

Randbedingungen zu Abb. 3.16

Fassadenfläche	13,5 m²
Fensterfläche	70 %
Brüstungszone	30 %
Dämmstoff	WLG 035
Dämmstoffdicke	10 cm
2-Scheiben-WSV	U = 1,1 W/m²K
3-Scheiben-WSV	U = 0,7 W/m²K
Vakuumdämmung	U = 0,16 W/m²K

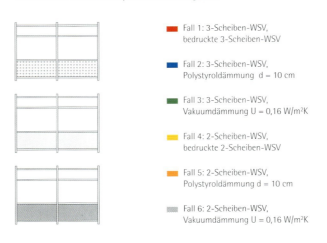

- Fall 1: 3-Scheiben-WSV, bedruckte 3-Scheiben-WSV
- Fall 2: 3-Scheiben-WSV, Polystyroldämmung d = 10 cm
- Fall 3: 3-Scheiben-WSV, Vakuumdämmung U = 0,16 W/m²K
- Fall 4: 2-Scheiben-WSV, bedruckte 2-Scheiben-WSV
- Fall 5: 2-Scheiben-WSV, Polystyroldämmung d = 10 cm
- Fall 6: 2-Scheiben-WSV, Vakuumdämmung U = 0,16 W/m²K

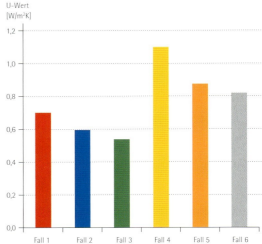

Konstruktion
- keine tragende Funktion, zusätzliche Stützen im Innenraum notwendig
- elementierte, vorgefertigte Konstruktion
- Pfosten-Riegel-Konstruktion

Typische Einsatzgebiete
- Verwaltungsgebäude
- Hochhäuser mit mechanischer Lüftung
- bei niedrigen Windgeschwindigkeiten
- bei geringer Lärmbelastung

Heizwärmebedarf
- U-Wert abhängig vom Verglasungsanteil, in der Regel ungünstig
- niedrigere innere Oberflächentemperaturen
- Wärmebrücken insbesondere an Rahmen, opaken Elementen und am Deckenanschluss

Lüftung
- thermische Unbehaglichkeit im Winter ($T_a < 5\,°C$)
- Wärmeeinträge im Sommer ($T_a > 24\,°C$)
- Windkräfte am Fenster
- keine Geruchsübertragung von Raum zu Raum

Raumklima im Sommer
- oftmals hoher Fensterflächenanteil
- außen liegender Sonnenschutz windexponiert
- keine Speichermasse

Tageslicht
- hohe Fensterflächenanteile möglich
- hohe Lichttransmission durch die Scheiben
- geringe Laibungstiefe

Schallschutz
- geringe Schallübertragung von Raum zu Raum
- geringer Schallschutz bei geöffnetem Fenster

Funktionale Aspekte
- direkter Außenbezug
- sehr geringer Platzbedarf
- Integration von Funktionselementen möglich
- Änderungen sind leicht zu realisieren
- einfache Integration von Lüftungsgeräten

Vorteile
- Vorfertigung möglich
- kurze Bauzeit
- geringer Platzbedarf

Nachteile
- geringer Wärmeschutz
- niedrigere Oberflächentemperaturen an der Fassadeninnenseite
- kein Lärmschutz für die Lüftung
- Sonnenschutz schwierig auszubilden

Fassadenkonzepte | Fassadentypologien

Prallscheibe

Eine Prallscheibe ist eine zusätzliche Scheibe, die in einem Abstand vor die Fenster einer Lochfassade oder einer Elementfassade gesetzt wird. Dabei kann sie die Nachteile von Einfachfassaden im Hinblick auf Schallschutz und Lüftung mindern. Zudem ist der Sonnenschutz geschützt und kann nahezu windunabhängig bedient werden. Die Prallscheibe ist einfach zu realisieren und bietet einen zuverlässigen Witterungs- und Einbruchsschutz für die Nachtauskühlung. Die Prallscheibe ermöglicht nur eingeschränkten Außenbezug. Ist der Abstand von Prallscheibe zu Fassade gering, so kann sich der freie Lüftungsquerschnitt erheblich vermindern. Solare Gewinne und Tageslichteintrag sind durch die zweite Glasebene etwas reduziert.

	typisch	min.–max.
Verglasungsanteil	50 %	30–90 %
U-Wert gesamt	0,65 W/m²K	0,3–1,3 W/m²K
U-Wert (Verglasung)	1,0 W/m²K	0,6–1,4 W/m²K
U-Wert (opak)	0,3 W/m²K	0,2–0,5 W/m²K
g_{tot}-Wert	0,13	0,10–0,30
g-Wert (Verglasung)	0,40	0,25–0,50
Schalldämm-Maß R	38 dB	30–55 dB
Lichttransmission τ	0,70	0,40–0,70
Investition Euro/m²	1.000	600–1.400

Tab. 3.6 **Typische Werte und Größenordnungen für Prallscheiben**

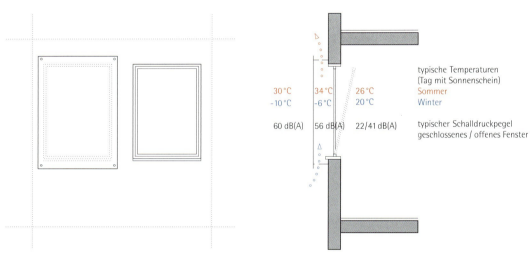

Abb. 3.17 **Temperaturverhältnisse und Schalldruckpegel bei Prallscheiben**

Abb. 3.18 **Einfluss des Formats und des Abstands der Prallscheibe auf das Verhältnis des verfügbaren Lüftungsquerschnitts zur freien Fensterfläche**
Bei ungünstigem Scheibenformat und geringem Abstand der Prallscheibe zur Fassade kann der Lüftungsquerschnitt erheblich eingeschränkt werden. Dadurch kann die Lüftung über das Fenster nicht mehr ausreichend sein.

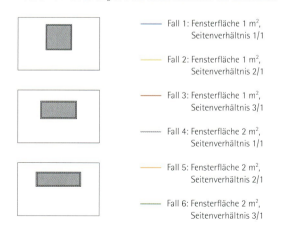
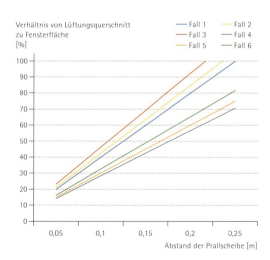

Konstruktion
- vor Lochfassade
- vor elementierter Fassade
- Größe und Abstand der Prallscheibe je nach gewünschter Funktion
- Scheibenabstand 5-25 cm

Heizwärmebedarf
- Transmissionswärmeverluste dynamisch, abhängig vom Scheibenabstand und der solaren Einstrahlung
- geringe Verbesserung zur Einfachfassade
- geringe Reduktion der solaren Gewinne

Raumklima im Sommer
- windgeschützter Sonnenschutz
- geringere Überhitzung hinter Prallscheibe, abhängig vom Scheibenabstand
- Nachtauskühlung

Schallschutz
- sehr geringe Schallübertragung von Raum zu Raum
- verbesserter Schallschutz bei natürlicher Lüftung

Vorteile
- kostengünstige Optimierung der Fassade
- Nachrüstung möglich
- einfache Nachtauskühlung
- geringe Überhitzung im Sommer

Typische Einsatzgebiete
- Verwaltungsgebäude, Wohngebäude
- Hochhäuser mit natürlicher Lüftung
- bei mittleren Windgeschwindigkeiten
- bei erhöhter Lärmbelastung
- bei Nachtauskühlung

Lüftung
- ggf. behaglichere Zulufteinbringung im Winter
- ggf. erhöhte Wärmeeinträge im Sommer
- keine Geruchsübertragung von Raum zu Raum
- Dämpfung des Windeinflusses
- ggf. Beeinträchtigung des Luftaustauschs

Tageslicht
- Verminderung der Tageslichttransmission durch zweite Scheibe
- ggf. Integration von lichtspezifischen Funktionen in die Prallscheibe

Funktionale Aspekte
- ggf. eingeschränkte Stoßlüftung
- Witterungsschutz
- Einbruchschutz
- Außenbezug eingeschränkt
- schwierige Reinigung der Außenseite

Nachteile
- Außenbezug eingeschränkt
- Stoßlüftung eingeschränkt

Wechselfassade

Die Wechselfassade ist eine Kombination aus Einfach- und Doppelfassade mit den Vorzügen beider Typen. Es sind jedem Raum mindestens ein Doppelfassaden- und ein Einfachfassadenelement zugeordnet. Je nach Außen- und Innenklimabedingungen kann entweder über die Einfachfassade oder die Doppelfassade gelüftet werden. Behagliche Verhältnisse können so über fast das gesamte Jahr gewährleistet werden. Ist der Flächenanteil der Einfachfassade gering, so kann diese auch mit einem innen liegenden Sonnenschutz versehen werden. Je nach Flächenanteil von Einfachfassade und Doppelfassade ändern sich die Eigenschaften bezüglich Lüftung, Schallschutz und Strahlungseintrag.

	typisch	min.–max.
Verglasungsanteil	50 %	40–90 %
U-Wert gesamt	0,7 W/m²K	0,4–1,2 W/m²K
U-Wert (Verglasung)	1,0 W/m²K	0,6–1,3 W/m²K
U-Wert (opak)	0,3 W/m²K	0,2–0,5 W/m²K
g_{tot}-Wert	0,25	0,15–0,30
g-Wert (Verglasung)	0,55	0,25–0,60
Schalldämm-Maß R	35 dB	30–55 dB
Lichttransmission τ	0,75	0,40–0,80
Investition Euro/m²	1.100	700–1.600

Tab. 3.7 Typische Werte und Größenordnungen für Wechselfassaden

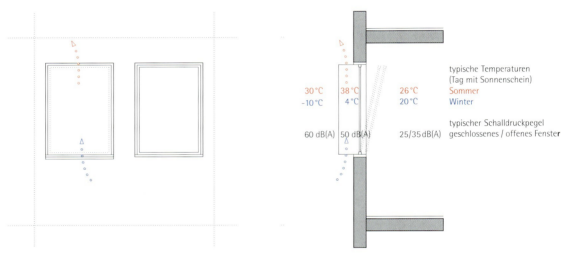

Abb. 3.19 Temperaturverhältnisse und Schalldruckpegel bei Wechselfassaden

Abb. 3.20 Energiedurchgang bei der Wechselfassade in Abhängigkeit vom Verhältniss von Einfach- zu Doppelfassade und vom Fensterflächenanteil bezogen auf die Gesamtfassade

Randbedingungen zu Abb. 3.22

Raummaße L/B/H	5,0/4,5/3,0 m
Fassadenfläche	13,5 m²
Doppelfassade g_{tot}-Wert	0,15
Einfachfassade g-Wert	0,6
F_c-Wert	0,5

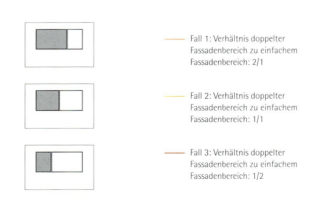

Fall 1: Verhältnis doppelter Fassadenbereich zu einfachem Fassadenbereich: 2/1

Fall 2: Verhältnis doppelter Fassadenbereich zu einfachem Fassadenbereich: 1/1

Fall 3: Verhältnis doppelter Fassadenbereich zu einfachem Fassadenbereich: 1/2

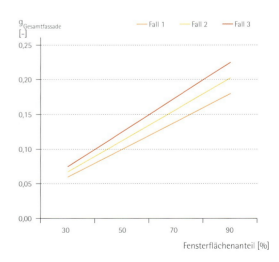

Konstruktion
- Lochfassade
- elementierte Fassade
- Flächenanteile und Scheibenabstand variabel, je nach Funktion
- Scheibenabstand 10-30 cm

Typische Einsatzgebiete
- Verwaltungsgebäude, Wohngebäude
- Hochhäuser mit natürlicher Lüftung
- bei hohen Windgeschwindigkeiten
- bei hoher Lärmbelastung
- bei Nachtauskühlung

Heizwärmebedarf
- U-Wert dynamisch, abhängig vom Anteil der Doppelfassade und der solaren Einstrahlung
- nur geringe Verbesserung im Vergleich zur Einfachfassade

Lüftung
- behagliche Zulufteinbringung im Winter
- Direktlüftung im Sommer
- keine Geruchsübertragung von Raum zu Raum
- Dämpfung des Windeinflusses

Raumklima im Sommer
- windgeschützter Sonnenschutz
- ggf. unerwünschte Wärmeeinträge durch Überhitzung im Fassadenzwischenraum
- bei hohen Temperaturen Stoßlüftung

Tageslicht
- Reduktion des Tageslichts durch Fassadentiefe
- Verminderung der Tageslichttransmission durch zweite Scheibe
- ungleichmäßige Raumausleuchtung
- ggf. Lichtlenksysteme im Zwischenraum

Schallschutz
- zusätzliche Schallpegelminderung bei natürlicher Lüftung
- sehr geringe Schallübertragung von Raum zu Raum

Funktionale Aspekte
- flexibler Nutzereingriff möglich
- ungleichmäßige Raumwirkung
- ggf. erhöhter Platzbedarf
- schwierige Reinigung der Außenscheibe

Vorteile
- sehr hohe Nutzerakzeptanz
- sehr gute Behaglichkeit
- viele Lüftungsoptionen
- Vorfertigung möglich

Nachteile
- hohe Baukosten

Kastenfenster

Das Kastenfenster hat eine zweite Glasebene vor dem öffenbaren Fenster, sodass sich ein durchlüfteter Zwischenraum bildet. Der Zwischenraum kann sowohl nur vertikal als auch über die umlaufenden Fugen durchströmt werden. Das Kastenfenster kann in eine Lochfassade oder Elementfassade integriert werden. Das System bietet witterungsgeschützten Sonnenschutz, guten Schallschutz und behagliche Zuluftvorwärmung im Winter und in der Übergangszeit. Je kleiner die Durchströmungsöffnungen, desto besser ist der Schallschutz und desto größer die Überhitzungsproblematik im Sommer. Ggf. können die Öffnungen in der äußeren Ebene verstellbar ausgeführt werden und das Kastenfenster so unterschiedlichen Anforderungen angepasst werden.

	typisch	min.–max.
Verglasungsanteil	50 %	30–90 %
U-Wert gesamt	0,6 W/m²K	0,3–1,2 W/m²K
U-Wert (Verglasung)	0,9 W/m²K	0,5–1,3 W/m²K
U-Wert (opak)	0,3 W/m²K	0,2–0,5 W/m²K
g_{tot}-Wert	0,15	0,12–0,30
g-Wert (Verglasung)	0,50	0,25–0,50
Schalldämm-Maß R	40 dB	32–55 dB
Lichttransmission τ	0,70	0,40–0,70
Investition Euro/m²	1.300	800–1.800

Tab. 3.7 **Typische Werte und Größenordnungen für Kastenfenster**

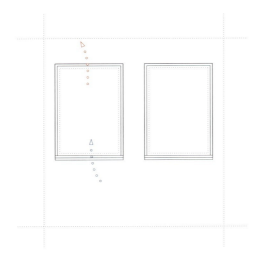
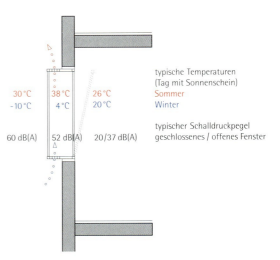

Abb. 3.21 **Temperaturverhältnisse und Schalldruckpegel bei Kastenfenstern**

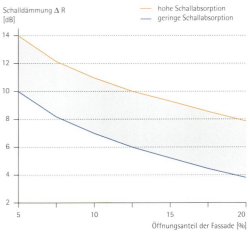

Abb. 3.22 **Bandbreite der Schalldämmung eines Kastenfensters**
Die Schalldämmung eines Kastenfensters steht in Wechselwirkung mit dem Öffnungsanteil der äußeren Fassadenebene und der Schallabsorption im Fassadenzwischenraum. Kleine Öffnungsanteile, die eine gute Schalldämmung gewährleisten, können zu Überhitzung im Sommer führen. [Grafik nach Oesterle]

Konstruktion
- in Lochfassade
- in elementierter Fassade
- innere Ebene 2-Scheiben-WSV
- äußere Ebene Einfachglas
- Scheibenabstand variabel, je nach Funktion
- Scheibenabstand 10-50 cm

Typische Einsatzgebiete
- Verwaltungsgebäude, Wohngebäude
- Hochhäuser mit natürlicher Lüftung
- bei hohen Windgeschwindigkeiten
- bei hoher Lärmbelastung
- bei Nachtauskühlung

Heizwärmebedarf
- Transmissionswärmeverlust dynamisch, abhängig von den Öffnungen im Zwischenraum und der solaren Einstrahlung
- Verbesserung im Vergleich zur Einfachfassade
- Nutzung von solaren Gewinnen

Lüftung
- behagliche Zulufteinbringung im Winter
- erhitzte Zuluft im Sommer
- keine Geruchsübertragung von Raum zu Raum
- Dämpfung des Windeinflusses
- Beeinträchtigung des Luftaustauschs

Raumklima im Sommer
- windgeschützter Sonnenschutz
- Überhitzung im Fassadenzwischenraum
- Nachtauskühlung

Tageslicht
- Reduktion des Tageslichts durch Fassadentiefe
- Verminderung der Tageslichttransmission durch zweite Scheibe
- ggf. Lichtlenksysteme im Fassadenzwischenraum

Schallschutz
- zusätzliche Schallpegelminderung bei natürlicher Lüftung
- sehr geringe Schallübertragung von Raum zu Raum

Funktionale Aspekte
- Witterungsschutz
- Einbruchsschutz
- eingeschränkter Außenbezug
- schwierige Reinigung der Außenseite
- ggf. Kondensatbildung an der Außenscheibe

Vorteile
- behagliche Lüftung im Winter und in der Übergangszeit
- Vorfertigung möglich
- geeignet für die Sanierung

Nachteile
- direkter Außenbezug eingeschränkt
- Stoßlüftung eingeschränkt
- Überhitzung im Fassadenzwischenraum
- hohe Baukosten

Korridorfassade

Die Korridorfassade ist eine Doppelfassade, bei der der Fassadenzwischenraum geschossweise horizontal abgeschottet ist. Der Luftaustausch im Fassadenzwischenraum erfolgt entweder vertikal über eine Geschossebene, horizontal über die Gebäudekanten oder vertikal und horizontal. Wird die Doppelfassade horizontal durchströmt, wird sie oftmals so ausgeführt, dass sich die Druckverhältnisse im Fassadenzwischenraum steuern lassen. Dabei werden die Fassadenklappen je nach gewünschten Druckverhältnissen (Über- oder Unterdruck) sowie der Windrichtung und Windgeschwindigkeit entsprechend gesteuert. Dadurch können definierte Druckverhältnisse im Gebäude eingestellt und der Antriebsenergiebedarf für die Lüftung vermindert werden. Über den Fassadenkorridor kann sich eine unerwünschte Geruchs- und Schallübertragung ergeben.

	typisch	min.–max.
Verglasungsanteil	90 %	70–100 %
U-Wert gesamt	0,8 W/m²K	0,4–1,3 W/m²K
U-Wert (Verglasung)	0,9 W/m²K	0,5–1,3 W/m²K
U-Wert (opak)	0,3 W/m²K	0,2–0,5 W/m²K
g_{tot}-Wert	0,15	0,12–0,30
g-Wert (Verglasung)	0,50	0,25–0,50
Schalldämm-Maß R	40 dB	32–55 dB
Lichttransmission τ	0,70	0,40–0,70
Investition Euro/m²	1.400	800–2.000

Tab. 3.9 **Typische Werte und Größenordnungen für Korridorfassaden**

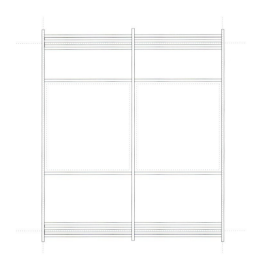

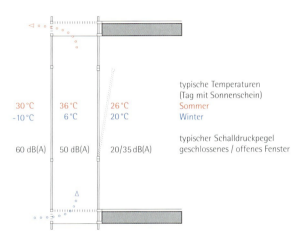

Abb. 3.23 **Temperaturverhältnisse und Schalldruckpegel bei Korridorfassaden**

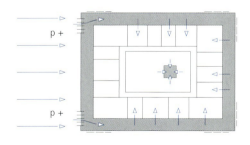

Abb. 3.24 **Fassade als Druckzone**
Durch das Öffnen von Klappen auf der windzugewandten Seite bildet sich um das gesamte Gebäude ein Überdruckbereich aus. Diese Fassadeneinstellung eignet sich zur Zulufteinbringung.

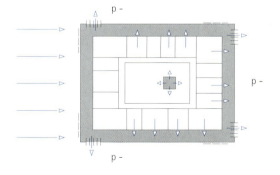

Abb. 3.25 **Fassade als Sogzone**
Durch das Öffnen von Klappen in Sogbereichen bildet sich um das gesamte Gebäude eine Unterdruckzone aus. Diese Fassadeneinstellung eignet sich für Abluftkonzepte.

Konstruktion
- elementierte Fassade
- Scheibenabstand variabel, je nach Funktion
- innere Fassade häufig auch aus Holz
- Scheibenabstand 20–120 cm

Typische Einsatzgebiete
- Verwaltungsgebäude
- Hochhäuser mit natürlicher Lüftung
- bei hohen Windgeschwindigkeiten
- bei hoher Lärmbelastung
- bei aerodynamischen Lüftungskonzepten

Heizwärmebedarf
- U-Wert dynamisch, abhängig vom Luftwechsel und der solaren Einstrahlung
- Verbesserung im Vergleich zur Einfachfassade
- ggf. Nutzung von solaren Gewinnen
- ggf. Energieverschiebung um das Gebäude

Lüftung
- behagliche Zulufteinbringung im Winter
- Überhitzungsgefahr im Sommer
- Geruchsübertragung von Raum zu Raum
- bei Steuerung definierte Druckverhältnisse möglich

Raumklima im Sommer
- windgeschützter Sonnenschutz
- Überhitzung im Fassadenzwischenraum
- Nachtauskühlung

Tageslicht
- Reduktion des Tageslichts durch Fassadentiefe
- Verminderung der Tageslichttransmission durch zweite Scheibe
- Integration von Lichtlenksystemen möglich

Schallschutz
- guter Schallschutz bei natürlicher Lüftung
- Schallübertragung von Raum zu Raum

Funktionale Aspekte
- Fassadenzwischenraum ggf. begehbar
- erhöhter Platzbedarf
- Einbruchschutz
- ggf. Kondensatbildung an der Außenscheibe

Vorteile
- ggf. einstellbare Druckverhältnisse
- natürliche Lüftung auch bei problematischen Außenbedingungen möglich
- homogenes Erscheinungsbild der Fassade

Nachteile
- Überhitzung im Sommer
- hohe Baukosten
- eingeschränkter Außenbezug
- Schall- und Geruchsübertragung
- hohe Brandschutzanforderungen

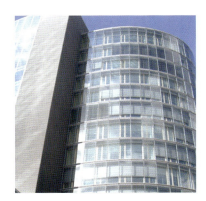

Unsegmentierte Doppelfassade

Die unsegmentierte Doppelfassade hat keine horizontalen oder vertikalen Unterteilungen im Fassadenzwischenraum. Sie kann als Doppelfassade mit einer Zwischenraumtiefe von weniger als einem Meter oder als vorgestellte Glaswand mit einem Abstand von mehreren Metern ausgebildet sein. Die beiden Hüllen sind oftmals statisch voneinander unabhängig. Die Lüftungsöffnungen sind typischerweise nur unten und oben angeordnet. Dadurch erhöht sich die Überhitzungsproblematik im Fassadenzwischenraum erheblich, insbesondere bei geringem Scheibenabstand. Dies kann durch zusätzliche Lüftungsöffnungen oder eine maschinelle Durchströmung gemildert werden. Es besteht die Möglichkeit der Geruchs- und Schallübertragung von Raum zu Raum. Bei geringem Scheibenabstand ist der Außenbezug für den Nutzer stark eingeschränkt. In der Regel ist eine mechanische Lüftung der Innenräume erforderlich.

	typisch	min.–max.
Verglasungsanteil	90 %	50–100 %
U-Wert gesamt	0,8 W/m²K	0,4–1,3 W/m²K
U-Wert (Verglasung)	0,9 W/m²K	0,5–1,3 W/m²K
U-Wert (opak)	0,3 W/m²K	0,2–0,5 W/m²K
g_{tot}-Wert	0,15	0,15–0,30
g-Wert (Verglasung)	0,50	0,25–0,50
Schalldämm-Maß R	45 dB	35–60 dB
Lichttransmission τ	0,70	0,40–0,70
Investition Euro/m²	1.000	600–1.400

Tab. 3.10 Typische Werte und Größenordnungen für unsegmentierte Doppelfassaden

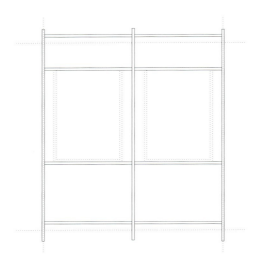

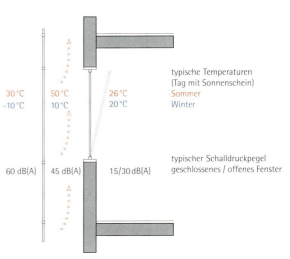

Abb. 3.26 Temperaturverhältnisse und Schalldruckpegel bei unsegmentierten Doppelfassaden

Abb. 3.27 **In Bezug auf den Schallschutz optimierte Durchströmung der Fassade**
Durch einen geringen Öffnungsanteil und Schallschutzkulissen ergibt sich ein sehr geringer Lärmeintrag.

Abb. 3.28 **Thermisch optimierte Durchströmung der Fassade**
Durch über die Höhe angeordnete Lüftungsklappen vermindert sich die Überhitzung des Zwischenraums.

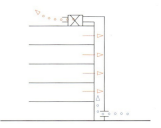

Abb. 3.29 **Mechanische Durchströmung der Fassade bei Abluftkonzepten**
Durch eine mechanische Entlüftung können definierte Druckverhältnisse eingestellt werden.

Konstruktion
- vor Lochfassade
- vor elementierter Fassade
- Scheibenabstand variabel, je nach Funktion
- äußere Ebene ggf. freistehend
- Scheibenabstand 1-5 m

Typische Einsatzgebiete
- Verwaltungsgebäude, Wohngebäude bei hoher Lärmbelastung
- Gebäude mit überwiegend mechanischer Lüftung
- bei Gebäudesanierung, Denkmalschutz

Heizwärmebedarf
- U-Wert dynamisch, abhängig vom Luftwechsel und der solaren Einstrahlung
- Ausbildung einer klimatischen Pufferzone
- ggf. Nutzung von solaren Gewinnen

Lüftung
- behagliche Zulufteinbringung im Winter
- erhebliche Überhitzungsgefahr im Sommer
- Geruchsübertragung von Raum zu Raum
- Einbindung in Lüftungskonzept möglich
- in der Regel mechanische Lüftung erforderlich

Raumklima im Sommer
- windgeschützter Sonnenschutz
- unerwünschte Wärmeeinträge durch starke Überhitzung im Fassadenzwischenraum
- Nachtauskühlung möglich

Tageslicht
- Reduktion der Tageslichttransmission durch zweite Scheibe und Konstruktion der äußeren Ebene
- Eintrag von diffusem Licht durch Anordnung des Sonnenschutzes an der äußeren Ebene

Schallschutz
- sehr guter Schallschutz bei natürlicher Lüftung
- Schallübertragung von Raum zu Raum

Funktionale Aspekte
- Außenbezug eingeschränkt, je nach Abstand
- erhöhter Platzbedarf
- Einbruchsschutz
- bei großem Abstand Zwischenraum nutzbar
- ggf. Kondensatbildung an der Außenscheibe

Vorteile
- sehr guter Schallschutz
- natürliche Lüftung auch bei problematischen Außenbedingungen möglich
- homogenes Erscheinungsbild der Fassade
- Nachrüstung einfach möglich

Nachteile
- erhebliche Überhitzung im Sommer
- hohe Baukosten
- stark eingeschränkter Außenbezug
- Schall- und Geruchsübertragung
- hohe Brandschutzanforderungen

Steuerbare Doppelfassade

Die steuerbare Doppelfassade ist die aufwändigste Art, eine Fassade zu realisieren. Es können entweder die gesamte äußere Fassadenschicht oder einzelne Klappen im Boden- und Deckenbereich eines jeden Geschosses geöffnet werden. Durch die Steuerung kann die Fassade den jeweiligen klimatischen Außenbedingungen angepasst werden. Der Nutzer kann einen guten Außenbezug erhalten und eine weitgehende natürliche Lüftung ist möglich. Im Sommer ergibt sich ein Konflikt zwischen Schallschutz und Überhitzung im Fassadenzwischenraum. Aufgrund der Vielzahl der bewegten Teile und der umfangreichen Regeltechnik ist der Wartungsaufwand sehr hoch.

	typisch	min.-max.
Verglasungsanteil	90 %	70–100 %
U-Wert gesamt	0,8 W/m²K	0,4–1,3 W/m²K
U-Wert (Verglasung)	0,9 W/m²K	0,5–1,3 W/m²K
U-Wert (opak)	0,3 W/m²K	0,2–0,5 W/m²K
g_{tot}-Wert	0,15	0,15–0,30
g-Wert (Verglasung)	0,50	0,25–0,50
Schalldämm-Maß R	35 dB	30–55 dB
Lichttransmission τ	0,60	0,30–0,60
Investition Euro/m²	2.000	1.000–3.000

Tab. 3.11 Typische Werte und Größenordnungen für steuerbare Doppelfassaden

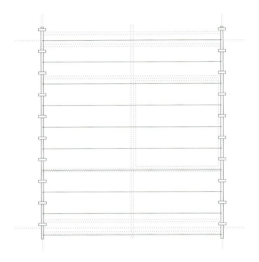
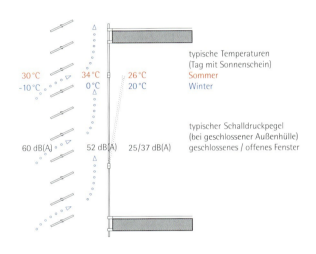

Abb. 3.30 Temperaturverhältnisse und Schalldruckpegel bei steuerbaren Doppelfassaden

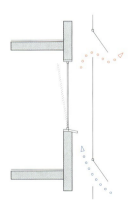

Abb. 3.31 Geschossweise Durchströmung der Fassade

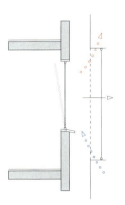

Abb. 3.32 Durchlüftung über Lüftungselemente

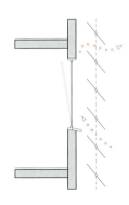

Abb. 3.33 Komplette Fassadenöffnung

Konstruktion
- elementierte Fassade
- Öffnungsgrad der äußeren Ebene variabel
- viele bewegliche Teile erforderlich
- Scheibenabstand 30–120 cm

Typische Einsatzgebiete
- Verwaltungsgebäude
- Hochhäuser mit natürlicher Lüftung
- bei erhöhter Lärmbelastung
- bei Gebäudesanierung als Vorsatzschale

Heizwärmebedarf
- U-Wert dynamisch, abhängig von der Stellung der Lüftungsklappen und der solaren Einstrahlung
- Ausbildung einer klimatischen Pufferzone
- ggf. Nutzung von solaren Gewinnen

Lüftung
- behagliche Zulufteinbringung im Winter
- geringe Überhitzungsgefahr im Sommer
- ggf. Geruchsübertragung von Raum zu Raum
- bei offener Stellung der Lüftungsklappen Schallschutz geringer

Raumklima im Sommer
- windgeschützter Sonnenschutz
- Vermeidung der Überhitzung des Zwischenraums durch Öffnen der äußeren Ebene
- Nachtauskühlung möglich

Tageslicht
- Reduktion des Tageslichteintrags in der Raumtiefe
- Reduktion der Tageslichttransmission durch zweite Scheibe und Konstruktion der äußeren Ebene

Schallschutz
- je nach Stellung der Lüftungsklappen sehr guter Schallschutz
- bei offener Fassade geringer Schallschutz
- ggf. Schallübertragung von Raum zu Raum

Funktionale Aspekte
- direkter Außenbezug, je nach Stellung der Lüftungsklappen
- erhöhter Platzbedarf
- sehr hoher Wartungsaufwand
- hoher Reinigungsaufwand

Vorteile
- variable Fassadenstellungen
- keine Überhitzung im Sommer
- verbesserter Außenbezug möglich
- Anpassung an das Außenklima durch Steuerungsmöglichkeit

Nachteile
- sehr hohe Baukosten
- sehr hohe Wartungskosten
- hoher technischer Aufwand

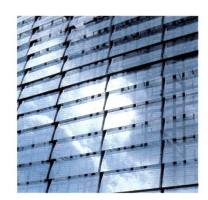

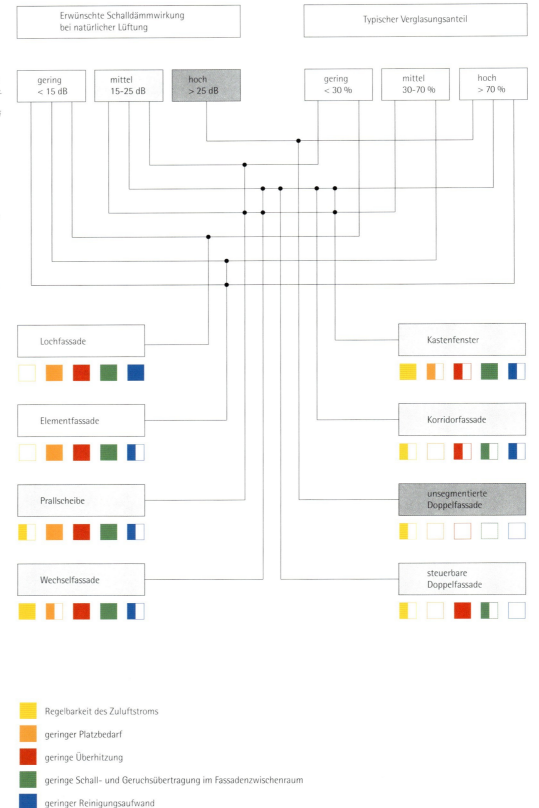

Abb. 3.34 **Entscheidungsgrafik für Fassadenkonzepte**
Die wesentlichen Kriterien bei der Wahl des Fassadensystems sind die Schalldämmwirkung der Fassade bei geöffnetem Fenster und die Transparenz des Gebäudes, die abhängig vom Verglasungsanteil ist. Durch Verknüpfung der gewählten Ausgangskriterien ergeben sich geeignete Systeme. Die verschiedenen spezifischen Eigenschaften jedes Systems werden im Farbcode verdeutlicht. Drei Abstufungen der Quadrate bezeichnen gute (ausgefüllt), mittlere (halb ausgefüllt) und schlechte (leer) Eigenschaften.

So ergibt sich z.B. bei der Kombination einer mittleren erforderlichen Schalldämmwirkung mit einem hohen gewünschten Verglasungsanteil die steuerbare Doppelfassade. Diese ermöglicht eine gute Lüftung bei Wind (gelb) und hat durch die zweite Fassadenebene einen erhöhten Platzbedarf (orange). Durch die Steuerbarkeit wird eine Überhitzung des Fassadenzwischenraums vermieden (rot). Bei geschlossenen Klappen ist jedoch eine Schall- und Geruchsübertragung von Raum zu Raum über die Fassade möglich (grün). Der Reinigungsaufwand ist wegen der großen Glasflächen und technischen Installationen hoch (blau).

Die Wahl des Fassadenkonzepts richtet sich nach nutzerspezifischen Anforderungen und gebäudespezifischen Gegebenheiten. Die nutzerspezifischen Anforderungen beeinflussen im Wesentlichen den Transparenzgrad und die Art der Lüftung. Diese sind oftmals flexibel und sollten in der Planung hinterfragt werden. Die gebäudespezifischen Aspekte beeinflussen die Windexposition, die Lärmbelastung und die solare Einstrahlung und sind nur sehr begrenzt veränderbare Gegebenheiten. Diese Größen haben entscheidenden Einfluss auf das Fassadenkonzept.

Tab. 3.12 Eignung von Fassadenkonzepten für verschiedene Außensituationen und Standorte in Abhängigkeit vom Lüftungskonzept

+ geeignet
o neutral
- weniger geeignet

Fassadenkonzept		natürliche Belüftung nutzungsbedingt ausreichend		mechanische Belüftung nutzungsbedingt erforderlich	Standort und Außensituation
Lochfassade	−	spez. Beschläge nötig, Sonnenschutz windexponiert	+	kostengünstig, Sonnenschutz windexponiert	
Elementfassade	−	spez. Beschläge nötig, Sonnenschutz windexponiert	o	kostengünstig, erhöhter Strahlungseintrag	
Prallscheibe	o	Sonnenschutz windgeschützt	+	Nachtauskühlung, Sonnenschutz windgeschützt	
Wechselfassade	+	sehr behaglich, flexibel	o	Kosten erhöht, Sonnenschutz windgeschützt	
Kastenfenster	+	äußere Öffnungen ausreichend dimensionieren	o	Kosten erhöht, Sonnenschutz windgeschützt	
Korridorfassade	+	äußere Öffnungen ausreichend dimensionieren	o	Kosten erhöht, Sonnenschutz windgeschützt	
unsegmentierte Doppelfassade	−	starke Überhitzung	−	Überhitzungsgefahr	
steuerbare Doppelfassade	+	sehr flexibel, kostenintensiv	−	unwirtschaftlich	Hochhaus, windexponiert
Lochfassade	−	hohe Schallbelastung	+	kostengünstig, guter Wärmeschutz	
Elementfassade	−	hohe Schallbelastung	o	ggf. eingeschränkter Schallschutz	
Prallscheibe	o	geringer Abstand erforderlich	+	Nachtauskühlung	
Wechselfassade	+	sehr behaglich	o	hohe Kosten, Nachtauskühlung	
Kastenfenster	+	ggf. Überhitzung im Sommer	o	hohe Kosten, Nachtauskühlung	
Korridorfassade	o	ggf. Überhitzung im Sommer	o	hohe Kosten, Nachtauskühlung	
unsegmentierte Doppelfassade	−	kein Außenbezug, Überhitzungsgefahr	+	bei sehr hoher Schallbelastung	
steuerbare Doppelfassade	+	geringe Überhitzung der Fassade, flexibel	−	unwirtschaftlich	lärmbelasteter Standort
Lochfassade	+	kostengünstig, ggf. thermisch unbehaglich	+	kostengünstig, guter Wärmeschutz	
Elementfassade	+	ggf. eingeschränkter Wärmeschutz	+	auf Wärmeschutz achten	
Prallscheibe	+	Nachtauskühlung	+	Nachtauskühlung	
Wechselfassade	o	kostenintensiv, behaglich	−	unwirtschaftlich	
Kastenfenster	−	unwirtschaftlich	−	unwirtschaftlich	
Korridorfassade	−	unwirtschaftlich	−	unwirtschaftlich	
unsegmentierte Doppelfassade	−	unwirtschaftlich	−	unwirtschaftlich	
steuerbare Doppelfassade	−	unwirtschaftlich	−	unwirtschaftlich	unbelasteter Standort

Fassadenkonzepte | Fassadentypologien

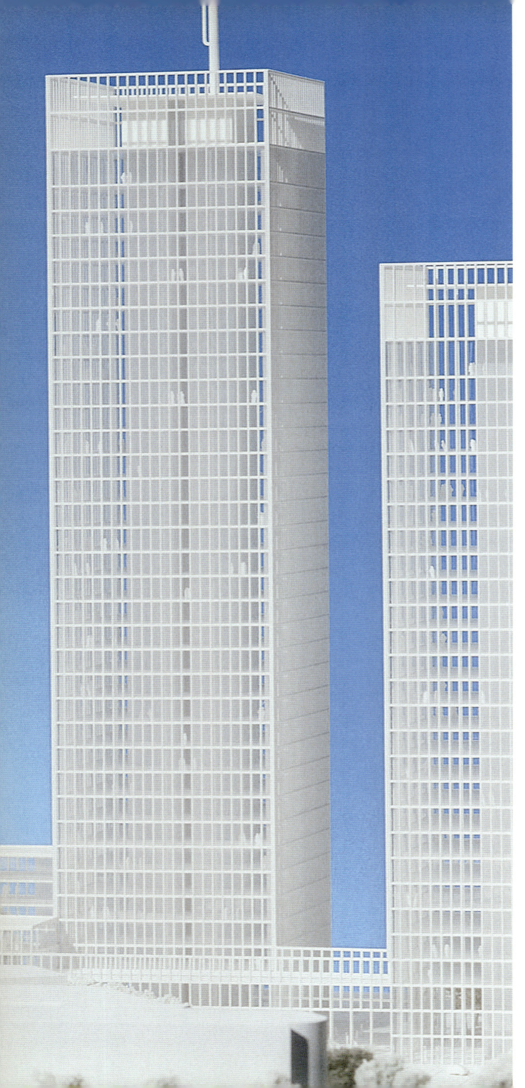

Langenscheidt-Hochhäuser
Light-Tech: zwei Wettbewerbsbeiträge

In dem Wettbewerb für ein Light-Tech-Hochhaus sollten für das lärmbelastete Grundstück in München an der Schnittstelle von Mittlerem Ring und Autobahn ein Scheibenhochhaus und ein Punkthochhaus konzipiert werden. Bei der Entwicklung des Fassaden- und Technikkonzepts standen die Behaglichkeit und die Nutzerfreundlichkeit bei gleichzeitiger Minimierung der Gebäudetechnik im Vordergrund. Ziele waren eine natürliche Belüftung und Tageslichtversorgung der Gebäude sowie ein größtmöglicher Einfluss des Nutzers auf sein individuelles Raumklima. Durch die Reduktion der Technik sollte ein niedriger Energiebedarf sowie ein geringer Investitions- und Wartungsaufwand erreicht werden. Bei der Fassadenkonzeption wurde eine Lösung gesucht, die formale und funktionale Aspekte in sich vereint.

Variante Scheibenhochhaus Entgegen der städtebaulichen Vorgabe wurde die Längsachse der Scheibe um nahezu 90° gedreht, wodurch sich eine Nord-Süd-Orientierung der Hauptfassaden ergibt. Die thermische Belastung des Gebäudes konnte dadurch erheblich reduziert werden. Das Gebäude steht längs der Hauptwindrichtung, wodurch sich die Druckunterschiede an den Hauptfassaden vermindern. Eine unerwünschte Gebäudedurchströmung und hohe Öffnungskräfte an den Fenstern und Türen werden vermieden. Zur Minimierung der Überhitzung des Fassadenzwischenraums wird die Doppelfassade sowohl horizontal als auch vertikal durchströmt. Im Zwischenraum der Doppelfassade können der Sonnenschutz und Lichtlenksysteme witterungsgeschützt angeordnet werden.

Variante Punkthochhäuser Das Fassadengrid ermöglicht es, die Vorteile von Einfach- und Doppelfassade zu vereinen. Das Fassadenkonzept besteht aus einer Einfachfassade mit innen liegendem Sonnenschutz und Direktöffnungsflügel für die Sommerlüftung sowie aus einem Kastenfenster mit Prallscheibe und dazwischen liegendem Sonnenschutz. Jeweils ein Element füllt ein Feld des Fassadengrids aus. Durch den reduzierten Flächenanteil mit innen liegendem Sonnenschutz wird der solare Energieeintrag erheblich reduziert. Die Elemente sind sowohl vertikal als auch horizontal im Wechsel angeordnet, sodass jeder Büroraum über beide Fassadentypen verfügt.

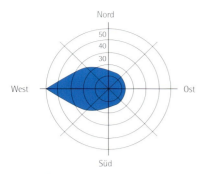

Windrichtungsverteilung

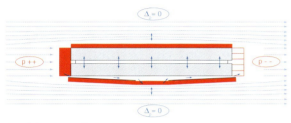

Druckverhältnisse am Baukörper

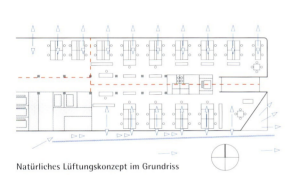

Natürliches Lüftungskonzept im Grundriss

Kastenfenster

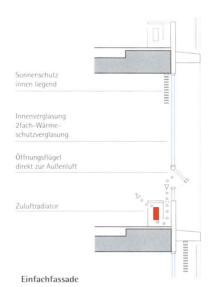

Einfachfassade

Abb. 3.35 **Wechselfassade**
Kastenfenster- und Einfachfassadenelemente werden im Wechsel angeordnet. Das Kastenfenster bietet die Möglichkeit der lärm- und windgeschützten Lüftung, einer Zuluftvorwärmung sowie eines witterungsgeschützten Sonnenschutzes. Die Einfachfassade ermöglicht die direkte Lüftung nach außen. Auf diese Weise kann an heißen Sommertagen die Lüftung über den erwärmten Fassadenzwischenraum vermieden werden.
Die Öffnungen in beiden Fassadentypen haben drei verschiedene Stellungen: dicht geschlossen, Fugenöffnung, komplett geöffnet. Dadurch kann sowohl eine Grundlüftung als auch eine Stoßlüftung realisiert werden.
Der Sonnenschutz ist zweigeteilt ausgeführt. Im oberen Bereich des Lamellenbehangs befindet sich eine Lichtlenkzone, die individuell verstellt werden kann. Der flachere Lamellenwinkel bewirkt eine Umlenkung des Sonnenlichts in die Tiefe des Raums hinein.

Abb. 3.36 **Aerodynamische Ausrichtung des Gebäudes**
Um die Druckunterschiede an den Fassaden zu minimieren und eine unerwünschte Durchströmung des Gebäudes zu verhindern, wird das Gebäude längs der Hauptwindrichtung ausgerichtet. Eine natürliche Lüftung über die Doppelfassade ist möglich.

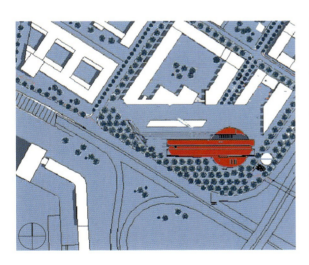

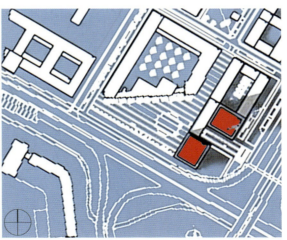

Abb. 3.37 **Lageplan mit Scheibenhochhaus**

Abb. 3.38 **Lageplan mit Punkthochhäusern**

Wettbewerbsbeitrag, 2001
Nutzung: Verwaltungsgebäude
Bauherr: Langenscheidt KG, München
Architekt: Auer+Weber+Assoziierte, München
Gebäudetechnik, Fassade, Energiekonzept:
IB Hausladen, Kirchheim, Michael de Saldanha

Fassadenkonzepte | Fassadentypologien

adidas Factory Outlet Center
dynamische Lüftung

Für das adidas Factory Outlet Center in Herzogenaurach wurde ein natürliches Lüftungskonzept entwickelt. Der windbedingte Unterdruck über der Dachfläche sorgt über Lüftungsöffnungen im Dach für eine großzügige Durchlüftung der Verkaufshalle – ein Symbol für die Themen Sportlichkeit, Dynamik und Frische. Die aerodynamischen Verhältnisse werden durch das Vordach, das an die Landeklappe eines Flugzeugs erinnert, zusätzlich verbessert. Der weite Überstand gewährleistet zudem eine optimale Verschattung der Fassade. Im Winter und im Sommer wird die Zuluft über einen Erdkanal eingebracht und auf diese Weise vorgewärmt bzw. vorgekühlt. Die direkte Abluftführung über die Dachfläche ermöglicht eine effiziente Abfuhr der Lampenabwärme. Durch die zusätzliche Temperierung der Decken wird ganzjährig ein behagliches Raumklima gewährt.

Lüftungs- und Raumklimakonzept Sommer Die Zuluft wird dem Raum über einen Erdkanal zugeführt und dadurch vorgekühlt. Durch Windkräfte, die sich auf dem Dach einstellen, wird das Gebäude über die Lüftungsöffnungen auf dem Dach natürlich entlüftet. Die Flächenheizungen werden im Sommer mit Grundwasser gekühlt, wodurch sich ein behagliches Raumklima einstellt. Das Vordach bewirkt eine weit reichende Verschattung und eine Unterdruckzone auf dem Gebäudedach. Diese Unterdruckzone kann die Durchlüftung des Gebäudes unterstützen.

Lüftungs- und Raumklimakonzept Winter Um den Heizenergiebedarf zu minimieren, soll eine weit reichende Nutzung von regenerativen Energien erfolgen. Die Zuluft wird über einen Erdkanal vorgewärmt, auf diese Weise ist ein umfangreicher Luftwechsel mit niedrigen Lüftungswärmeverlusten möglich. Die Raumkonditionierung erfolgt über ein Flächenheizsystem, dadurch kann eine grundwassergespeiste Wärmepumpe effizient eingesetzt werden. Die in der Abluft enthaltene Wärmeenergie wird über eine Abluftwärmepumpe zurückgewonnen und ebenfalls in das Flächenheizsystem eingespeist.

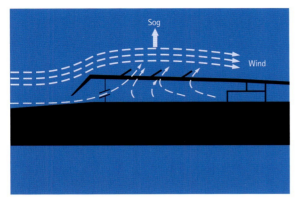
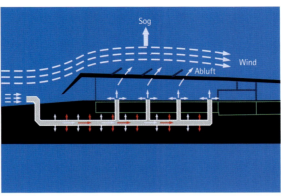

Abb. 3.39 **Lüftungs-und Raumklimakonzept im Winter und im Sommer**
Durch die Nutzung von Windkräften und die Erzeugung von regenerativer Wärme und Kälte können ein gutes Raumklima und gute Luftverhältnisse bei geringem Energieaufwand erreicht werden.

Natürlicher Lüftungsantrieb durch Wind

Lüftungskonzept Sommer

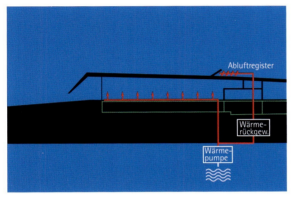
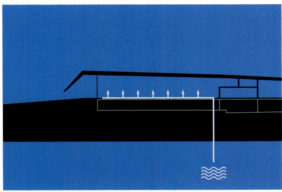

Raumklimakonzept Winter mit Fußbodenheizung

Raumklimakonzept Sommer mit Grundwasserkühlung

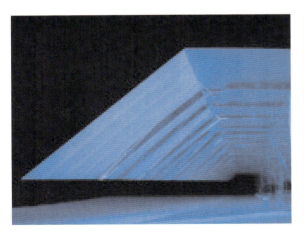

Abb. 3.40 **Vordach als „Landeklappe"**

Abb. 3.41 **Modellfoto, Draufsicht**

Fertigstellung: Wettbewerbsbeitrag, 2002
Nutzung: Verkauf
Bauherr: adidas AG
Architekten: Auer+Weber+Assoziierte, München
Gebäudetechnik: IB Hausladen, Kirchheim

Fassadenkonzepte | Fassadentypologien

Fassadentechnologien

„... unsere Stadien sind Wahrnehmungsmaschinen zwischen Zuschauer und Spielfeld.

... Ich liebe Fußball. Ich bin neben dem damaligen Fußballplatz aufgewachsen quasi im Hinterhof des FC Basel und habe lange selbst gespielt. Und auch heute noch schaue ich mir leidenschaftlich gerne Spiele im Stadion an. Daher ist mir das Thema auch aus der Sicht des Zuschauers bestens vertraut.

... Das ist wie bei einer Kinderzeichnung mit Punkt, Punkt, Komma, Strich, fertig ist das Angesicht. Es sind drei, vier Aspekte, die radikal auf den Punkt gebracht worden sind. Sehr spezifisch ist die Esplanade, dieser fast zeremonielle Weg zwischen U-Bahn-Station und Stadion, wo die Stadionbesucher in Mäandern auf das Stadion zugehen, das hinter dem sanften Hügel liegt und sich erst beim Herunterschreiten offenbart. Die Zuschauer bewegen sich in einer umarmenden Geste um das Stadion herum. Die Kaskadentreppen setzen dieses Einlaufritual ins Gebäude fort. Der andere Aspekt ist natürlich das Gebäude als Zeichen, das seine Farbe von Weiß nach Rot und Blau wandelt, wie eine Membran die Energie von innen nach außen trägt und dort als Lichtkörper wahrgenommen wird. Und drittens die Radikalisierung des Raums im Inneren, der, wie gesagt, einer aktiven Wahrnehmungsmaschine gleicht, fast wie eine klassische Arena.

... Ein Gebäude ist entweder besser oder weniger gut, richtig oder weniger richtig, angemessen oder weniger angemessen – das sind unsere Kriterien. Ob die Formensprache minimal oder maximal ist, manieriert oder weniger manieriert, ist uns weniger wichtig. Da haben wir keine Vorliebe, das hängt von jeder einzelnen Bauaufgabe ab."

Jaques Herzog & Pierre de Meuron

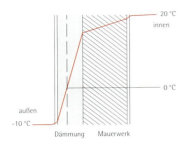

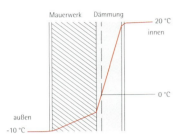

Abb. 4.1 **Temperaturverlauf in einer einschaligen Wand mit Außen- und Innendämmung**
Aufgrund der niedrigen Temperatur der Konstruktionsebene im Falle einer Innendämmung kann dort Tauwasser ausfallen und zu Bauschäden führen.

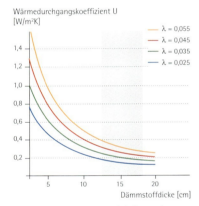

Abb. 4.2 **U-Wert in Abhängigkeit von der Dämmstoffdicke und der Wärmeleitgruppe**
Der Verlauf ist nicht linear zur Schichtdicke des Dämmstoffs. Ab einer Schichtdicke von ca. 15 cm führt eine weitere Erhöhung der Dämmstoffdicke nur noch zu einer geringen Verbesserung der Wärmedämmwirkung. Effizienter ist die Wahl eines Dämmstoffs mit geringerer Wärmeleitfähigkeit.

Dämmstoffe

Dämmstoffe verbessern den Wärme- und Schallschutz von Gebäuden. Sie reduzieren die Transmissionswärmeverluste und vermindern durch höhere Oberflächentemperaturen die Lüftungswärmeverluste im Winter. Sie schützen die Baukonstruktion vor Kondensation oder Frost und tragen zu einem behaglichen und hygienischen Raumklima bei. Die Dämmwirkung eines Stoffs beruht auf der geringen Wärmeleitfähigkeit von eingeschlossener Luft. Sie ist umso größer, je kleiner und zahlreicher die Luftporen sind und je gleichmäßiger sie verteilt sind. Ein Baustoff mit einer Wärmeleitfähigkeit von weniger als 0,1 W/mK wird als Dämmstoff bezeichnet.

Dämmstoffe werden nach ihrer Rohstoffbasis in anorganisch-mineralische und organische Dämmstoffe untergliedert. Beide Arten können aus natürlichen oder aus synthetisch hergestellten Rohstoffen bestehen. Nach dem strukturellen Aufbau werden sie in Faserdämmstoffe, geschäumte Dämmstoffe und Granulate bzw. Schüttungen eingeteilt. Die Luftbewegung wird entweder durch Faserstoffe oder durch die in eine feste Zellstruktur eingeschlossene Luft verhindert. Die meisten anorganischen Dämmstoffe gehören im Hinblick auf den Brandschutz zur Baustoffklasse A (nicht brennbar), organische Dämmstoffe zur Klasse B (brennbar). Mineralfaserdämmstoffe und Hartschaumstoffe haben mit über 90 % den größten Marktanteil. Dämmstoffe aus nachwachsenden Rohstoffen wurden in letzter Zeit wiederentdeckt und ihre Einsatzgebiete erweitert.

Konstruktive Aspekte Die Wärmedämmschicht kann an der Innen- oder Außenseite einer Fassade angebracht werden. Der Wandaufbau sollte von innen nach außen immer diffusionsoffener werden, um den Feuchtetransport nicht zu behindern. Auf Wärmebrücken bei Wand- und Deckenanschlüssen ist besonders zu achten.

Die Wärmeschutzwirkung wird von der Lage nicht beeinflusst, bei außen liegender Dämmung ergeben sich jedoch in der Regel weniger Wärmebrücken und die tragende Konstruktion ist keinen Temperaturschwankungen ausgesetzt. Die Speichermasse ist im Raum wirksam und kann im Sommer das Raumklima verbessern. Bei einer Innendämmung können im Winter aufgrund der fehlenden Speichermasse unregelmäßig genutzte Räume schnell aufgeheizt werden.

Mineralische Dämmstoffe aus natürlichen Rohstoffen
Blähton besteht aus expandiertem Ton. Seine Wärmedämmwirkung ist eher gering. Er ist sehr druckfest und resistent gegen Verrottung. Deshalb wird er als Ausgleichsschüttung unter Estrichen, als Leichtzuschlag zu Beton und Mörtel sowie als Schüttung zur Wärmedämmung von Decken eingesetzt.

Bei der Herstellung von Perliten wird das gemahlene Rohperlit aus wasserhaltigen, glasigen Gesteinen vulkanischen Ursprungs erhitzt und für spezielle Anwendungen nach dem Expandiervorgang hydrophobiert oder bituminiert. Perlite können als Zuschläge, Kerndämmung, Wärme- und Trittschalldämmug sowie Schüttdämmung von Dächern verwendet werden. Expandierte Perlite lassen sich zu Perlitedämmplatten weiterverarbeiten.

Mineralische Dämmstoffe aus synthetischen Rohstoffen
Für die Herstellung von Mineralfasern aus Glas- oder Steinwolle werden die Rohstoffe wie Recyclingglas, Kalkstein oder Sand geschmolzen, zerfasert und mit einem Bindemittel weiterverarbeitet. Neben ihren sehr guten Wärme- und Schallschutzeigenschaften sind Mineralfasern diffusionsoffen und witterungsbeständig und eignen sich daher für den Wärme-, Schall- und Brandschutz bei vielen Bauteilen.

Schaumglas entsteht durch Aufschäumen einer flüssigen Glasschmelze unter Zugabe von Kohlenstoff als Treibmittel. Durch die geschlossene, gasundurchlässige Zellstruktur ist Schaumglas absolut dampfdicht und wasserdicht sowie formbeständig und sehr druckfest. Aufgrund dieser Eigenschaften werden Schaumglasplatten vor allem zur Perimeterdämmung, zur Dämmung von Böden, Bodenplatten und Flachdächern sowie zur Dämmung von stark druckbeanspruchten Bauteilen verwendet.

Wärmedämmplatten aus Kalziumsilikat, auch Mineralschaum genannt, bestehen aus Kalk, Quarzsand und Wasser, wobei Zellulose bei der Verwendung im Innenausbau zugesetzt wird. Durch ihre große Wasseraufnahmefähigkeit aufgrund der Materialstruktur von offenen Poren und Kapillaren können sie die Raumluftfeuchte regulieren. Für die Außenanwendung müssen sie hydrophobiert, d.h. zum Schutz gegen Wasser imprägniert werden.

Organische Dämmstoffe aus natürlichen Rohstoffen
Zellulosefaserdämmstoffe werden aus Altpapier hergestellt und mit Borsalz vermischt, um die Eigenschaften

Blähton

Mineralwolle

Schaumglas

bzgl. Brandschutz und Schädlingsbefall zu verbessern. Neben guten Wärmedämmeigenschaften sind Zellulosefasern hygroskopisch und diffusionsoffen. Sie werden im Leichtbau als Wärmedämmung von Wänden, Decken und Dächern sowie zur Hohlraumdämmung verwendet.

Für die Herstellung von Holzfaserdämmplatten wird Restholz aus Sägewerken zerkleinert und zerfasert. Nach Zugabe von Wasser wird der Faserbrei zu Platten gepresst und getrocknet. Holzeigene Harze sorgen für die Verklebung. Holzfaserdämmplatten sind hygroskopisch, diffusionsoffen und winddicht. Einsatzgebiete sind Außen- und Innenwände, Dächer und Decken. Holzwolle-Mehrschichtplatten werden im Verbund mit Platten aus Polystyrol, Polyurethan (PUR) oder Mineralfasern verwendet. Sie werden als verlorene Schalung, zur Dämmung von Wärmebrücken und als unterseitige Dämmung von Kellerdecken eingesetzt.

Weitere nachwachsende Dämmstoffe werden aus Fasern pflanzlichen oder tierischen Ursprungs wie Kork, Kokos, Flachs, Schilfrohr, Baum- oder Schafwolle hergestellt. Sie werden meist zu Platten oder Dämm-Matten weiterverarbeitet. Da sie wegen der begrenzten Ressourcen teuer sind, werden sie derzeit nur in geringem Umfang eingesetzt.

Organische Dämmstoffe aus synthetischen Rohstoffen
Durch die Polymerisation des Rohstoffs Styrol unter Zugabe eines leicht flüchtigen Treibmittels entsteht expandiertes Polystyrol (EPS), geläufig unter dem Namen Styropor. Die Wärmedämmwirkung von Polystyrol-Hartschaumplatten ist gut. Sie verrotten zwar nicht, versprröden aber bei direkter Sonneneinstrahlung. Sie sind temperaturempfindlich und unbeständig gegen Lösemittel. An Außenwänden und Dächern eignen sie sich zur Dämmung. Der hohe Dampfdiffusionswiderstand ist zu beachten.

Wird geschmolzenes Polystyrol mit einem Treibmittel (Kohlendioxid) aufgeschäumt und dann extrudiert, entsteht Polystyrol-Extruderschaum (XPS). Durch die homogene, geschlossene Zellstruktur zeichnet sich das Material durch hohe Druckfestigkeit, sehr geringe Wasseraufnahmefähigkeit und hohen Diffusionswiderstand aus. XPS ist weder UV-beständig noch lösemittelfest. Es wird zur Wärmedämmung druckbeanspruchter Flächen, zur Perimeterdämmung und zur Dämmung von Umkehrdächern und Wärmebrücken verwendet.

Polyurethan (PUR)-Hartschaum oder PUR-Ortschaum werden aus Rohöl oder flüssigen Bestandteilen nachwachsender Rohstoffe hergestellt. PUR-Ortschaum ermöglicht das Ausschäumen von Hohlräumen auf der Baustelle. Der geschlossenzellige Schaum ist chemikalien- und lösemittelbeständig sowie unverrottbar. Die Wärmeleitfähigkeit erreicht sehr gute Werte. Anwendung findet PUR-Hartschaum an Wänden, im Dach als Aufsparrendämmung oder bei Flachdächern sowie bei stark druckbeanspruchten Flächen.

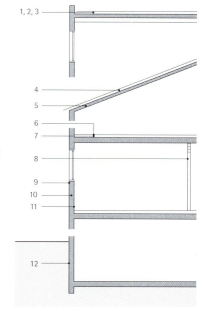

Abb. 4.3 **Einsatzgebiete von Dämmstoffen**

Dach
1 Umkehrdach: XPS, Schaumglas
2 Kaltdach: EPS, Mineralwolle, PUR
3 Warmdach: XPS, EPS, PUR
4 auf Sparren: EPS, XPS, PUR
5 zwischen Sparren: Mineralwolle, Perlite, Zelluloseflocken, Schafwolle, Holzfaserdämmplatten

Decke
6 Trittschalldämmung: EPS, Korkplatten, Perlite, Holzfaserdämmplatten, Mineralwolle
7 Wärmedämmung: Mineralwolle, Perlite, Blähton, EPS, XPS, PUR, Korkplatten

Wand
8 Trennwände: Mineralwolle, Korkplatten, Schafwolle, Zelluloseflocken, Holzfaserdämmplatten
9 Außendämmung: Mineralwolle, EPS, XPS, PUR, Holzfaserdämmplatten
10 Kerndämmung: Schaumglas, EPS, XPS, PUR
11 Innendämmung: Mineralwolle, Schaumglas, EPS
12 Perimeterdämmung: Schaumglas, XPS, PUR

	Blähton	Perlite	Mineralwolle	Schaumglas	Zellulose	Holzfaser	Schafwolle	Kork	Polystyrol (EPS)	Polystyrol (XPS)	Polyurethan (PUR)
Rohdichte ρ [kg/m^3]	200–400	140–240	10–200	100–150	20–60	150–250	30–140	90–140	10–50	20–65	28–55
Wärmeleitfähigkeit λ [W/mK]	0,100–0,160	0,045–0,065	0,030–0,050	0,038–0,055	0,035–0,045	0,035–0,060	0,035–0,045	0,040–0,055	0,030–0,050	0,026–0,040	0,020–0,040
Primärenergiegehalt [kWh/m^3]	300–450	90–240	150–500	750–1.600	50	600–1.500	40–80	65–450	200–760	450–1.000	800–1.500
Wasserdampfdiffusionswiderstand μ [–]	2	5	1	∞	2	5–10	1–2	5–10	60	150	60
Brandschutzklasse	A1	A1–B2	A1–A2	A1	B1–B2	B2	B2	B2	B1	B1	B1–B2
Baustoff-Form	Schüttung, Zuschlag	Platte, Schüttung	Platte, Matte, Rohwolle	Platte, Schüttung	Einblasflocken	Dämmplatten	Matte	Platte, Schüttung, Zuschlag	Platte, Schüttung	Platte	Platte

Tab. 4.1 **Kennwerte handelsüblicher Dämmstoffe**

Holzwolleplatte

Kork

Polystyrol (EPS)

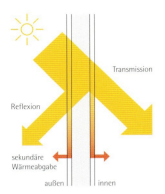

Abb. 4.4 **Strahlungsdurchgang durch eine Verglasung**
Transmission, Reflexion und Absorption sind die bestimmenden Größen beim Strahlungsdurchgang durch eine Verglasung. Aufgrund der Absorption wird Strahlungsenergie in Wärmeenergie umgewandelt, wodurch sich die Temperatur der absorbierenden Glasscheibe erhöht. Die langwellige Strahlung ist zusammen mit der Konvektion verantwortlich für die sekundäre Wärmeabgabe an den Raum.

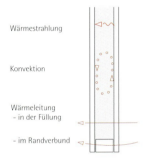

Abb. 4.5 **Wärmetransport in Verglasungen**
Der Wärmetransport in Verglasungen geschieht über Strahlung, Konvektion und Leitung. Beim unbeschichteten Isolierglas beträgt der Wärmetransport über Strahlung 2/3, über Leitung und Konvektion nur 1/3 des gesamten Wärmetransports. Durch eine Beschichtung kann der Strahlungsaustauch fast vollständig unterbunden werden. Ein Edelgas im Scheibenzwischenraum reduziert zusätzlich die Wärmeübergabe über Leitung und Konvektion.

Gläser

Zur Minimierung der Transmissionswärmeverluste und für eine gute thermische Behaglichkeit sollten Gläser einen möglichst niedrigen U-Wert aufweisen. Für eine gute Tageslichtversorgung im Raum ist ein hoher Tageslichttransmissionsgrad τ erforderlich. Steht der Gewinn von solarer Wärme im Winter im Vordergrund, sollte der Gesamtenergiedurchlassgrad g möglichst hoch sein. Für gute raumklimatische Verhältnisse im Sommer ist hingegen ein niedriger g-Wert anzustreben. An lärmexponierten Standorten sind Gläser mit gutem Schallschutz wichtig. Verglasungen sollten die Farben möglichst wenig verfälschen und in der Außenansicht nicht spiegeln. Niedrige g-Werte führen in der Regel auch zu einer Verringerung des Tageslichttransmissionsgrades τ. Die mittlerweile sehr niedrigen U-Werte haben dazu geführt, dass auf die Rahmenausbildung ein besonderes Augenmerk zu richten ist.

Herstellung Das heute am meisten verwendete Glas ist Floatglas. Die Hauptbestandteile des Glases – Quarzsand, Soda und Kalk – werden geschmolzen. Die homogene Glasmasse fließt auf ein Zinnbad (float). Nach dem langsamen Abkühlen wird das Glas in Tafeln mit einer maximalen Größe von 6,00 x 3,20 m geschnitten.

Durch Beschichtungen lassen sich die Eigenschaften von Verglasungen verändern. Entscheidend ist die Position der Beschichtung in der Verglasung sowie das Material und die Art der Beschichtung. Beim so genannten Hard-Coating wird das Beschichtungsmaterial während der Herstellung von Floatglas auf die noch flüssige Glasoberfläche aufgebracht. Sie ist somit fest und beständig mit dem Glas verbunden und eignet sich daher auch für Einfachverglasungen. Gläser können auch nach dem Zuschnitt beschichtet werden. Diese Schichten sind nicht so beständig und werden nur bei Isolierverglasungen und Verbundsicherheitsgläsern eingesetzt. Im Sol-Gel-Verfahren, einer chemischen Synthesemethode, wird die Scheibe in eine Flüssigkeit getaucht, sodass beide Glasoberflächen dieselben Eigenschaften aufweisen. Eine größere Differenzierung erlaubt das Kathodenstrahlverfahren, bei dem verschiedene metalloxidische Schichten nacheinander aufgebracht werden.

Physikalische Aspekte Verglasungen unterscheiden sich hinsichtlich ihrer licht-, strahlungs- und wärmespezifischen Eigenschaften, die durch das Transmissions-, Reflexions- und Absorptionsverhalten bestimmt werden. Lichtspezifische Größen beziehen sich auf das sichtbare Licht im Wellenlängenbereich von 380 bis 780 nm, strahlungsspezifische Größen auf das gesamte Sonnenspektrum von 300 bis 2.500 nm.

Der Wärmetransport in einer Verglasung wird bestimmt durch die Wärmestrahlung zwischen den Scheiben infolge der Emissivität der Scheibenoberflächen sowie der Wärmeleitung und Konvektion des Gases im Scheibenzwischenraum. Durch eine Low-E-Beschichtung kann der Strahlungsaustausch erheblich reduziert werden. Mit Edelgasen wie Argon kann im Scheibenzwischenraum der kombinierte Wärmetransport über Leitung und Konvektion im Vergleich zu trockener Luft erheblich reduziert werden. Bei einem Scheibenzwischenraum von 15 mm ist der kombinierte Wärmetransport am geringsten. Der Randverbund von Wärmeschutzverglasungen reduziert die Wärmedämmwirkung, dieser Einfluss nimmt bei größeren Scheiben ab.

Um die strahlungsspezifischen Kennwerte von Gläsern zu verändern, werden sie selektiv beschichtet. Dadurch sind sie für verschiedene Wellenlängenbereiche unterschiedlich durchlässig. Die Selektivität drückt das Verhältnis von Lichtdurchlässigkeit τ zu Gesamtenergiedurchlassgrad g aus. Je höher diese ist, umso besser ist die Tageslichtversorgung bei geringem Strahlungseintrag. Bei farblich neutralen Verglasungen liegt die Selektivität aus physikalischen Gründen bei maximal 1,8.

Verglasungen unterscheiden sich hinsichtlich ihrer farblichen Eigenschaften in der Außenansicht und Durchsicht. Der Farbwiedergabeindex R_a bewertet die Farbwiedergabeeigenschaften. Je höher der Wert ist, desto neutraler ist die Farbwiedergabe, je kleiner der Wert ist, desto größer sind die Farbverschiebungen. Verglasungen sollten R_a-Werte über 90 aufweisen. Aus dem Reflexionsspektrum von Verglasungen wird die Farbe in der Außenansicht ermittelt. Aus dem Transmissionsspektrum ergibt sich die Farbe in der Durchsicht, die die Farbwiedergabe im Gebäudeineneren bestimmt.

Möglichkeiten von Glashalterungen

Wärmeschutzgläser Wärmeschutzverglasungen reduzieren den Wärmedurchgang auf zwei Arten. Eine hauchdünne, transparente Beschichtung auf der Außenseite der inneren Scheibe reduziert das Wärmeemissionsvermögen, sodass nahezu kein Strahlungsaustausch zwischen den Scheiben mehr stattfindet. Zusätzlich reduziert eine Edelgasfüllung den Wärmeaustausch durch Wärmeleitung. Als Füllgase kommen Argon oder Krypton zum Einsatz. Bei Zwei-Scheiben-Verglasungen können U-Werte bis zu 1,0 W/m²K erreicht werden, bei Drei-Scheiben-Verglasungen Werte bis zu 0,5 W/m²K. Diese geringen U-Werte vermindern den Transmissionswärmeverlust und verbessern die thermische Behaglichkeit aufgrund der höheren Oberflächentemperatur. Die Problematik des Kaltluftabfalls, die sonst an hohen Verglasungen auftritt, wird entschärft.

Sonnenschutzgläser Selektive Beschichtungen auf der Innenseite der äußeren Scheibe von Sonnenschutzverglasungen lassen viel sichtbares Licht, aber nur einen geringen Anteil der Energie im restlichen Sonnenspektrum in den Raum. Die spektrale Zusammensetzung des durchgelassenen Lichts kann sich verändern, Farbverschiebungen sind die Folge. Die Beschichtungen sind zu allen Jahreszeiten gleichmäßig wirksam. Im Winter reduzieren sie dadurch auch die solaren Wärmegewinne. Im Sommer sind in der Regel ergänzende Maßnahmen notwendig, um den Sonnen- und Blendschutz sicherzustellen. Die Reflexionseigenschaften im sichtbaren Wellenlängenbereich bestimmen die farbliche Erscheinung und die Intensität der Spiegelung des Glases. Es können sich unterschiedliche Farbtönungen ergeben, verbreitet sind vor allem Blau-, Grün- und Silbertöne.

Bei Sonnenschutzverglasungen sind g-Werte von bis zu 0,15 realisierbar. Diese geringen Gesamtenergiedurchlassgrade reduzieren jedoch auch den Tageslichteintrag und die Außenflächen haben eine spiegelnde Erscheinung, sodass sie nur für besondere Funktionen oder für Teilflächen einsetzbar sind. Für die komplette Verglasung von Büroräumen sind in der Praxis g-Werte von bis zu 0,30 realisierbar.

Bedruckte Gläser Das Bedrucken von Gläsern ist eine Möglichkeit, den g-Wert zu reduzieren und gleichzeitig ein transparentes Erscheinungsbild herzustellen. Der Ausblick bleibt je nach Bedruckungsgrad und Bedruckungsstruktur in gewissem Umfang erhalten. Von außen haben bedruckte Gläser eine opake Erscheinung, sodass eine Durchsicht nicht gegeben ist.

Beim Siebdruckverfahren wird eine keramische Schicht in die Glasoberfläche eingebrannt. Die Bedruckung kann opak oder transluzent sein. Bei transluzenten Bedruckungen werden die Farben speziell modifiziert, sodass sie in unterschiedlicher Intensität und Transparenz aufgebracht werden können.

Oberflächenbehandelte Gläser Die gängigsten Oberflächenbehandlungen von Isolierverglasungen sind Ätzen und Sandstrahlen. Eine Durchsicht ist nicht möglich und es tritt nur diffuses Licht in den Raum.

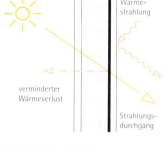

Abb. 4.6 **Wärmeschutzglas**
Eine spezielle Beschichtung an der Außenseite der inneren Scheibe verringert den Wärmeverlust.

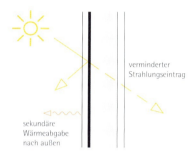

Abb. 4.7 **Sonnenschutzglas**
Eine spezielle Beschichtung bzw. Folie an der Innenseite der äußeren Scheibe verringert den Strahlungseintrag.

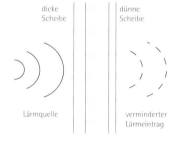

Abb. 4.8 **Schallschutzglas**
Durch zwei unterschiedlich dicke Scheiben und eine spezielle Gasfüllung im Scheibenzwischenraum verbessert sich der Schallschutz von Isolierverglasungen.

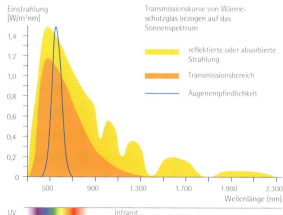

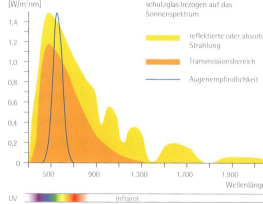

Erscheinungsbild von Sonnenschutzgläsern

Abb. 4.9 **Durchlässigkeit von Verglasungen**
Der Bereich des Sonnenspektrums zwischen 380 und 780 nm ist für das menschliche Auge sichtbar. Wärmeschutzgläser sind so beschichtet, dass sie viel Strahlung durchlassen. Selektive Beschichtungen bei Sonnenschutzgläsern ermöglichen es, viel sichtbares Licht und nur wenig Energie des restlichen Sonnenspektrums in den Raum dringen zu lassen.

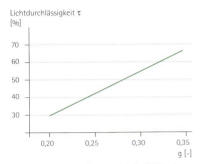

Abb. 4.10 **Lichtdurchlässigkeit τ in Abhängigkeit vom Gesamtenergiedurchlassgrad g**

Gläser, deren Oberflächen geätzt worden sind, erscheinen samt und seidig. Die Dauer der Einwirkzeit der Säure und deren Konzentration bestimmt den Grad der Ätzung. Die Behandlung verringert die Lichttransmission verglichen mit unbehandelten Gläsern nur um 1 bis 2 %. Neben der ganzflächigen Behandlung der Scheibe ist es auch möglich, Strukturen durch teilweises Ätzen zu erzeugen. Die so behandelten Oberflächen sind gegenüber mechanischen Einwirkungen wie Kratzen unempfindlich.

Sandstrahlen ist eine weitere Methode, Gläsern lichtstreuende Eigenschaften zu verleihen. Innerhalb einer Kammer wird die Scheibe mit Sand bestrahlt, der die Oberfläche anraut.

Schallschutzgläser Der Schallschutz von Verglasungen nimmt mit dem Gewicht, der Elastizität und dem Abstand der Scheiben zu. Weitere Faktoren sind die Art der Gasfüllung und der Scheibenaufbau. Unterschiedliche Glasdicken verbessern den Schallschutz. Schallschutzverglasungen erreichen ein Schalldämm-Maß R_w von bis zu 50 dB. Bei der Glasauswahl ist zu beachten, dass Gläser, die den Schallschutz verbessern, einen etwas geringeren Wärmeschutz aufweisen.

Sicherheitsgläser Bei erhöhten Anforderungen an den Schutz vor Einbruch und Durchschuss, bei hohen Fassaden sowie bei Überkopfverglasungen müssen Sicherheitsgläser eingebaut werden. Es gibt Einscheibensicherheitsglas (ESG) und Verbundsicherheitsglas (VSG). Beim ESG wird die Scheibe thermisch vorgespannt. Die Biegezugfestigkeit ist höher und im Bruchfall zerfällt die Scheibe in viele kleine Glaskrümel ohne scharfe Kanten. Die raumabschließende Wirkung geht dabei verloren. Beim VSG werden zwei oder mehrere Scheiben durch eine elastische Folie miteinander verbunden. Der stabile Verbund aus Scheiben und Folien bewirkt, dass im Falle eines Glasbruchs die raumabschließende Wirkung durch die Reststandsicherheit erhalten bleibt und sich keine gefährlichen großen Splitter ablösen können. Die Schutzfunktion bei durchwurf- und durchbruchhemmenden Verglasungen wird durch die Elastizität erreicht, die sich aus der Kombination von Glas mit mehreren Folien oder einer entsprechenden Gießharzschicht ergibt.

Systeme im Scheibenzwischenraum Elemente im Scheibenzwischenraum von Isolierverglasungen vermindern den Strahlungseintrag und beeinflussen die Tageslichtverhältnisse im Raum. Sie können sowohl die Funktion des Sonnen- und Blendschutzes als auch der Lichtlenkung zur verbesserten Raumausleuchtung übernehmen. Eine weitere Funktion kann darin liegen, direktes Sonnenlicht auszublenden und nur diffuses Licht durchzulassen. Die Durchsicht ist in der Regel eingeschränkt. Es gibt sowohl bewegliche als auch starre Systeme. Starre Systeme sind kostengünstiger und langlebig. Bei manuell- oder motorbetriebenen Systemen kann eine Funktionsstörung einen kompletten Austausch des Bauteils erforderlich machen. Systeme im Scheibenzwischenraum zeichnen sich durch Witterungsunabhängigkeit und hohe Effizienz aus.

	Isolierglas	2fach Wärmeschutzverglasung	3fach Wärmeschutzverglasung	56/47 Sonnenschutzverglasung	40/24 Sonnenschutzverglasung	Schallschutzverglasung
Aufbau	6/12/6	4/12/4	4/12/4/12/4	6/16/6	6/16/6	13/16/9
U-Wert [W/m²K]	2,8	1,0	0,5	1,2	1,2	1,1
g-Wert [-]	0,74	0,53	0,50	0,47	0,24	0,53
τ-Wert [%]	0,81	0,71	0,70	0,56	0,40	0,75
Selektivität [-]	1,09	1,34	1,4	1,19	1,67	1,41
Gewicht [kg/m²]	30	20	30	30	30	52
R_w [dB]	31	31	32	34	34	48

Tab. 4.2 **Bauphysikalische Kenngrößen von Verglasungen**

Erscheinung von oberflächenbehandeltem Glas

Variochrome Gläser Variabel steuerbare Verglasungen ermöglichen eine reversible Änderung ihrer Eigenschaften hinsichtlich Licht- und Strahlungstransmission. Dadurch stellen sie die Lösung eines Grundproblems der Architektur dar. Sie verbinden einen steuerbaren witterungsgeschützten Sonnenschutz mit hoher Effizienz. Aktive Systeme ändern ihre optischen und thermischen Eigenschaften auf „Knopfdruck", passive Systeme selbsttätig. Die Kombination mit TWD-Elementen stellt eine weitere Einsatzmöglichkeit dar, wodurch Wärmeeinträge gezielt gesteuert werden können. Variochrome Glassysteme befinden sich in der Testphase bzw. kurz vor der Marktreife.

Elektrochrome Gläser stellen ein aktives System dar. Einrichtungen zur Steuerung und Schaltung sind erforderlich. Eine aktive Schicht ist in Form einer Folie innerhalb eines Verbundglases zwischen zwei Scheiben eingebettet. Nach dem Schaltvorgang findet die Einfärbung zeitverzögert statt. Die Durchsicht bleibt auch im geschalteten Zustand erhalten. Ein zusätzlicher Blendschutz ist vorzusehen. Das Glas erscheint im geschalteten Zustand bläulich.

Gaschrome Gläser stellen ebenfalls ein aktives System dar. Der Scheibenzwischenraum steht mit Steuerungseinrichtungen außerhalb des Elements in Verbindung. Die Verfärbung erfolgt durch den Kontakt mit einem Gas. Die Durchsicht bleibt auch im geschalteten Zustand erhalten, wobei die Farben ins Bläuliche verfälscht werden. Auf einen notwendigen Blendschutz ist auch hier zu achten.

Thermotrope Gläser gehören zu den passiven Systemen. Die Eintrübung findet selbstständig statt, nachdem eine bestimmte Schalttemperatur überschritten ist. Diese wird bei der Fertigung durch die Materialmischung festgelegt. Es besteht keine Eingriffs- und Steuerungsmöglichkeit mehr, die Schalttemperatur bleibt immer gleich. Bei steigender Temperatur gehen die Gläser vom klaren in einen lichtstreuenden Zustand über. Eine Durchsicht ist dann nicht mehr möglich. Dadurch eignen sie sich vor allem als Oberlichter oder in Kombination mit durchsichtigen Verglasungsanteilen.

Nach einem ähnlichen Funktionsprinzip wie thermotrope Scheiben funktionieren PDLC-Schichten (PDLC = Polymer-Dispersed Liquid Crystal). Solange eine gerichtete Spannung anliegt, richten sich die Flüssigkeitskristalle einheitlich aus und die Schicht wird klar. Sie werden als schaltbarer Sichtschutz oder als zuschaltbare Projektionsfläche im Innenbereich eingesetzt.

Photochrome Schichten kombinieren die Wirkungsmechanismen von elektrochromen Schichten und elektrochemischen Solarzellen. Eine externe Spannung wird nur für den Entfärbevorgang benötigt. Ohne Spannung färbt sich die Schicht bei Sonneneinstrahlung blau ein. Eine unerwünschte Einfärbung im Winter kann durch Anlegen der Spannung unterbunden werden.

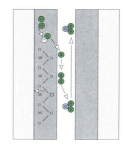

Elektrochromes Glas
Das System besteht üblicherweise aus fünf Schichten: zwei leitfähige, transparente Elektroden, eine Ionenspeicherschicht und eine aktive Schicht, meist aus Wolframoxid. An dieses galvanische Element wird eine elektrische Spannung angelegt. Durch den Umladungsvorgang findet eine Einfärbung statt.

Gaschromes Glas
Eine dünne Katalysatorschicht befindet sich auf einer Wolframoxidschicht. Atomarer Wasserstoff, der in geringen Konzentrationen einem Trägergas, z.B. Stickstoff beigemischt ist, wird in den Scheibenzwischenraum eingebracht und diffundiert in die Wolframoxidschicht. Dadurch findet die Verfärbung statt. Durch Anheben der Sauerstoffkonzentration kann der Vorgang reversibel gestaltet werden.

	Gesamtenergie-durchlassgrad g [-]		Lichtdurchlässigkeit τ [-]		Durchsicht geschaltet	optischer Eindruck	Regelbarkeit	Strombedarf	Nachteile
	nicht geschaltet	geschaltet	nicht geschaltet	geschaltet					
thermotrop	0,5	0,15	0,74	0,16	nein	klar–weiß	nein	nein	keine Durchsicht, nicht regelbar
gaschrom	0,5	0,15	0,6	0,16	ja	neutral–blau	ja	ja	Blendungsgefahr
elektrochrom	0,36	0,12	0,5	0,15	ja	neutral–blau	verschiedene Schaltzustände	ja	Blendungsgefahr

Tab. 4.3 Variochrome Gläser im Vergleich

Thermotropes Glas
Zwei Schichten mit unterschiedlichem Brechungsindex werden gemischt. Die Kunststoffe der Polymerblends lassen sich bei verschiedenen Temperaturen unterschiedlich gut mischen und entmischen sich bei steigender Temperatur. Das auf die Schicht fallende Licht wird anders gebrochen, gestreut bzw. reflektiert. Bei Hydrogelen ist das Polymer bei niedrigen Temperaturen im Gel gelöst, bei höheren Temperaturen tritt eine Entmischung und damit eine Eintrübung ein.

Erscheinung von variochromen Gläsern

Abb. 4.11 **Funktion variochromer Gläser**

Transluzente Wärmedämmung

Eine transluzente Wärmedämmung ist ein Dämmstoff, der für Solarstrahlung durchlässig ist. Dadurch ergeben sich höhere solare Gewinne im Raum und die Wärmeverluste können vermindert werden. Die TWD kann als Direktgewinnsystem ohne Speicherkomponente zur Wärmenutzung und zur Lichtstreuung genutzt werden sowie als Indirektsystem zur zeitverzögerten Wärmeabgabe an den Raum. Eine TWD besteht aus Hohlkammerstrukturen (Kapillaren und Waben) aus Kunststoff oder Glas. Diese Materialien haben die besten Eigenschaften in Bezug auf Lichtdurchlässigkeit und Wärmedämmung. Parallele, zum Absorber senkrecht angeordnete Röhrchen unterdrücken den konvektiven Wärmetransport. Der Wärmedämmeffekt kommt durch die geringe Wärmeleitfähigkeit der ruhenden Luft in den ca. 5 mm dicken Röhrchen zu Stande.

Wärmegewinnung Die Solarstrahlung durchdringt die außen an der Fassade angebrachte transluzente Dämmschicht, der dunkle Anstrich der dahinter liegenden Wand wirkt als Absorber, der die Strahlungsenergie in Wärmeenergie umwandelt. Da das TWD-Material verglichen mit der Wand einen hohen Wärmeleitwiderstand aufweist, dringt die Wärme in die Wand, wo sie thermisch gespeichert und zeitverzögert nach innen abgegeben wird. Die Netto-Wärmegewinne sind abhängig von Art und Qualität des TWD-Systems, sie betragen 50 bis 150 kWh/m²a.

Eine transluzente Wärmedämmung kann auch zwischen zwei Glasscheiben eingelegt werden. Um im Sommer und in der Übergangszeit eine Überhitzung des TWD-Systems und unerwünscht hohe Raumtemperaturen zu vermeiden, ist ein Sonnenschutz notwendig. Ein variabler Sonnenschutz erlaubt die Regelung nach dem tatsächlichen Wärmebedarf. Optische Systeme, die über Prismenplatten die hoch stehende Sommersonne ausblenden, befinden sich in der Erprobung. Ebenso thermotrope Verglasungen, die eine passive, selbstregelnde und reversible Verschattung bei einer definierten Schalttemperatur ermöglichen.

Tageslichtoptimierung Liegt der Schwerpunkt bei der Tageslichtnutzung, kann mit einer TWD das direkte Licht gestreut und die Ausleuchtung in die Raumtiefe bei gleichzeitig guter thermischer Qualität verbessert werden. Durch die Streuwirkung der TWD-Struktur, die zwischen zwei Glasscheiben eingebettet ist, erfolgt eine gleichmäßige und schlagschattenfreie Lichtverteilung. Ein direkter Ausblick ist jedoch nicht möglich. Deshalb eignen sie sich für Oberlichter und Dächer in Bürogebäuden, Fertigungs- und Sporthallen sowie in Museen. Aufgrund der erforderlichen Verschattungssysteme und der hohen Kosten ist der Einsatz einer TWD auf die Nutzung abzustimmen.

Einsatzmöglichkeiten Die transluzente Wärmedämmung ist sowohl im Neubau als auch bei der Sanierung von Gebäuden einsetzbar. Außenwände von Altbauten weisen meist große Rohdichten auf, sodass sie mit TWD-Elementen energetisch optimiert werden können. Die TWD eignet sich besonders für Gebäude, die ganzjährig einen hohen Heizwärmebedarf aufweisen oder nutzungsbedingt hohe Raumtemperaturen erfordern, wie es z.B. bei Hallenbädern der Fall ist.

Abb. 4.12 **Funktionsprinzip der TWD als Massivwandsystem**
Die auftreffende Solarstrahlung wird von der Absorberwand zeitverzögert an den Raum abgegeben.

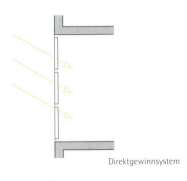

Direktgewinnsystem

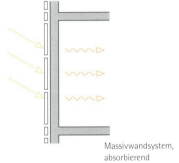

Massivwandsystem, absorbierend

Abb. 4.13 **Funktionsprinzipien**
Bei TWD-Systemen kann die Solarstrahlung entweder direkt genutzt oder durch Absorption indirekt an den Raum weitergegeben werden.

Tab. 4.4 TWD-Materialien im Vergleich

	Materialien					TWD-System	
	Waben	Kapillaren	Glasröhrchen	Makrolon	Aerogel	Massivwandsystem	Direktgewinnsystem
Dicke [mm]	100	80	80	70	20	131	49
U-Wert [W/m²K]	0,9	1,1	1,1	0,9	0,7	0,8	0,8
g-Wert [-]	0,82	0,78	0,68	0,40	0,70	0,59	0,63

Optische Wirkung von TWD

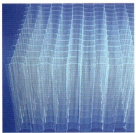

Kunststoffstegplatte

Kapillarplatte mit Glasputz

Wabenstrukturplatte

Vakuumisolationspaneele

Durch eine Evakuierung von Luft lässt sich die Dämmwirkung von Dämmstoffen erhöhen, da der Wärmetransport über Konvektion und Leitung im Material fast vollständig unterdrückt wird. Eine Vakuumdämmung besteht aus einem Füllkern aus mikroporösem, druckbelastbarem und evakuierbarem Material, z.B. Glasfasern oder offenporiger Schaum, das von einer gas- und wasserdampfdicht verschweißten Folie umhüllt ist. Feinporige Materialien, wie Aerogele oder pyrogene Kieselsäure, haben auch ohne Vakuum sehr gute Dämmeigenschaften. Werden sie zusätzlich unter verringertem Gasdruck gasdicht umschlossen, ist ihre Dämmwirkung bei gleicher Dämmstärke um ein Fünf- bis Zehnfaches höher als die von konventionellen Dämmstoffen. Es können Wärmeleitfähigkeiten von 0,004 bis 0,008 W/mK erreicht werden. Da mikroporöse Kieselsäure keiner merklichen Materialalterung unterliegt und hitzebeständig ist, wird sie im Hochbau eingesetzt. Durch die gute Dämmwirkung können hiermit Wärmeschutzlösungen für dünne Bauteile oder für Einbausituationen mit beengten Platzverhältnissen geschaffen werden.

Konstruktive Aspekte Thermische Probleme entstehen bei Vakuumisolationspaneelen bei Verlust des Vakuums. Ihr U-Wert erhöht sich dann etwa um den Faktor 3. Aufgrund der Wärmeleitung am Randverbund ist es günstiger, großflächige Elemente einzusetzen. Damit kein Funktionsverlust des Elements eintritt, ist eine sehr sorgfältige Bauausführung erforderlich.

Aufgrund der Evakuierung können Vakuumisolationspaneele nur industriell hergestellt werden. Sie sind grundsätzlich in jeder beliebigen Form und Größe zu fertigen. In der Regel werden jedoch aus Kostengründen einheitliche Standardgrößen 0,5 x 0,5 m bis 0,5 x 1,0 m in Dicken von 10 bis 40 mm verwendet. Da man VIP nicht zuschneiden kann, werden die Anschlüsse und Fugen mit konventionellen EPS-Platten hergestellt. Wärmebrücken werden dabei toleriert. Für die Außen- und Innendämmung werden die Paneele mit Klebemörtel oder einem Schienensystem an den Wänden befestigt.

Einbaumöglichkeiten Vakuumisolationspaneele eignen sich aufgrund ihrer geringen Materialstärke sehr gut zur Dämmung von Brüstungselementen und zur Verhinderung von Wärmebrücken, z.B. am Geschossdeckenanschluss. Besonders bei der Gebäudesanierung sind sie aufgrund ihres geringen Platzbedarfs gegenüber konventionellen Dämm-Materialien im Vorteil.

VIP werden als Wärmedämmung in Innenräumen und als Außenwanddämmung eingesetzt sowie zur Dämmung von Flachdächern und Fußböden bei geringer Raumhöhe. Im Brüstungsbereich von Fassaden vermeiden sie Vorsprünge an der Rauminnenseite.

Bei der Bewertung von Vakuumisolationspaneelen spielen zwei Aspekte eine Rolle. VIP sind zwar teurer, haben aber eine sehr gute Dämmwirkung bei geringer Schichtdicke. Wirtschaftlich betrachtet steht also einer höheren Investition ein erheblicher Raumgewinn gegenüber. Aufgrund der fehlenden Konfektionierbarkeit ist die Planung jedoch aufwändiger.

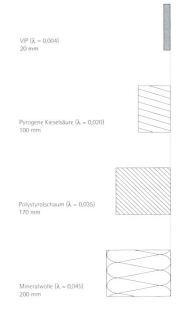

Abb. 4.14 **Dämmstoffe im Vergleich**
Durch die Evakuierung von Luft erreicht das Vakuumisolationspaneel einen deutlich höheren Dämmwert. Hier sind die notwendigen Dicken verschiedener Dämmungen aufgezeigt, um einen U-Wert von 0,2 W/m²K zu erreichen.

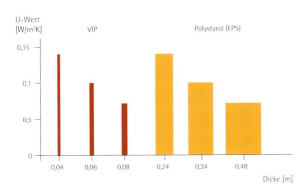

Abb. 4.15 **Vergleich von U-Werten von Vakuumisolationspaneelen und EPS in Abhängigkeit von der Schichtdicke**

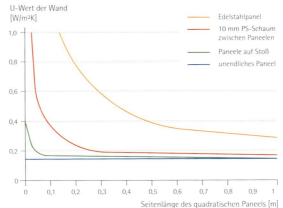

Abb. 4.16 **Paneelgrößen**
Dargestellt ist der effektive Wärmedurchgangskoeffizient einer VIP-gedämmten Wand in Abhängigkeit von der Seitenlänge des quadratischen Paneels. 17,5 cm Kalksandstein, gedämmt mit 3 cm VIP und 3 cm Polystyrol. (nach BINE)

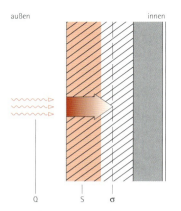

Abb. 4.17 **Eindringtiefe der Wärme und wirksame Speichermasse**
Aus der Wärmeeindringtiefe σ für eine Periode von 24 h ergibt sich der tatsächlich wirksame Speicher eines Wandmaterials S. Daraus ergeben sich Oberfläche und Masse, die nötig sind, um innerhalb eines Tag-Nacht-Zyklus eine bestimmte Wärmemenge Q einspeichern und wieder abgeben zu können.

Latente Wärmespeicher – PCM

PCM (Phase Change Materials) verfügen über ein latentes Speichervermögen, das heißt bei Wärmezufuhr steigt ihre Temperatur zunächst nicht, wie dies bei gewöhnlichen Wärmespeichern der Fall ist. Bei Temperaturerhöhung gehen PCM von einem Aggregatzustand zu einem anderen über und speichern Wärmeenergie, wobei die Temperatur erst wieder nach Beendigung des kompletten Phasenübergangs spürbar ansteigt. Die Temperatur, bei der die latente Wärmespeicherung stattfindet, heißt Schmelzpunkt. Sinkt die Temperatur unter den Schmelzpunkt, so setzen die PCM die gespeicherte Wärmeenergie wieder frei. Dieser Vorgang ist beliebig oft reversibel. Als PCM werden in der Regel Salzhydrate oder Paraffine verwendet und in Materialien des Innenausbaus oder in Fassadenbauteile integriert. Durch die Schmelztemperatur entsteht eine passive Selbstregelung, die Temperaturschwankungen und Lastspitzen glättet. Die Vorteile von PCM liegen in ihrem geringen Platzbedarf und ihrem geringen Gewicht.

Materialien Zur Erhöhung der Speichermasse bei Aufenthaltsräumen wird PCM-Rohmaterial verwendet, das eine Schmelztemperatur nahe dem Komfortbereich der Raumluft besitzt, also ca. zwischen 20 und 26 °C. Salzhydrate weisen generell eine etwas höhere Speicherfähigkeit als Paraffine auf, die zwar leichter zu verarbeiten sind, jedoch gesonderte Brandschutzmaßnahmen erfordern.

Verarbeitung Durch den Phasenübergang von fest nach flüssig können PCM keine konstruktiven Aufgaben übernehmen. Zudem ändern sie beim Phasenübergang ihr Volumen, weshalb die Verarbeitung in einbaufertige Bauprodukte ein gewisses Problem darstellt. Das Trägermaterial sollte eine hohe Wärmeleitfähigkeit bzw. eine große Oberfläche aufweisen, um einen direkten Wärmeaustausch zu gewährleisten. Damit das Material nicht verdampfen bzw. ausschmelzen kann, gibt es drei Verarbeitungstechniken: Makroverkapselung, Mikroverkapselung und Immersion.

Einsatzgebiete Das Potenzial aller marktfähigen PCM-Produkte liegt bisher darin, temperaturausgleichend das vorhandene Klimakonzept zu unterstützen. Ein Lüftungssystem bzw. konventionelle passive Maßnahmen gegen Überhitzung im Sommer können nicht ersetzt werden. Bei richtiger Anwendung kann durch den Einsatz von PCM der Komfort erhöht und die Anlagentechnik reduziert werden. Besonders geeignet dafür sind Neubauten in Leichtbauweise und Gebäude mit hohem Verglasungsanteil sowie sonnenexponierte Fassaden, aber auch Bestandsbauten, bei denen hohe solare Wärmegewinne ein Problem darstellen.

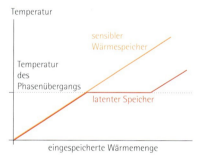

Abb. 4.18 **Wärmespeicherung von sensiblen und latenten Speichern**
Wird die Temperatur des Phasenübergangs erreicht, steigt die Temperatur im latenten Speicher so lange nicht mehr an, bis der komplette Phasenübergang stattgefunden hat. Anschließend steigt die Temperatur wieder fühlbar an. Das bekannteste PCM-Material ist Wasser. Um 1 kg gefrorenes (kristallisiertes) Wasser bei 0 °C zu verflüssigen (schmelzen), benötigt man eine Energie von ca. 333 kJ. Die Wassertemperatur erhöht sich bei diesem Wechsel des Aggregatzustands (engl. phase change) kaum, der Vorgang wird deshalb als latente (versteckte) Wärmespeicherung bezeichnet. Mit derselben Energiemenge könnte man 1 °C kaltes Wasser auf ca. 80 °C erhitzen, es läge eine sensible (fühlbare) Wärmespeicherung vor.

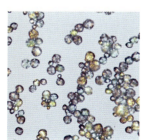

Strukturen von PCM

Die Leistungsfähigkeit von PCM-Bauteilen wird maßgeblich bestimmt von Menge, Produkt, Temperaturbereich und vom Wärmeübergang von der Raumluft zu PCM.

Als passive Systeme können PCM mikroverkapselt in Innenwänden (Putz oder Gipskartonplatten) und makroverkapselt über einer abgehängten Decke oder zur Pufferung solarer Energieeinträge hinter einer Glasfassade für eine Glättung des tageszeitlichen Temperaturverlaufs sorgen. Dafür muss gewährleistet sein, dass das Material die gespeicherte Energie auch wieder abgeben kann. Mit gezielter Nachtlüftung kann der Schmelzpunkt wieder unterschritten werden. Um einer ständigen Überlastung vorzubeugen, sollten PCM mit einer Schalttemperatur nahe dem Komforttemperaturmaximum gewählt werden.

Ist eine komplette Entladung der PCM durch die nächtliche Auskühlung nicht möglich, kann mit aktiven Systemen durch eine gezielte Zufuhr von Kühlenergie der Vorgang beschleunigt und gesteuert werden. Dazu dienen beispielsweise kleine Ventilatoren, die für einen konstanten Luftstrom über die Speichermasse sorgen, oder eingearbeitete Kapillarrohrmatten, die mit Kühlwasser durchströmt werden. Die Wirtschaftlichkeit dieser Systeme basiert auf dem Einsatz von preiswerterem Nachtstrom bzw. der Gewinnung von Kühlenergie aus einer regenerativen Quelle, z.B. einer Erdkühlung. Für aktive Systeme liegt die optimale Schalttemperatur zwischen 21 und 23 °C.

Weitere Sonderformen sind der Einsatz von PCM in Speichern in Form eines wasserdurchströmten Latentwärmespeichers oder die Frischlufterwärmung mittels zwischengeschalteten PCM-Akkus.

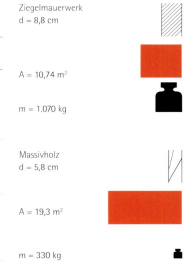

Abb. 4.19 **Vergleich der Speicherkapazität verschiedener Baustoffe**
Die Wandmaterialien können bei je einer dem Raum zugewandten Fläche eine Kühllast von 1 kWh bei einer Temperaturerhöhung von 4 K als Wärmeenergie speichern. Unter Berücksichtigung der Wärmeeindringtiefe σ benötigt jedes Material dafür eine bestimmte Oberfläche A und eine Masse m. Als Periode wurde ein Tag-Nacht-Zyklus von 24 h angesetzt. Die Werte der PCM gelten für eine Temperaturerhöhung zwischen 21 und 25 °C.

Baustoff	Produkt	Beschreibung	PCM	Anwendung	Schmelzenergie, -temperatur	Maße, Gewicht
Innenputz	Maxit Clima	Gips-Maschinenputz zur einlagigen Verarbeitung an Innenwänden	mikroverkapselte Paraffine, Kapselgröße 5–20 μm	passiv: großflächige, dünne Wand- oder Deckenbeschichtung aktiv: als Flächenkühlsystem auf Kapillarrohrmatten	100 kJ/kg, 24–26 °C	–
Gipsplatten	BASF Smartboard	Glasfaservliesummantelte Gipsbauplatte	mikroverkapselte Paraffine, Kapselgröße 2–20 μm	passiv: im Verbund mit einer nichtbrennbaren Gipsbauplatte an Innenwänden und Decken	330 kJ/m², 23–26 °C	15 x 2000 x 1250 mm, 11,5 kg
Granulat	Rubitherm GR	Wärmespeichergranulat in Form von Schüttgut	in Silikatmineral gebundene Paraffine	passiv: in Hohlräumen oder als Luftspeicher aktiv: unter Trockenestrich als Teil einer Fußbodenspeicherheizung	72 kJ/kg, ca. 28 °C	0,75 kg/l, 1–3 mm Korngröße
Aluminiumbeutel	DÖRKEN Delta-Cool 24	Wärmespeicher in Beuteln, auch als Noppenbahnen oder Doppelstegplatten	makroverkapseltes Salzhydrat auf Kalzium-Hexahydrit-Basis	passiv auf Metallkassetten in abgehängten Deckensystemen	158 kJ/kg, 22–28 °C	Beutel 300 x 600 mm, 8–10 kg/m²

Tab. 4.5 Eigenschaften und Anwendungsbereiche verschiedener PCM

Rohmaterialien von PCM

Abb. 4.20 **Exemplarische dynamische Potenzialabschätzung der verschiedenen Speicherfähigkeiten**
Mit PCM kann bei leichter Bauweise das Raumklima erheblich verbessert werden. Da sie erst ab dem Schaltpunkt (24 °C) wirken, ergibt sich im Vergleich zur schweren Bauweise ein höheres Temperaturniveau.

— $T_{außen}$
— leichte Bauweise
— mit PCM
— mit PCM aktiviert
— schwere Bauweise

Randbedingungen zu Abb. 4.20

Standardbüro	22,5 m²
Fassade	Süd, 70 %
Sonnenschutz	außen
Lüftung Tag	n = 2,0–5,0 h⁻¹
Lüftung Nacht	n = 4,0 h⁻¹
Schalttemperatur PCM	24 °C
äquivalente Leistung	600 W/Raum

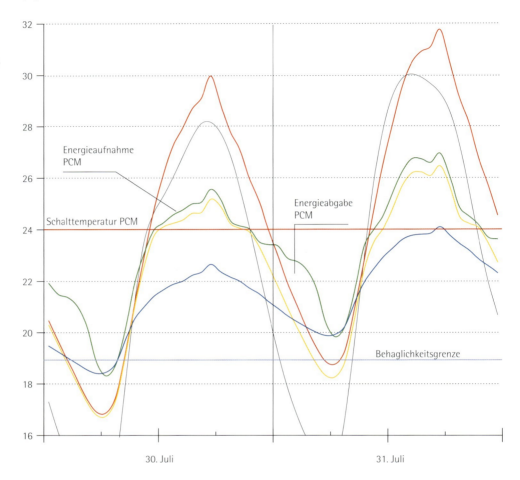

Makroverkapseltes PCM in Aluminiumbeuteln

Makroverkapseltes PCM

passive Entwärmung

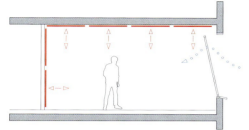

PCM im Baustoff

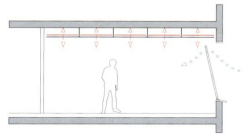

PCM in abgehängter Decke

aktive Entwärmung

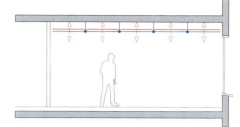

PCM in aktiviertem Kühlsegel

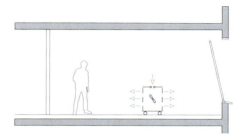

PCM als Cooling-Cube

Abb. 4.21 **Möglichkeiten zur Beeinflussung der thermischen Speicherfähigkeit des Raums**

	PCM im Baustoff	PCM in aktiviertem Kühlsegel	PCM in abgehängter Decke	PCM als Cooling-Cube	Komb. mit Fußbodenheizung, aktiv	Gipsbauplatten, passiv
Neubau	+	+	+	−	+	+
Sanierung	+	o	+	+	−	+
Bürogebäude	+	+	+	+	o	+
Wohngebäude	+	o	−	−	+	+
zentrales Lüftungssystem	o	+	o	o	+	o
Fensterlüftung	+	−	+	+	o	+
hohe Kühllasten	−	+	−	+	o	−
niedrige Kühllasten	+	o	+	o	+	+
Komb. mit Solarwärme	−	+	−	−	+	−

+ sehr geeignet
o möglich
− ungeeignet

Tab. 4.6 **Eignungstabelle für PCM-Bauteile**

Makroverkapseltes PCM für Wärmespeicher

PCM in Fassadenelementen

Fassadentechnologien | Latente Wärmespeicher − PCM

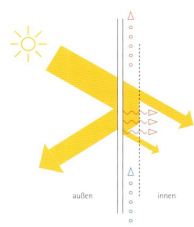

Sonnenschutz innen liegend

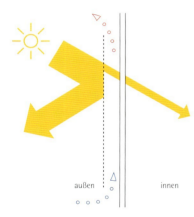

Sonnenschutz außen liegend

Abb. 4.22 **Lage des Sonnenschutzes**
Beim innen liegenden Sonnenschutz wird die absorbierte Strahlung und ein Teil der reflektierten Strahlung als Wärme an den Innenraum abgegeben. Durch einen außen liegenden Sonnenschutz kann nur der Strahlungsanteil, der weder reflektiert noch absorbiert wird, zur Aufheizung des Raums beitragen.

Sonnenschutz

Zur Reduktion des Strahlungseintrags ist ein Sonnenschutz erforderlich. Der Strahlungseintrag durch die Fassade wird bestimmt durch den Abminderungsfaktor F_c des Sonnenschutzes und den Gesamtenergiedurchlassgrad g der Verglasung. Die Verminderung des g-Werts unterliegt funktionalen und bauphysikalischen Grenzen, der F_c-Wert hingegen kann sehr niedrig sein. Ist der Sonnenschutz variabel, können im Winter gewünschte Strahlungseinträge genutzt werden. Der g-Wert und der F_c-Wert stehen in Wechselbeziehung zueinander und haben Auswirkungen auf den Tageslichteintrag und den Ausblick. Ideal ist es, wenn der Sonnenschutz auch zur Lichtlenkung genutzt werden kann und Blendung verhindert. Die Leistungsfähigkeit des Sonnenschutzes hängt in erheblicher Weise von seiner Position ab. Ist er außen liegend, so ist die Effizienz um den Faktor 3 bis 5 höher, er ist jedoch witterungsexponiert und muss gegebenenfalls bei Wind hochgefahren werden. Innen liegende Systeme haben eine geringere Leistungsfähigkeit, sie können jedoch vom Nutzer individuell und witterungsunabhängig bedient werden. Zudem sind die Investitions- und Wartungskosten geringer. Der Sonnenschutz kann auch in der Verglasungsebene, d.h. zwischen zwei Scheiben angebracht werden. Hier ist er in der Regel sehr leistungsfähig, die Variabilität und der Durchblick können jedoch eingeschränkt sein. Auswahlkriterien für die Art des Sonnenschutzes sind die Orientierung, der Transparenzgrad der Fassade, die Windexposition, die Anforderungen an das Maß an Tageslicht und den visuellen Komfort sowie die Investitions- und Wartungskosten.

Physikalische Aspekte Die Sonnenschutzfunktion kann prinzipiell durch fünf physikalische Vorgänge erfolgen: Absorption, Reflexion, Reduktion, Selektion und Transformation. Diese verschiedenen Prinzipien haben einen unterschiedlichen Einfluss auf den Durchgang von diffuser und direkter Strahlung sowie auf die Erwärmung des Sonnenschutzsystems. Bei der Absorption wird die auftreffende Strahlung am Sonnenschutz absorbiert und in Wärme umgewandelt. Je nach Stellung kann nur direktes Licht ausgeblendet oder direktes und diffuses Licht abgehalten werden. Bei der Reflexion wird das Licht wie bei einem Spiegel zurückgeworfen, wobei sich der Sonnenschutz nur sehr geringfügig erwärmt. Auch hier kann entweder nur direktes Licht oder bei geschlossenem Lamellenwinkel diffuses und direktes Licht reflektiert werden. Verschlechtern sich die Reflexionseigenschaften durch Verschmutzung oder Staubablagerungen, wird das System zu einem absorbierenden System. Die Reduktion basiert auf der Verminderung des für die Solarstrahlung durchlässigen Flächenanteils, die diffuse und die direkte Strahlung werden in ihrer Intensität zu gleichen Teilen reduziert. Bei der Selektion werden bestimmte Wellenlängenbereiche des direkten und diffusen Lichts herausgefiltert. Dadurch kann der energiereiche Teil der Strahlung abgehalten werden. In der Regel ergibt sich jedoch eine gewisse Farbverschiebung. Bei der Transformation wird die direkte Strahlung aufgestreut, sodass nur diffuses Licht in den Raum dringt. Teilweise wird Strahlung im System absorbiert, was zur Erwärmung des Sonnenschutzes führt.

Außen liegende Systeme Ein außen liegender Sonnenschutz ist am wirkungsvollsten, da die Solarstrahlung schon vor der Fassade ausgeblendet wird. Die Witterungs- und Windexposition bedingen jedoch höhere Investitions- und Wartungskosten und erfordern einen Antrieb für die Sonnenschutzsteuerung. Bei starkem Wind müssen Lamellensysteme hochgefahren werden, weshalb keine ausreichende Sonnenschutzwirkung gegeben und ein zusätzlicher Blendschutz erforderlich ist. Eine weitere Möglichkeit ist das Ausstellen von beweglichen Elementen, wodurch eine Durchsichtszone freigehalten werden kann. Außen liegende Jalousien aus Aluminium, Kunststoff oder Holz erreichen Werte für den Abminderungsfaktor F_c des Sonnenschutzes von bis zu 0,1. Nachteile bezüglich der Tageslichtnutzung können durch Jalousien mit differenziert verstellbaren Lamellen im Oberlichtbereich vermindert werden. Gegebenenfalls haben diese auch eine lichtlenkende Wirkung. An Südfassaden können aufgrund des steilen Einstrahlwinkels auch starre Systeme zum Einsatz kommen, z.B. Balkone, Vorsprünge oder Loggien.

Vertikallamellen

Horizontallamellen

Schiebeläden

Feststehender Sonnenschutz

Innen liegende Systeme Ein innen liegender Sonnenschutz ist witterungsgeschützt, kann windunabhängig betrieben werden und zusätzlich die Blendschutzfunktion übernehmen. Die Sonnenschutzwirkung ist jedoch wesentlich geringer. Ein innen liegender Sonnenschutz kann als Folienrollo oder als hoch reflektierende Jalousie ausgebildet sein. Sonnenschutzfolien ermöglichen eine gewisse Durchsicht, wodurch der Außenbezug erhalten bleibt. Die Sonnenschutzwirkung basiert auf der Reflexion nach außen und steht damit in Wechselwirkung mit dem Absorptions- und Reflexionsverhalten der Verglasung. Innen liegende Systeme erreichen F_c-Werte von bis zu 0,3, angegebene Messwerte werden jedoch in der Praxis aufgrund von Verschmutzungen oftmals überschritten. Die Aufheizung des innen liegenden Sonnenschutzes kann als unbehaglich empfunden werden, da dieser wie eine Heizfläche wirkt.

Systeme im Scheibenzwischenraum In der Verglasungsebene liegende Systeme verbinden Wind- und Witterungsunabhängigkeit mit hoher Effizienz und Variabilität. Sonnenschutzsysteme in der Scheibe können als feststehende oder bewegliche Systeme ausgebildet werden. Starre Systeme, wie lichtstreuende Schichten, Bedruckungen, Strukturen oder Lamellen reduzieren die Durchsicht und den Lichteintrag. Sie eignen sich nur für Bereiche ohne Anforderungen an den Ausblick. Bewegliche Systeme aus Lamellen innerhalb des Scheibenzwischenraums können manuell oder elektrisch bewegt werden und so den Nutzerbedürfnissen und den Strahlungsverhältnissen angepasst werden. Die Lamellen übernehmen gleichzeitig die Funktionen von Sonnen- und Blendschutz. Bei Ausfall der Antriebsmotoren für den beweglichen Sonnenschutz im Scheibenzwischenraum muss die gesamte Scheibe ausgetauscht werden. Außerdem sind die Investitionskosten sehr hoch.

Spiegellamellen innerhalb des Scheibenzwischenraums einer Isolierverglasung erreichen zusammen mit der Verglasung einen g_{tot}-Wert von bis zu 0,15. Der g_{tot}-Wert ist abhängig vom Einstrahlwinkel.

Tab. 4.7 **Physikalische Prinzipien von Sonnenschutzsystemen**

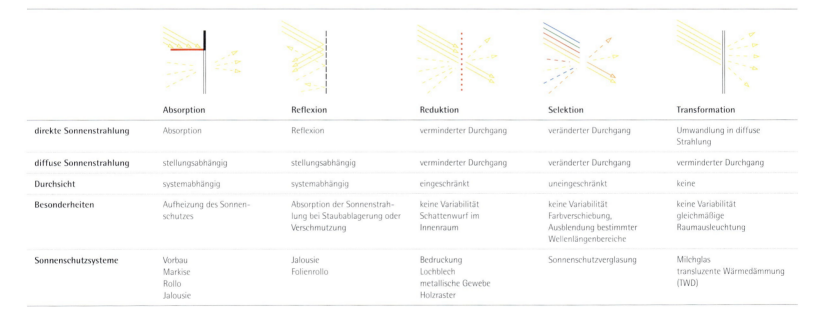

	Absorption	Reflexion	Reduktion	Selektion	Transformation
direkte Sonnenstrahlung	Absorption	Reflexion	verminderter Durchgang	veränderter Durchgang	Umwandlung in diffuse Strahlung
diffuse Sonnenstrahlung	stellungsabhängig	stellungsabhängig	verminderter Durchgang	veränderter Durchgang	verminderter Durchgang
Durchsicht	systemabhängig	systemabhängig	eingeschränkt	uneingeschränkt	keine
Besonderheiten	Aufheizung des Sonnenschutzes	Absorption der Sonnenstrahlung bei Staubablagerung oder Verschmutzung	keine Variabilität Schattenwurf im Innenraum	keine Variabilität Farbverschiebung, Ausblendung bestimmter Wellenlängenbereiche	keine Variabilität gleichmäßige Raumausleuchtung
Sonnenschutzsysteme	Vorbau Markise Rollo Jalousie	Jalousie Folienrollo	Bedruckung Lochblech metallische Gewebe Holzraster	Sonnenschutzverglasung	Milchglas transluzente Wärmedämmung (TWD)

Schiebeläden

Horizontallamellen

Innen liegende Lamellen

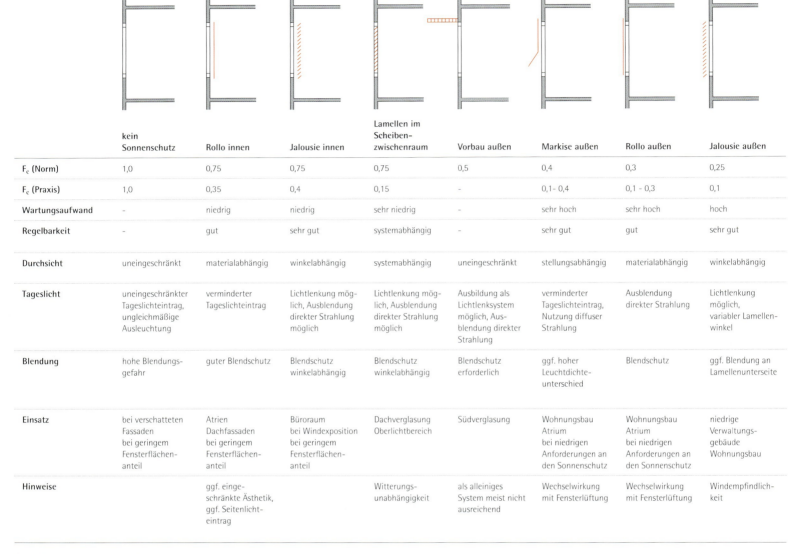

	kein Sonnenschutz	Rollo innen	Jalousie innen	Lamellen im Scheibenzwischenraum	Vorbau außen	Markise außen	Rollo außen	Jalousie außen
F_c (Norm)	1,0	0,75	0,75	0,75	0,5	0,4	0,3	0,25
F_c (Praxis)	1,0	0,35	0,4	0,15	–	0,1– 0,4	0,1 – 0,3	0,1
Wartungsaufwand	–	niedrig	niedrig	sehr niedrig	–	sehr hoch	sehr hoch	hoch
Regelbarkeit	–	gut	sehr gut	systemabhängig	–	sehr gut	gut	sehr gut
Durchsicht	uneingeschränkt	materialabhängig	winkelabhängig	systemabhängig	uneingeschränkt	stellungsabhängig	materialabhängig	winkelabhängig
Tageslicht	uneingeschränkter Tageslichteintrag, ungleichmäßige Ausleuchtung	verminderter Tageslichteintrag	Lichtlenkung möglich, Ausblendung direkter Strahlung möglich	Lichtlenkung möglich, Ausblendung direkter Strahlung möglich	Ausbildung als Lichtlenksystem möglich, Ausblendung direkter Strahlung	verminderter Tageslichteintrag, Nutzung diffuser Strahlung	Ausblendung direkter Strahlung	Lichtlenkung möglich, variabler Lamellenwinkel
Blendung	hohe Blendungsgefahr	guter Blendschutz	Blendschutz winkelabhängig	Blendschutz winkelabhängig	Blendschutz erforderlich	ggf. hoher Leuchtdichteunterschied	Blendschutz	ggf. Blendung an Lamellenunterseite
Einsatz	bei verschatteten Fassaden bei geringem Fensterflächenanteil	Atrien Dachfassaden bei geringem Fensterflächenanteil	Büroraum bei Windexposition bei geringem Fensterflächenanteil	Dachverglasung Oberlichtbereich	Südverglasung	Wohnungsbau Atrium bei niedrigen Anforderungen an den Sonnenschutz	Wohnungsbau Atrium bei niedrigen Anforderungen an den Sonnenschutz	niedrige Verwaltungsgebäude Wohnungsbau
Hinweise		ggf. eingeschränkte Ästhetik, ggf. Seitenlichteintrag		Witterungsunabhängigkeit	als alleiniges System meist nicht ausreichend	Wechselwirkung mit Fensterlüftung	Wechselwirkung mit Fensterlüftung	Windempfindlichkeit

Tab. 4.8 Vergleich verschiedener Sonnenschutzsysteme

Feststehender horizontaler Sonnenschutz

Schiebeläden

Außen liegende Jalousie

Blendschutz Blendschutzsysteme streuen direktes Licht in diffuses Licht auf oder reflektieren das Licht nach außen. Somit gelangt kein direktes Sonnenlicht an den Arbeitsplatz und hohe Leuchtdichteunterschiede werden vermieden. Durch die zunehmende Zahl an Bildschirmarbeitsplätzen hat der visuelle Komfort an Bedeutung gewonnen. Der Blendschutz hängt stark von der Art des Sonnenschutzes und vom Tageslichteintrag ab. Die Kombination aus außen liegendem Sonnenschutz und innen liegendem Blendschutzrollo bietet für die meisten Jahres- und Tageszeiten die besten Ergebnisse in Bezug auf Tageslicht- und Wärmeeintrag sowie Blendungserscheinungen und Ausblick. Um den Raum nicht zu sehr abzudunkeln, ist darauf zu achten, dass der obere Bereich noch lichtdurchlässig ist. Deshalb ist es günstig, den Blendschutz von unten nach oben zu führen. Besonders wichtig ist der Blendschutz im Winter, wenn die Solarstrahlung aus thermischen Gründen im Raum erwünscht ist. Einfallendes Seitenlicht ist zu vermeiden, da es zu hohen Leuchtdichten und somit zur Direktblendung führen kann. Erwärmt sich der Blenschutz zu stark, kann die Wärmeabstrahlung in den Aufenthaltsbereich als unbehaglich empfunden werden. Als Blendschutz lassen sich transluzente Verglasungen, außen oder innen liegende Lamellen sowie transparente und semitransparente Folien oder Gewebe einsetzen.

Innen liegende Jalousien Mit hoch reflektierenden Jalousien an der Innenseite der Verglasung kann ein optionaler Blendschutz realisiert werden. Idealerweise sind die Jalousien so ausgeführt, dass sie im oberen Bereich noch Tageslicht über die Decken in den Raum lenken. Damit wird eine ausreichende Helligkeit in der Raumtiefe gewährleistet und es ergibt sich eine gute Leuchtdichteverteilung. Bei einer zu starken Abdunklung wird unter Umständen Kunstlicht an Tagen notwenig, an denen eigentlich genügend Tageslicht im Außenraum vorhanden ist. Der Nachteil von Jalousien liegt darin, daß der Außenbezug im Sichtbereich verloren geht. Der Blendschutz kann auch als Vertikaljalousie ausgebildet werden.

Rollos Rollos aus reflektierenden Folien oder aus Gewebe dämpfen das einfallende Licht stark. Ihr Lichttransmissionsgrad liegt zwischen 0 und 25 %. Die Folien sind in der Regel mikroperforiert und ermöglichen dadurch einen eingeschränkten Ausblick. An der Außenseite sind sie meist hoch reflektierend ausgebildet, damit sie sich bei Sonneneinstrahlung nicht zu stark erwärmen. Da Gewebe in der Regel wenig reflektieren, erwärmen sie sich stark. Der Ausblick hängt von der Struktur des Gewebes ab.

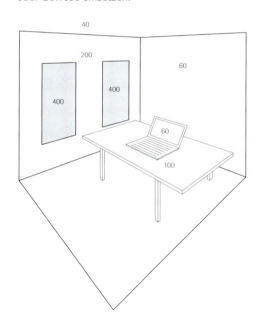

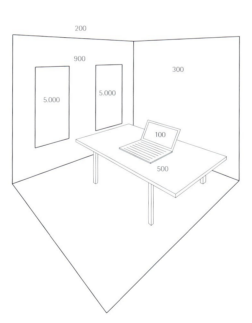

Abb. 4.23 **Typische Leuchtdichteverteilung in einem Büroraum mit Folienrollo als Blendschutz und einem Büroraum ohne Blendschutz** *(Werte in cd/m²)*

Außen liegender Screen · Innen liegende Lamellen

Innen liegende Folie

Lichtschwert

Lichtlenklamellen

Prismenplatte

Abb. 4.24 **Ausbildung von Lichtlenksystemen**
Lichtlenksysteme können vor der Fassade oder im Scheibenzwischenraum angeordnet werden.

Tageslichtlenkung

Eine gute Tageslichtnutzung verringert den Strombedarf für Kunstlicht, reduziert die Kühllasten und führt zu einer größeren Behaglichkeit. Tageslichtlenksysteme bewirken eine gleichmäßigere Ausleuchtung von Räumen und verbessern insbesondere in der Raumtiefe die Belichtung. Die Belichtung in Fensternähe verringert sich dabei. Diese Verminderung fällt für Arbeitsplätze am Fenster kaum ins Gewicht. Unerwünschte Reflexionen und Blendung können durch gute Tageslichtlenksysteme reduziert werden. Unterscheidungskriterien von Lichtlenksystemen sind, ob sie diffuses oder direktes Licht leiten, Licht transportieren sowie statisch oder nachführbar sind. Systeme, die direktes Licht lenken, lenken stets auch diffuses Licht aus dem Himmelswinkelbereich, für den sie optimiert sind. Je nach System ergibt sich ein Synergieeffekt mit Sonnenschutzfunktionen. Lichtlenksysteme werden außerhalb oder innerhalb der Fassade angebracht. Zudem gibt es Systeme im Scheibenzwischenraum von Isolierverglasungen.

Funktionsweise Alle Lichtlenksysteme funktionieren nach dem Prinzip der Umlenkung von direkter bzw. diffuser Strahlung aus dem Außenraum in den oberen Bereich des Innenraums. Über die Decke verteilt sich die Strahlung über den gesamten Raum. Zur Optimierung der Tageslichtlenkung muss die Decke im Raum möglichst hell ausgeführt werden, damit die Strahlung nicht absorbiert wird. Reflektierende Flächen z.B. aus Aluminium oder zusätzliche platten- oder schaufelförmige Reflektoren können an der Decke angebracht werden, meist ist jedoch eine weiß gestrichene Decke mit einem Reflexionsgrad von 0,8–0,9 ausreichend.

Steuerung Bei tageslichtlenkenden Systemen unterscheidet man statische und nachgeführte Systeme. Statische Systeme lenken in der Regel diffuses Licht aus dem Zenitbereich des Himmels um. Für bewegliche, nachführbare Systeme bedarf es einer manuellen oder automatischen Steuerung. Lichtlenkjalousien oder Prismenplatten werden dem Sonnenstand nachgeführt, um eine optimale Lichtlenkung zu jeder Tageszeit zu gewährleisten. Einfache Lichtlenksysteme, wie zweigeteilte Jalousien, die im unteren Bereich als Sonnenschutz funktionieren, im oberen Teil Lamellen für die Lichtlenkung aufweisen, können auch manuell bedient werden. Für die Umlenkung von direktem Licht ist eine automatische Steuerung sinnvoll, da sich direktes Tageslicht kontinuierlich ändert.

Direktlichtlenksysteme Direktlichtlenksysteme arbeiten nach dem Prinzip, direkte Strahlung in die Raumtiefe umzulenken. Durch die energiereiche helle Strahlung kann eine sehr gute Ausleuchtung in der Raumtiefe erreicht werden. Sinnvoll ist eine Kombination mit einem Sonnenschutz, um das Überhitzungsrisiko im Raum zu vermindern. Bei Direktlichtlenksystemen besteht ein höheres Risiko in Bezug auf mögliche Blendung im Oberlichtbereich als bei Systemen, die diffuses Licht umlenken. Bei der Umlenkung von direkter Strahlung ist zudem auf

Konstruktionsart	Wirkung	Effizenz der Lichtlenkung	Bemerkung
Reflektorprinzip	Reflexion	sehr gut bis gut	in vielen Varianten verfügbar
Prismatisches System	Retroreflexion (direkt) Umlenkung (diffus bzw. direkt)	gut	Effizienzsteigerung in Kombination mit Jalousie
Holografisches System	Retroreflexion (direkt) Umlenkung (diffus bzw. direkt)	gut	nahezu nicht verfügbar
Lichtstreuendes System	Lichtstreuung	gering	keine Durchsicht

Tab. 4.9 Übersicht über die Wirkung und Effizienz von Lichtlenksystemen

Umlenkprismenplatten auf dem Dach

Heliostaten

Lichtschaufel

Raumeindruck bei Tageslichtlenkung

das Überhitzungsrisiko im Raum zu achten, das größer ist als bei Systemen, die das energieärmere Diffuslicht in den Raum lenken. Ein einfaches System ist eine Außenjalousie, bei der die Lamellen im oberen Bereich differenziert einstellbar sind. Der obere Teil übernimmt die Lichtlenkung, der untere dient als Sonnenschutz. Auch fest installierte, horizontale und je nach Sonnenstand nachführbare Lamellen können diese Aufgaben übernehmen. Reflektierende horizontale Flächen vor der Fassade im Oberlichtbereich können einerseits Licht an die Decke werfen, andererseits bei hoch stehender Sonne im unteren Bereich eine blendfreie Aussicht gewährleisten. Im Sommerhalbjahr wirken sie auf diese Weise als Sonnenschutz.

Systeme im Scheibenzwischenraum können darauf ausgelegt sein, nur die Strahlung aus bestimmten Himmelswinkeln in den Raum zu lassen. So kann die energiereiche Strahlung der hoch stehenden Sommersonne ausgeblendet werden. Andere Systeme wiederum lenken Strahlung aus allen Himmelsteilen in den Innenraum.

Diffuslichtlenksysteme Da in Mitteleuropa diffuse Himmelszustände überwiegen und dann das Lichtangebot im Raum oft nicht ausreicht, bietet es sich an, Lichtlenksysteme auf diese Situationen hin zu optimieren. Diffuslicht ist energieärmer, wodurch das Überhitzungsrisiko im Raum abnimmt. Auch die Gefahr der Blendung ist bei Diffuslichtlenkung geringer. Es ist schwieriger, diffuses Licht zu lenken, da es aus allen Richtungen kommt. Deswegen werden die Systeme auf das ohnehin intensivere Zenitlicht ausgelegt. Diffuslichtlenksysteme können an Nordfassaden oder stark verbauten Fassaden sonstiger Orientierungen Verbesserungen erzielen. An stark besonnten Fassaden können sie als Sonnenschutz wirken, indem sie direkte Strahlung ausblenden. Diffuslichtlenksysteme werden idealerweise vor der Fassade oder im Scheibenzwischenraum von Isolierverglasungen angebracht. Einfache Systeme für nicht besonnte Bereiche sind reflektierende Flächen, z.B. Lichtschwerter. Sie leiten diffuses Zenitlicht in den Innenraum. Eine weitere Möglichkeit für die Umlenkung von Zenitlicht sind holografisch optische Elemente (HOE).

Lichttransportsysteme Systeme, die Licht transportieren, zeichnen sich durch eine Mehrfachreflexion des Lichts aus. „Transportiert" wird das Licht über Reflektoren (Heliostaten), hoch reflektierende Kanäle (Solartube), anidolische Systeme oder Glasfaserelemente. Sie werden vor allem in Räumen eingesetzt, die keine direkte Außenanbindung haben.

Lichtstreuende Systeme Diese Systeme weisen keine Lichtlenkung im eigentlichen Sinne auf. Sie spalten lediglich die direkte Strahlung in diffuse Strahlung auf und bieten so die Möglichkeit, das Blendungsrisiko in Fassadennähe zu mindern. Bei starker direkter Einstrahlung führen jedoch auch sie zu Blendung. Lichtstreuende Systeme finden wegen der Trübung des Glases und den dadurch bedingten Verlust der Aussicht vor allem im Oberlichtbereich Anwendung.

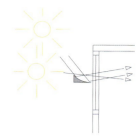

Abb. 4.25 **Reflektor**
Bei der Lichtlenkung mit Lichtlenkjalousien, Lichtschwertern und Heliostaten wird das Prinzip Einfallswinkel gleich Ausfallswinkel genutzt.

Abb. 4.26 **Prismenplatte**
Prismatische Systeme dienen dem selektiven Sonnenschutz. Direkte Sonneneinstrahlung in einem bestimmten Winkelbereich wird umgelenkt und reflektiert, das Zenitlicht wird in den Raum hineingelenkt.

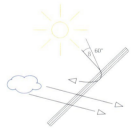

Abb. 4.27 **Hologramm**
Hologramme lenken einfallendes Sonnenlicht in definierte Bereiche innerhalb des Gebäudes um oder blenden es gezielt aus. Hologramme funktionieren aufgrund von Beugung. Spezielle Aufnahmemethoden können die spektrale Lichtzerlegung derart minimieren, dass das gebeugte Licht weiß erscheint.

Außen liegende Prismenplatte

Perforierte Lichtlenklamellen

Fassadentechnologien | Tageslichtlenkung

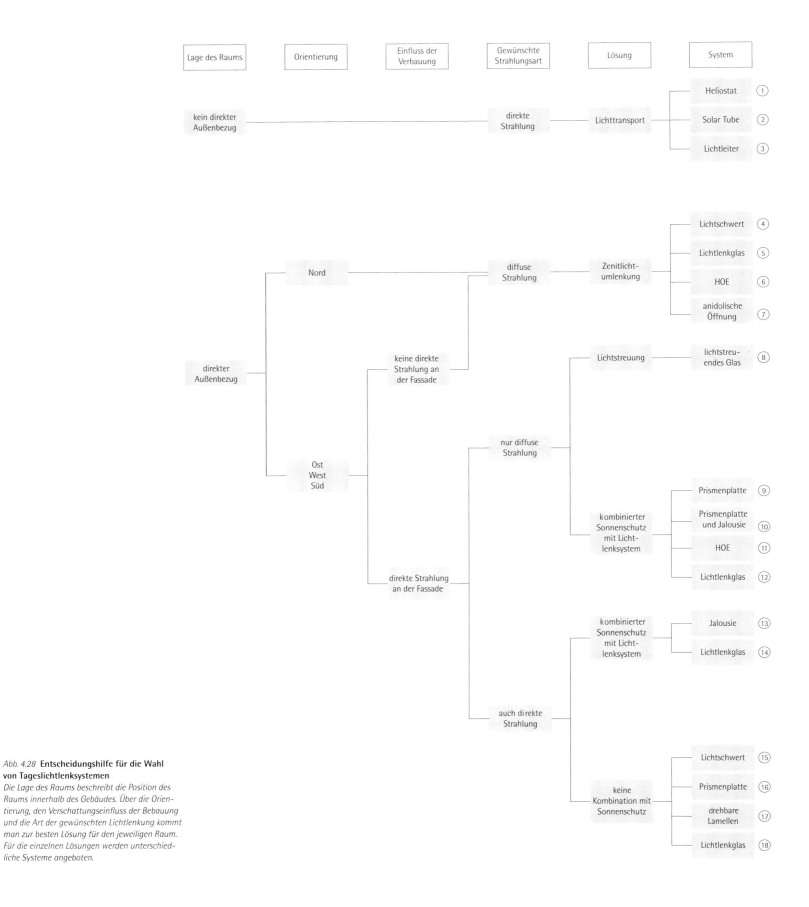

Abb. 4.28 **Entscheidungshilfe für die Wahl von Tageslichtlenksystemen**
Die Lage des Raums beschreibt die Position des Raums innerhalb des Gebäudes. Über die Orientierung, den Verschattungseinfluss der Bebauung und die Art der gewünschten Lichtlenkung kommt man zur besten Lösung für den jeweiligen Raum. Für die einzelnen Lösungen werden unterschiedliche Systeme angeboten.

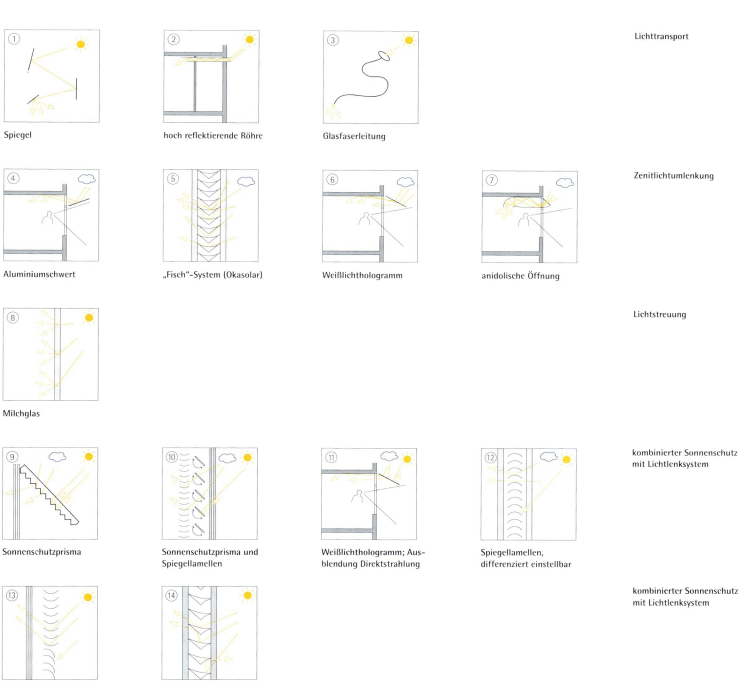

① Spiegel	② hoch reflektierende Röhre	③ Glasfaserleitung		Lichttransport
④ Aluminiumschwert	⑤ „Fisch"-System (Okasolar)	⑥ Weißlichthologramm	⑦ anidolische Öffnung	Zenitlichtumlenkung
⑧ Milchglas				Lichtstreuung
⑨ Sonnenschutzprisma	⑩ Sonnenschutzprisma und Spiegellamellen	⑪ Weißlichthologramm; Ausblendung Direktstrahlung	⑫ Spiegellamellen, differenziert einstellbar	kombinierter Sonnenschutz mit Lichtlenksystem
⑬ Sonnenschutz, differenziert einstellbar	⑭ Y-Glas (Okasolar)			kombinierter Sonnenschutz mit Lichtlenksystem
⑮ Aluminiumschwert	⑯ Direktlichtprisma	⑰ fest installierte drehbare Horizontallamellen	⑱ Laser-Cut-Panel	keine Kombination mit Sonnenschutz

Fassadentechnologien | Tageslichtlenkung

141

Kaltfassade

Warmfassade

Abb. 4.29 **Integration von Photovoltaikmodulen in die Fassade**

Photovoltaik

Solarzellen sind Halbleiter aus dotiertem Silizium, die bei Lichteinfall Strom erzeugen. 20 bis 40 Einzelzellen werden zu Strings in Reihe geschaltet, die in etwa 1,0 x 0,5 m großen Modulen eingebettet werden. Die Spannung, die eine einzelne Photovoltaikzelle erzeugt, liegt bei etwa 0,6 Volt, wobei sich der Strom proportional zur Einstrahlungsintensität und zur Zellenfläche verhält. Eine 10 x 10 cm große Zelle liefert bei einer Einstrahlung von 900 W/m² eine Stromstärke von etwa 3 Ampere. Die optimale Ausrichtung der Module ist abhängig von der Orientierung und der geografischen Breite des Standorts. Photovoltaikanlagen können unabhängig von Gebäuden als Solarfelder realisiert oder in Dächer oder Fassaden von Gebäuden integriert werden. Dadurch lassen sich ökonomische und konstruktive Synergieeffekte erzielen. Photovoltaikanlagen können autark oder als netzgekoppelte Systeme betrieben werden. Netzgekoppelte Anlagen benutzen das öffentliche Stromnetz als Speicher. Fällt mehr Solarstrom an, als gerade benötigt wird, so wird der Überschuss ins Netz eingespeist. Der Wechselrichter ist das Bindeglied zwischen Solarzellen und dem Wechselstromnetz.

Ausrichtung und Ertrag Die Jahressumme der Globalstrahlung, die Orientierung und der Wirkungsgrad der Solarmodule sind die wesentlichen Faktoren für den Ertrag an Strom. Die jährlich einfallende Globalstrahlung auf eine horizontale Fläche am Boden beträgt ca. 1.200 kWh/m²a. Für höhere Erträge empfiehlt sich eine Ausrichtung direkt nach Süden mit einer Neigung von etwa 30°, bei dem man z.B. für den Standort München mit einer Einstrahlung von ca. 1.300 kWh/m²a rechnen kann. Dieser Neigungswinkel wird in der Regel nur auf geneigten Dächern erreicht. Bei einer senkrechten Südfassade beträgt der Ertrag noch ca. 67 %, bei einer vollständigen Orientierung nach Osten oder Westen ca. 60 %. Typische Wirkungsgrade liegen bei 12 bis 17 % für kristalline und bei 5 bis 8 % für amorphe Siliziumzellen. Aus physikalischen Gründen sind wesentliche Erhöhungen des Wirkungsgrads nicht zu erwarten. Der Wirkungsgrad sinkt mit zunehmender Temperatur.

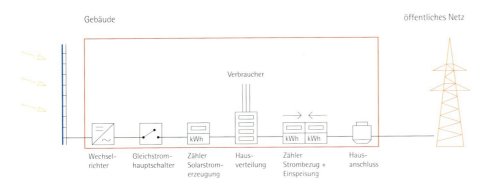

Abb. 4.30 **Schema eines netzgekoppelten gebäudeintegrierten Photovoltaiksystems**
Beim Netzparallelbetrieb wird der von den Solargeneratoren erzeugte Strom in das öffentliche Netz eingespeist. Der Solarwechselrichter ist das Bindeglied zwischen Solarzellen und dem Wechselstromnetz. Der Wechselrichter formt den Modul-Gleichstrom in netzsynchronen 230-Volt-Wechselstrom um. Netzgekoppelte Anlagen benutzen das öffentliche Stromnetz als Speicher. Fällt mehr Strom an, als im eigenen Haus gerade benötigt wird, so wird der Überschuss ins Netz eingespeist. Umgekehrt wird in Schlechtwetterperioden und in der Nacht Strom aus dem Netz zur Versorgung des Haushalts herangezogen.

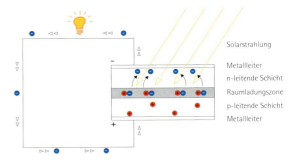

Abb. 4.31 **Funktionsprinzip einer Solarzelle**
Bei solarer Einstrahlung werden zwei unterschiedlich geladene Schichten erzeugt. Die n-leitende Schicht weist eine erhöhte Anzahl an Elektronen auf. Die p-leitende Schicht weist Elektronenfehlstellen auf. Zwischen den beiden Schichten bildet sich eine Grenzschicht aus. In dieser Grenzschicht entsteht ein elektrisches Feld, die Raumladungszone. Die eingestrahlte Solarenergie löst Elektronen aus ihrer Atombindung und die freien Elektronen werden über das elektrische Feld zur Oberseite hin beschleunigt. Auf der Unterseite sammeln sich positiv geladene Lochstellen. Zwischen beiden Seiten baut sich eine Spannung auf. Über Metallkontakte auf der Ober- und Unterseite können die überschüssigen Elektronen wieder von der Oberseite zur Unterseite zurückfließen und dort die Elektronenfehlstellen besetzen.

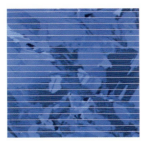

Erscheinung von Solarzellen

Solarmodule sind äußerst sensibel gegen Verschattung. Aufgrund der Serienschaltung bestimmt die Solarzelle mit der geringsten Einstrahlung die Leistung des gesamten Moduls, sodass sich schon kleine Schatten sehr negativ auswirken. Eine Nachführung ist aufgrund des hohen diffusen Lichtanteils von etwa 50 % in Mitteleuropa in der Regel nicht wirtschaftlich.

Integration in die Fassade Photovoltaikmodule lassen sich in Kalt- und Warmfassaden, in Verglasungen sowie Dacheindeckungen integrieren und als Sonnenschutz ausbilden. Durch gehärtetes Glas sind die Module bruchsicher und robust gegen Witterungseinflüsse. Bei der Integration in die Gebäudehülle können sie einen zusätzlichen Witterungs-, Schall- und Wärmeschutz bieten sowie einen effektiven Sonnenschutz darstellen. Hinter vorgelagerten Modulen kann auch eine Zuluftvorwärmung von kalter Außenluft zur Raumkonditionierung erfolgen.

Kaltfassaden sind hinterlüftete Fassadenkonstruktionen. Die äußerste Bekleidung, die der Witterung ausgesetzt ist, kann aus Photovoltaikmodulen bestehen. Diese lassen sich in Pfosten-Riegel-Konstruktionen integrieren oder als punktgehaltene Systeme realisieren. Bei Warmfassaden werden die Module in Isolierverglasungen integriert. Interessant sind halb transparente Module, die den Strahlungseintrag reduzieren und die Durchsicht nach außen ermöglichen.

Aufgrund der fehlenden Hinterlüftung und der damit bedingten Erwärmung eignen sich bei Warmfassaden Dünnschichtmodule, da ihr Wirkungsgrad im Gegensatz zu kristallinen Zellen bei Erwärmung nahezu konstant bleibt. Dünnschichtsolarmodule aus amorphem Silizium lassen sich zu dämmstoffgefüllten Sandwichpaneelen verarbeiten. Diese Paneele können den gesamten Fassadenaufbau übernehmen und z.B. bei Industriehallen eingesetzt werden.

Wirken Photovoltaikmodule als Verschattungselement, lässt sich durch die optimale Ausrichtung zur Sonne und die sehr gute Hinterlüftung ein besonders hoher Ertrag erzielen. Die Systeme können starr oder beweglich ausgeführt werden.

	Wirkungsgrad [%]
monokristalline Siliziumzelle	15–17
polykristalline Siliziumzelle	12–14
amorphe Siliziumzelle	5–8

Tab. 4.10 Wirkungsgrade verschiedener Zelltypen

	Minderertrag [%]
gut hinterlüftete Fassade	ca. 4
schlecht hinterlüftete Fassade	ca. 5
Fassadenintegration, nicht hinterlüftet	ca. 9

Tab. 4.11 Durchschnittlich zu erwartender Minderertrag bei unterschiedlicher Anordnung von kristallinen Solarzellen

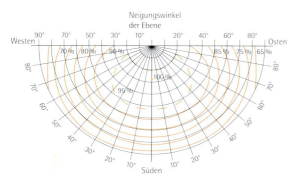

Abb. 4.32 Abminderung des jährlichen Energieeintrags in Abhängigkeit vom Neigungswinkel und von der Ausrichtung der PV-Anlage
Die Werte entsprechen einem Standort auf annähernd 51° nördlicher Breite.

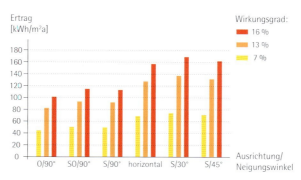

Abb. 4.33 Jahreserträge von PV-Modulen in Abhängigkeit von Ausrichtung und Wirkungsgrad
Die Erträge gehen von einer Globalstrahlung von 1.050 kWh/m² und einem Standort auf annähernd 51° nördlicher Breite aus.

Fassadenintegrierte PV-Module

Dachintegrierte PV-Module

Wohnanlage Hard
vorgefertigt

In Hard in Vorarlberg wurden drei fünfgeschossige Punkthäuser des gemeinnützigen Wohnbauträgers VOGEWOSI in Mischbauweise errichtet.

Die Wohngebäude zeigen ein interessantes konstruktives Konzept: Tragende Bauteile sind als Skelettbau in Stahl und Beton ausgeführt, alle nichttragenden in Leichtbauweise. Mit dieser Mischbauweise werden die Vorteile der einzelnen Materialien genützt: die hohe Tragfähigkeit von Stahlstützen, die effiziente Schalldämmung und Wärmespeicherung von Betondecken sowie die Flexibilität der leichten Innenwände. Die Fassade ist als modular vorgefertigte Holzrahmenelementkonstruktion mit unbehandelter Lärchenholzaußenschalung ausgeführt. Grund für diese Konstruktion waren einerseits gestalterische Überlegungen, andererseits aber auch folgende Vorteile: Durch den hohen Vorfertigungsgrad ergibt sich eine erhebliche Verkürzung der Bauzeit. Die Wärmedämmeigenschaften der Wand (U-Wert 0,15 W/m²K) sind bezogen auf eine Wandstärke von 40 cm hoch. Durch den vielschichten Aufbau wird eine gute Schalldämmung erreicht. Außerdem ist die Lebensdauer der unbehandelten und von den Brandschürzen geschützten Holzfassade sehr hoch, sie liegt bei mehr als 50 Jahren ohne jeglichen Aufwand für die Erhaltung. Die äußere Schicht ist leicht auszutauschen und zu entsorgen.

Der Außenwandaufbau folgt dem im modernen Holzbau typischen Prinzip der Funktionsschichten, das heißt für Wetterschutz, Winddichtheit, Wärmedämmung, Luftdichtheit, Dampfdiffusionswiderstand, Installationsraum und Innenverkleidung sind separate Schichten vorgesehen. Diese Differenzierung bietet einerseits die Möglichkeit, die äußeren Schichten leicht zu verändern, andererseits stellt sie hohe Anforderungen im Bereich der Übergänge zu anderen Bauteilen.

Horizontalschiebeläden aus beschichtetem Alublech sind einerseits wichtige Gestaltungselemente der Fassade, andererseits ermöglichen sie eine optimierte Verschattung und eine flexible Lichtsteuerung. Die Läden der Südfassade des südlichen Baukörpers sind als Photovoltaikelemente ausgeführt.

Lageplan

Grundriss

Schnitt

Fassadenschnitt Fenster   Fassadenschnitt Holzelement

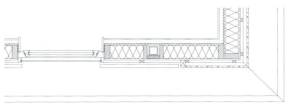

Horizontaler Fassadenschnitt

Abb. 4.34 **Lageplan**
Die Siedlung befindet sich nahe dem Ortszentrum im Umfeld von mehrgeschossigen Wohnbauten.

Abb. 4.35 **Grundriss**
Die Anlage ist als Vierspänner mit sparsamer Erschließung und am Kern situierten Nasszellen ausgebildet.

Abb. 4.36 **Schnitt**
Durch den annähernd würfelförmigen Baukörper ergibt sich ein optimales Verhältnis von Fläche zu Volumen.

Abb. 4.37 **Wandaufbau**
Fassadenschnitt Holzelement

2 cm	Schalung vertikal
4 cm	Lattung Horizontal
3 cm	Lattung vertikal
1,6 cm	DWD-Platte
16 cm	Konstruktion 6/16 dazwischen Dämmung
1,2 cm	Spanplatte Dampfbremse
5 cm	Lattung horizontal dazwischen Dämmung
1,5 cm	Gipskarton

Abb. 4.38 **Wandaufbau**
Fassadenschnitt Fenster
Schiebeladen 88/253 cm
Absturzsicherung VSG 12 mm
2fache Isolier-Verglasung (U-Wert 1,1 W/m²K)

Abb. 4.39 **Vorfertigung**
Vorgefertigte Wandelemente in Holzrahmenbauweise werden gemeinsam mit den Brandschürzen aus Betonfertigteilen montiert.

Abb. 4.39 **Außenansicht**

Fertigstellung: 2003
Nutzung: Wohnungen
Bauherr: Vorarlberger gemeinnützige Wohnungsbau- u. Siedlungs GmbH, A-6850 Dornbirn
Architekt: DI Hermann Kaufmann und DI Werner Wertaschnigg
Gebäudetechnik: Kurt Prautsch, Schruns
Energiekonzept: DI Dr. Lothar Künz, Hard

Fluglabor IBP Holzkirchen
Membranhüllen

Als besonders innovative Form des Leichtbaus rücken pneumatisch stabilisierte Membrankissen-Systeme zunehmend ins Blickfeld der Öffentlichkeit. Immer mehr Freizeitanlagen werden auf diese Weise realisiert, weil sich damit besonders filigrane frei tragende Konstruktionen realisieren lassen.

Am Fraunhofer-Institut für Bauphysik in Holzkirchen wurde als Hülle für das neue Fluglabor (FTF) ein Membrankissen-Versuchsdach errichtet, an dem die bauphysikalischen Besonderheiten dieser sehr jungen und zukunftsfähigen Konstruktionsweise untersucht werden.

Gebäudehülle Die Halle ist ca. 30 m lang und knapp 30 m breit. Neun Brettschichtholz-Träger in Form von Kreissegmenten spannen die knapp 10 m hohe Halle auf und sind ausgefacht mit dreilagigen Membrankissen aus transparentem Ethylen-Tetrafluorethylen. Die Kissen reichen jeweils vom Hallenfuß bis zum First und werden mittels Überdruck von rund 400 Pa gegen die Witterung stabilisiert. Ein Aluminium-Klemmprofil fixiert die Kissen auf der Holz-Unterkonstruktion. Für das Hallendach kamen ausschließlich Ethylen-Tetrafluorethylen-Kissen (ETFE) zum Einsatz, selbst für die RWA-Klappen.

Das Besondere an diesem Material ist die Witterungsbeständigkeit einerseits und die hohe Lichtdurchlässigkeit andererseits, auch für UV-Strahlung. Über 90 % der auftreffenden Solarstrahlung durchdringen die Membran. Um für den sommerlichen Wärmeschutz den hohen solaren Energieeintrag in die Halle zu verringern, ohne gleichzeitig das transparente Erscheinungsbild zu zerstören, ist die äußere Membran mit kleinen silberfarbenen Punkten bedruckt. Obwohl damit 65 % der gesamten Membran-Fläche bedeckt sind, wirken die Membrankissen zwar milchig, aber trotzdem transparent.

Bauphysikalische Besonderheiten Aufgrund der hohen Transparenz, der geringen Materialdicken und der variierenden großen Abstände zwischen den einzelnen Membranlagen haben derartige Wand- und Dachsysteme besondere bauphysikalische Eigenschaften, die bei falscher technischer Auslegung zu Problemen führen können. Dies betrifft vor allem den winterlichen und sommerlichen Wärmeschutz, den Feuchteschutz, die akustischen Eigenschaften und die raumklimatische Behaglichkeit. Daher stehen diese Aspekte im Fokus der wissenschaftlichen Betrachtungen.

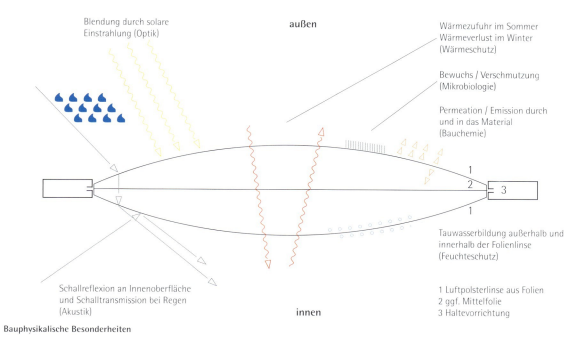

Bauphysikalische Besonderheiten

1 Luftpolsterlinse aus Folien
2 ggf. Mittelfolie
3 Haltevorrichtung

Abb. 4.41 **Bauphysikalische Besonderheiten**
Aufgrund der geringen Materialdicken, der großen Zwischenräume zwischen den Membranen und der hohen Lichtdurchlässigkeit sind die wesentlichen Wärmetransportmechanismen Konvektion und Strahlung. Wärmeleitung spielt dafür an den Klemmprofilen eine wesentliche Rolle. Akustisch sind bei diesen massearmen Systemen vor allem Schalltransmission und -reflexion von Interesse. Besondere Bedeutung kommt der erzwungenen Schallanregung bei Regen zu. Auch Sekundäreffekte wie Tauwasserbildung und Bewuchs infolge unzureichender thermischer Auslegung werden wissenschaftlich untersucht, ebenso wie Permeations- und Emissionseffekte an den Membranen.

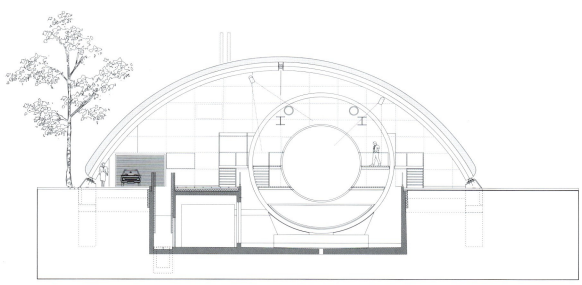

Schnitt

Abb. 4.42 **Querschnitt**
Die Schnittzeichnung zeigt die FTF-Halle mit Blick nach Westen. Die Unterdruckröhre des Fluglabors (als rundes Element erkennbar) befindet sich aus Platzgründen nicht mittig in der Halle, sondern ist in den nördlichen Teil der Halle verschoben.

Abb. 4.43 **Außenansicht FTF-Halle nach der Fertigstellung**
Auf beiden Seiten sind die Zwischenräume der Träger mit jeweils acht Membrankissen ausgefacht. Die Fassadenflächen der Giebel bestehen aus unverputzter Foamglas-Dämmung.

Abb. 4.44 **Innenansicht FTF-Halle**
Brettschichtholz-Tragkonstruktion der Fluglabor-Halle von innen. Trotz Bedruckung geht der transparente Eindruck, von innen betrachtet, nicht verloren.

Fertigstellung: 2005
Nutzung: Membrankissen-Versuchsdach (Dach des neuen Flugzeuglabors am IBP)
Bauherr: Fraunhofer-Gesellschaft zur Förderung der angewandten Forschung e.V.
Architekt: HENN Architekten
Holz-Tragkonstruktion: Wiehag
Membran-Dachsystem: Covertex, Obing
Giebel: Foamglas

Fassadeninteraktionen

„The future of architecture is not architectural. It is not our inner knowledge that will resolve the crisis of architecture. The solution will resolve the crisis of architecture. The solution does not lie hidden in the codicils of Alberti, Piranesi, Lequeu or Ledoux. It is not important to know which traces to follow, which maestro to worship, which architecture to impose or which architects to banish. Architecture must go beyond its frontiers, give its elitist guardians a good shaking and cease to be a privilege that no social revolution will ever abolish. The role of architects is to liberate their muse.

For this reason they must express themselves in all media, but above all through construction: They must enter into harmony with a totally different culture environment and drink of the fountains of a whole civilisation. From now on, architecture must have significance. It must speak, relate, question, if necessary in detriment (and it often is) to technological purity, to constructed tradition, to conformity with references to cultural models (whether these be classical or modern in origin). Architecture must address the spirit rather than the eye: translate a living civilisation rather than a legacy. From this point of view, the future of architecture is more literary than architectural, more linguistic, than formal. If architecture becomes transformed into this medium to convey ideas, to transmit meanings through space and volume, then the architect becomes a person who speaks (with construction as his language) to those who are going to live in the space and volumes that he defines. What he says, what he chooses to say, is at least as interesting as his form of saying it.

The scope of architecture should be extended to include the definition of the vocabulary of new districts and the directions which urban modifications should take. In those places where city planning regulations are today applied, where technocratic rules govern, where the censorship of good taste is all-powerful, architecture can spring up only by mistake. What to do then? Construct. In the most significant way. In 90 % of cases critical, provocative, denouncing, interrogating, ironic stances must be adopted. This way every building will raise a question as to what its nature should or could have been."

Jean Nouvel

Quelle: Extracts from „Les Cahiers de la Recherche Architecturale", no. 6–7, 1980

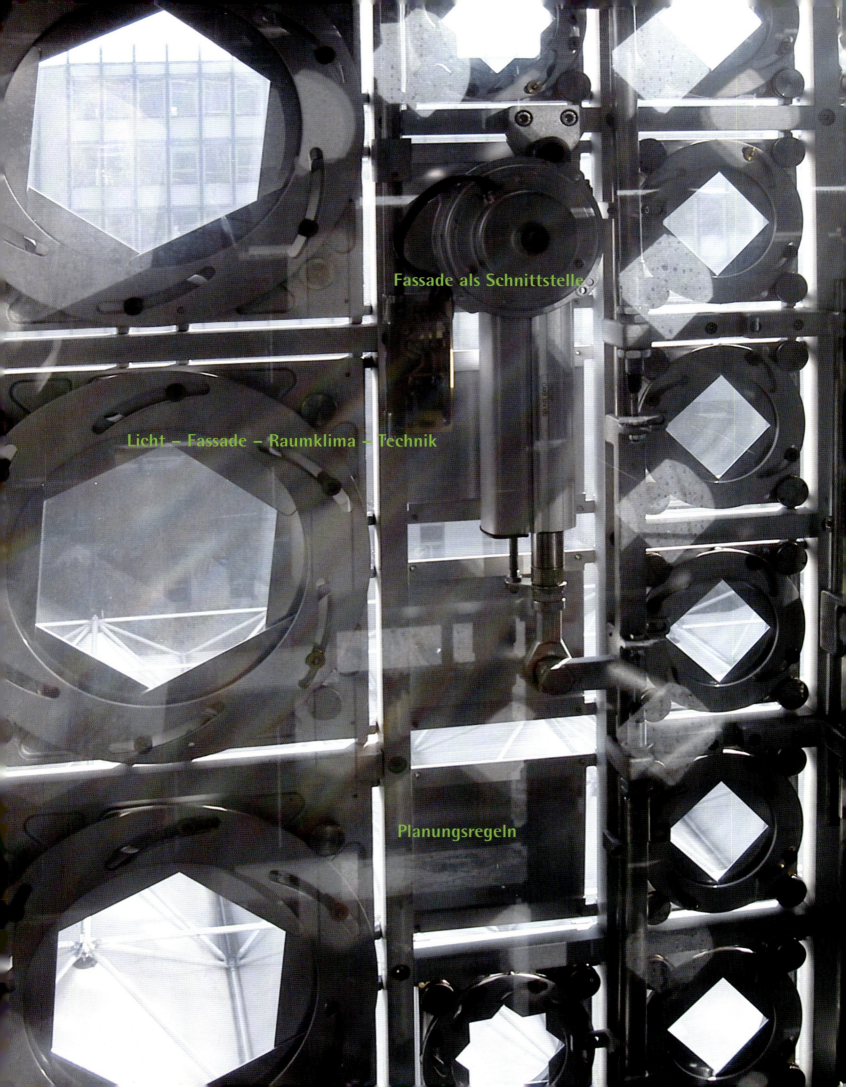

Fassade als Schnittstelle

Licht – Fassade – Raumklima – Technik

Planungsregeln

Die energetische und raumklimatische Funktion einer Fassade besteht darin, die Anforderungen im Innenraum mit den sich dynamisch ändernden Bedingungen im Außenraum möglichst gut in Einklang zu bringen. Je leistungsfähiger die Fassade diese Aufgabe erfüllen kann, desto geringer ist der erforderliche Technik- und Energieaufwand für die Raumkonditionierung.

Außen

Die Außenraumsituation ist geprägt durch die Solarstrahlung, die Außenlufttemperatur, die Windgeschwindigkeit, die Lärmbelastung und durch mikroklimatische Einflüsse. Diese Faktoren stehen in erheblicher Wechselwirkung zueinander, weshalb sie bei der Gebäudekonzeption stets gleichermaßen berücksichtigt werden müssen.

Innen

Damit der Nutzer sich im Inneren eines Gebäudes wohl fühlt, müssen Grenzwerte für Temperatur und Luftfeuchtigkeit eingehalten, eine gute Belichtung und Belüftung gewährleistet und der Lärm- und Schadstoffeintrag minimiert werden. Zudem sollten die Raumtemperaturen und die Tageslichtversorgung, das Strahlungsmilieu und die Lüftung in weiten Bereichen an die Bedürfnisse der Nutzer anpassbar sein, damit individuelle Wünsche bestmöglich erfüllt werden können. Wichtig für das Wohlbefinden ist zudem der Ausblick und damit der Außenbezug.

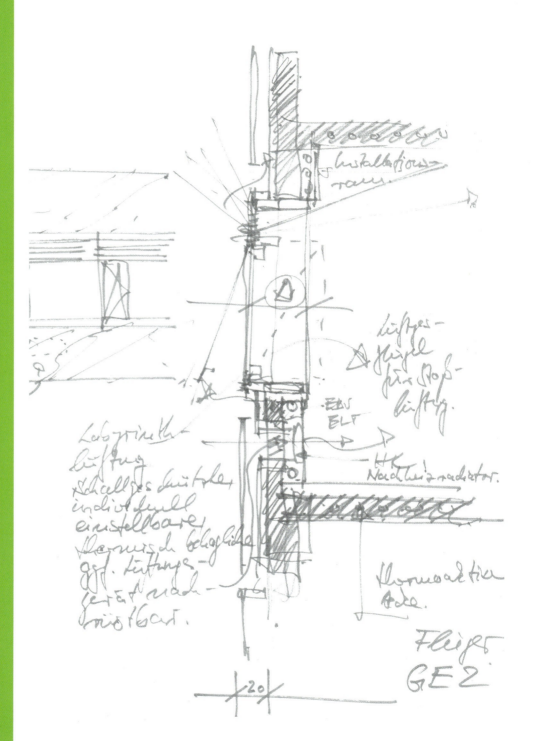

Skizze: Stefan Niese, 2006

Fassade als Schnittstelle

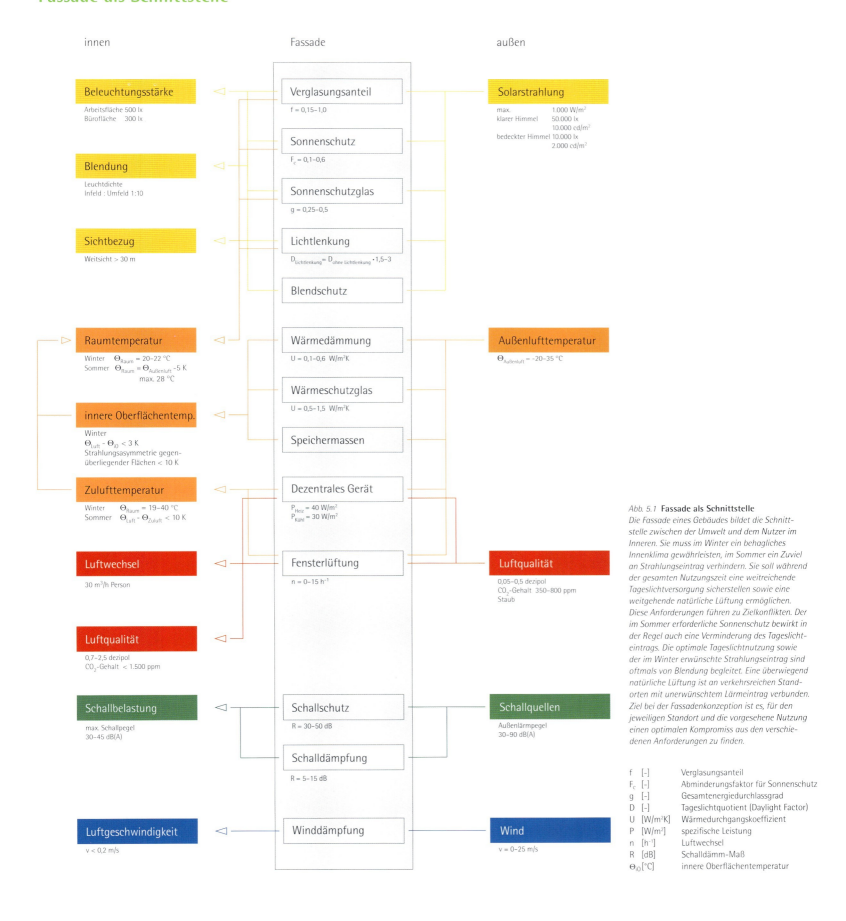

Abb. 5.1 **Fassade als Schnittstelle**
Die Fassade eines Gebäudes bildet die Schnittstelle zwischen der Umwelt und dem Nutzer im Inneren. Sie muss im Winter ein behagliches Innenklima gewährleisten, im Sommer ein Zuviel an Strahlungseintrag verhindern. Sie soll während der gesamten Nutzungszeit eine weitreichende Tageslichtversorgung sicherstellen sowie eine weitgehende natürliche Lüftung ermöglichen. Diese Anforderungen führen zu Zielkonflikten. Der im Sommer erforderliche Sonnenschutz bewirkt in der Regel auch eine Verminderung des Tageslichteintrags. Die optimale Tageslichtnutzung sowie der im Winter erwünschte Strahlungseintrag sind oftmals von Blendung begleitet. Eine überwiegend natürliche Lüftung ist an verkehrsreichen Standorten mit unerwünschtem Lärmeintrag verbunden. Ziel bei der Fassadenkonzeption ist es, für den jeweiligen Standort und die vorgesehene Nutzung einen optimalen Kompromiss aus den verschiedenen Anforderungen zu finden.

f	[-]	Verglasungsanteil
F_c	[-]	Abminderungsfaktor für Sonnenschutz
g	[-]	Gesamtenergiedurchlassgrad
D	[-]	Tageslichtquotient (Daylight Factor)
U	[W/m²K]	Wärmedurchgangskoeffizient
P	[W/m²]	spezifische Leistung
n	[h⁻¹]	Luftwechsel
R	[dB]	Schalldämm-Maß
Θ_{iO}	[°C]	innere Oberflächentemperatur

Bedingungen im Außenraum

Strahlung

Im Verlauf eines Jahres verändern sich aufgrund der Schrägstellung der Erdachse die Sonnenbahnen. Dadurch ändert sich der Einstrahlwinkel und die Einstrahlungsintensität auf verschieden orientierte Fassaden. Für gleiche Uhrzeiten ändert sich der Azimutwinkel nicht. Die Einstrahlung ist im Winter wesentlich geringer als im Sommer. Im Winter erhält nur die Südfassade einen maßgeblichen Strahlungseintrag. Im Sommer erhalten ost- und westorientierte Fassaden eine hohe Einstrahlung. Der September weist wesentlich höhere Einstrahlungswerte auf als der März. Die Nordfassade erhält im Sommer ebenfalls nennenswerte Eintrahlungswerte.

Daten Referenzklima Deutschland

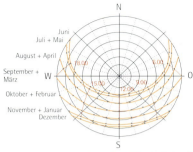

Sonnenstandsdiagramm, 51° nördlicher Breite

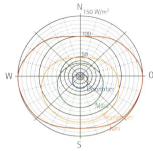

Mittlere monatliche Einstrahlung auf vertikale Flächen

Temperatur

Außenlufttemperaturverlauf über das Jahr verteilt für das Testreferenzjahr Würzburg

Die Außenlufttemperatur ist abhängig von der solaren Einstrahlung und der Temperatur der zufließenden Luftmassen. Sie beeinflusst die Transmissions- und Lüftungswärmeverluste im Winter sowie die unerwünschten Wärmeeinträge und die möglichen Kühlpotenziale im Sommer.
Während der überwiegenden Zeit des Jahres bewegen sich die Außenlufttemperaturen zwischen -5 °C und 25 °C. Extrem niedrige bzw. extrem hohe Temperaturen herrschen nur an ca. 6% der Nutzungszeit.
Zur Verbesserung der thermischen Verhältnisse über Nachtauskühlung sind die Nachttemperaturen im Sommer von Bedeutung. Ungünstig ist es, wenn auf warme Tage hohe Nachttemperaturen folgen. Diese Situation stellt sich im Sommer an ca. 15 Tagen ein.
Für die natürliche Lüftung ist die Außenlufttemperatur von Bedeutung. Ist sie zu gering, kommt es zu Behaglichkeitsproblemen. Ist sie zu hoch, enstehen unerwünschte Wärmeeinträge. Während ca. 64 % der Nutzungszeit ist die Lüftung über die Fassade ohne Probleme möglich. Wird die Zulufteinbringung optimiert, so vergrößert sich dieser Zeitraum auf bis zu 90 %. Während 2 % der Nutzungszeit ist es zu kalt, während 4 % ergeben sich erhöhte Wärmeeinträge.

Daten TRY Würzburg

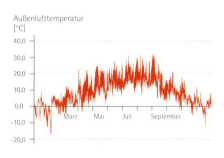

Außenlufttemperaturverlauf

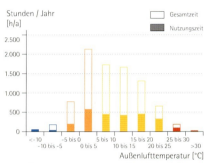

Häufigkeitsverteilung der Außenlufttemperaturen

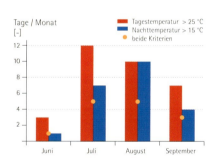

Tagesanalyse Temperaturverteilung im Sommer

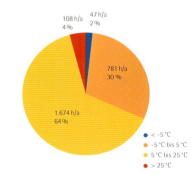

Möglichkeit der natürlichen Lüftung, Nutzungszeit

Schall

Die Schallbelastung am Standort hat einen erheblichen Einfluss auf das Lüftungs- und Fassadenkonzept. Mit zunehmendem Abstand zur Schallquelle vermindert sich die Schallbelastung. Die Reduktion ist bei punktförmigen Schallquellen doppelt so hoch wie bei linearen Schallquellen.

Formeln zur Ermittlung der Reduktion von Schall im freien Feld:
lineare Schallquelle: $L_{P1} - L_{P2} = 10 \cdot \lg d/d_0$
punktförmige Schallquelle: $L_{P1} - L_{P2} = 20 \cdot \lg r/r_0$

L_{P1} Schallpegel der Schallquelle [dB(A)]
L_{P2} Schallpegel [dB(A)]
r, d Abstand zur Schallquelle [m]
$r_0 = 0{,}282$ m, $d_0 = 0{,}282$ m

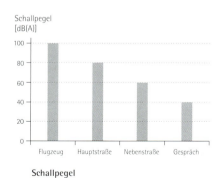

Schallpegel

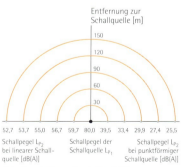

Schallausbreitung im freien Feld

Abb. 5.2 Planungsrelevante Größen der Außenraumsituation

Anforderungen an die Bedingungen im Innenraum

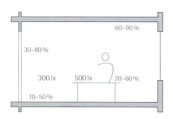

Beleuchtungsstärke und Reflexionsgrade

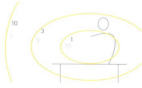

Leuchtdichteverteilung

Licht
Beleuchtungsstärke und Reflexionsgrade der Oberflächen bestimmen die Leuchtdichte. Die notwendigen Beleuchtungsstärken ergeben sich aus der Sehaufgabe. Für Büroarbeitsplätze sind 500 lx empfehlenswert.
Um eine hohe visuelle Behaglichkeit zu ermöglichen, liegt eine sinnvolle Leuchtdichteverteilung bei 10:3:1 für die Bereiche Sehaufgabe, unmittelbare Umgebung und fernes Umfeld.

DIN EN 12464-1, DIN 5035-7

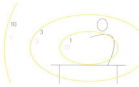

Fußbodentemperatur, vertikaler Temperaturgradient und Luftgeschwindigkeit

	Winter	Sommer
T_{op}	20–24 °C	23–26 °C
$v_{Luft,max}$	0,16 m/s	0,19 m/s

Raumklima

Temperatur
Die Temperatur des Fußbodens hat einen entscheidenden Einfluss auf den thermischen Komfort. Der Temperaturunterschied zwischen Kopf- und Fußbereich sollte maximal 3 K betragen. Die operative Raumtemperatur und die Luftgeschwindigkeit sind die entscheidenden Größen für thermische Behaglichkeit im Raum. Eine asymmetrische Verteilung der Strahlungstemperatur im Raum durch zu hohe Temperaturunterschiede von gegenüberliegenden Flächen kann zu Unbehaglichkeiten führen. Hohe Temperaturunterschiede zwischen Luft und Oberflächen können Zugerscheinungen bewirken. In gewissen Grenzen können niedrigere Oberflächentemperaturen durch höhere Lufttemperaturen ausgeglichen werden.

DIN EN ISO 7730

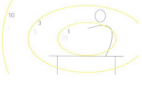

Anforderungen an die Luftqualität

	olf	Luftwechsel [h^{-1}]
geringe Belastung	4,4	1,5
mittlere Belastung	6,6	3,5
hohe Belastung	8,8	6

Raumvolumen: 67 m³

Luftwechsel bei verschiedener Olf-Belastung

Lüftung
Aus der Luftbelastung ergibt sich der erforderliche Luftwechsel für den Raum. Je weniger schädliche Materialien verwendet werden und je geringer der Anteil von Rauchern in den Räumen ist, umso geringer ist der erforderliche Luftwechsel, um eine gute Luftqualität zu erreichen. Weitere Verunreinigungsquellen können Geräte und Lüftungsanlagen sein.

Schallpegel und Nachhallzeit T

	R [dB]	dB(A)
Fenster geschlossen	30	50
Fenster gekippt	15	65
Fenster offen	5	75

Schallquelle: laute Straße, 80 dB(A)

Schallreduktion und Schallpegel im Raum

Schall
Der Schallpegel im Raum darf weder die Kommunikation noch die Konzentration bei der Arbeit beeinträchtigen. In Büroräumen sind 30–45 dB(A) anzustreben.
Die Nachhallzeit wird beeinflusst von allen Materialien im Raum und dem Raumvolumen. Ab 40 dB(A) werden Unterschiede von 10 dB(A) wie eine Verdopplung bzw. Halbierung der Lautstärke empfunden. Bei weniger als 40 dB(A) führen schon kleinere Pegeländerungen zu einer empfundenen Verdopplung der Lautstärke.

Abb. 5.3 Übersicht über Behaglichkeitskriterien im Innenraum

Physikalische Vorgänge an Fassaden und Anhaltswerte

Transmissionswärmeverlust

Der Transmissionswärmeverlust ist der Energieverlust durch Wärmeleitung durch die Gebäudehüllfläche. Er wird maßgeblich bestimmt durch den Wärmedurchgangskoeffizienten (U-Wert) der einzelnen Außenbauteile und dem Temperaturunterschied zwischen innen und außen. Auch für transparente Bauteile lassen sich U-Werte für das Gesamtsystem aus Rahmen und Verglasung angeben.

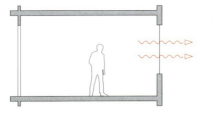

Transmissionswärmeverlust $Q_{Bauteil}$
$Q_{Bauteil} = A_{Bauteil} \cdot U_{Bauteil} \cdot \Delta\Theta \cdot t$ [Wh]

$A_{Bauteil}$ Fläche Bauteil [m²]
$U_{Bauteil}$ U-Wert Bauteil [W/m²K]
$\Delta\Theta$ Temperaturdifferenz innen-außen [K]
t Zeit [h]

	U [W/m²K]
2-Scheiben Wärmeschutzglas	1,4
3-Scheiben Wärmeschutzglas	0,7
Neubauten nach EnEV (Wand)	< 0,35
Niedrigenergiehaus (Wand)	< 0,25
Passivhaus (Wand)	< 0,15

Lüftungswärmeverlust

Der Lüftungswärmeverlust bestimmt den Energieverlust, der sich im Winter durch Lüftung einstellt. Er ist maßgeblich vom Luftaustausch und dem Temperaturunterschied zwischen innen und außen abhängig. Bei hohen Luftwechselzahlen stellt der Lüftungswärmeverlust die entscheidende Größe in Bezug auf den Gesamtwärmeverlust dar.

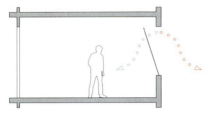

Lüftungswärmeverlust Q_{Luft}
$Q_{Luft} = V_{Raum} \cdot n \cdot C_{Luft} \cdot \Delta\Theta \cdot t$ [Wh]

V_{Raum} Raumvolumen [m³]
C_{Luft} Wärmekapazität Luft = 0,34 Wh/m³K
n Luftwechselzahl [h⁻¹]
$\Delta\Theta$ Temperaturdifferenz innen-außen [K]
t Zeit [h]

	n [h⁻¹]
Fenster und Türen geschlossen	0–0,5
Fenster gekippt	0,3–1,5
Fenster halb offen	5–10
Fenster ganz offen	10–15
Fenster und Türen gegenüber offen	> 40

Gesamtenergiedurchlassgrad

Der Gesamtenergiedurchlassgrad für die Fassade ergibt sich aus dem Energiedurchlassgrad der Verglasung, dem Verglasungsanteil und dem Abminderungsfaktor des Sonnenschutzes. Letzterer ist bei innen liegenden Systemen individuell zu berechnen, da der Energiedurchlass von den Reflexionseigenschaften des Sonnenschutzes und der Verglasung sowie den Absorptionseigenschaften der Verglasung beeinflusst wird.

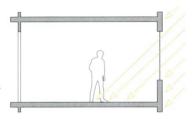

Gesamtenergiedurchlassgrad g_{tot}
$g_{tot} = g \cdot F_c \cdot f$ [-]

g Energiedurchlassgrad Verglasung [-]
F_c Abminderungsfaktor Sonnenschutz [-]
f Verglasungsanteil Fassade [-]

	g [-]
2-Scheiben-Wärmeschutzglas	0,6
3-Scheiben-Wärmeschutzglas	0,4
2-Scheiben-Sonnenschutzglas	0,3

	F_c [-]
Sonnenschutz hochgefahren	1
Sonnenschutz außen liegend	0,1
Sonnenschutz innen liegend	0,5

Tageslichtquotient

Der Tageslichtquotient beschreibt das Verhältnis zwischen der Beleuchtungsstärke auf eine horizontale Ebene im Raum und der Beleuchtungsstärke auf eine horizontale Ebene im Freien bei vollständig bedecktem Himmel. Zur überschlägigen Abschätzung der noch möglichen Raumtiefe, die mit Tageslicht über ein Seitenfenster belichtet werden kann, wird die 1,5fache Fenstersturzhöhe angesetzt.

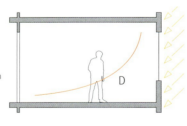

Tageslichtquotient D
$D = E_p / E_a \cdot 100$ [%]

E_p Beleuchtungsstärke im Raum [lx]
E_a Beleuchtungsstärke im Freien [lx]

Beleuchtungstiefe im Raum
Beleuchtungstiefe = $1,5 \cdot h_{Fenstersturz}$ [m]

$h_{Fenstersturz}$ Höhe Oberkante Fußboden bis Unterkante Fenstersturz [m]

	D = 1 %	D = 5 %
bedeckter Himmel (10.000 lx)	100 lx	500 lx

Fassadennahe Grenzschicht

Im Sommer kann sich die Oberfläche von Fassaden je nach Reflexionsverhalten und Farbe auf Temperaturen von 40–80 °C aufheizen. Diese Aufheizung bewirkt eine Erwärmung der Luft unmittelbar vor der Fassade, die dadurch entlang der Fassade nach oben steigt. Die Grenzschicht kann je nach Wind Temperaturen aufweisen, die 4–7 °C über der Außenlufttemperatur liegen, und kann bis zu mehreren Metern dick sein.

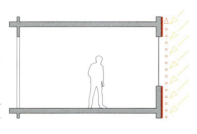

Fassadennahe Grenzschichttemperatur $\Theta_{Grenzschicht}$
$\Theta_{Grenzschicht} = \Theta_a + 7\,°C$ [°C]

Fassadennahe Grenzschichttemperatur bei Wind $\Theta_{Grenzschicht, Wind}$
$\Theta_{Grenzschicht, Wind} = \Theta_a + 4\,°C$ [°C]

Θ_a Außenlufttemperatur [°C]

Innere Oberflächentemperatur Θ_{i0}

$$\Theta_{i0} = \Theta_i - \Delta\Theta \cdot U_{Wand} \cdot R_{si} \quad [°C]$$

Θ_{i0}	innere Oberflächentemperatur [°C]
Θ_i	Raumlufttemperatur [°C]
$\Delta\Theta$	Temperaturdifferenz innen-außen [°C]
U_{Wand}	U-Wert Wand [W/m²K]
R_{si}	Wärmeübergangswiderstand innen = 1,25 m²K/W

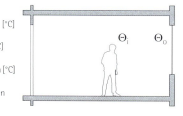

Innere Oberflächentemperatur

Die Oberflächentemperatur an der Innenwand hängt vom U-Wert sowie von der Differenz zwischen Innen- und Außentemperatur ab. Bei der inneren Oberflächentemperatur eines Fensters müssen zusätzlich die Einstrahlung und der Absorptionsgrad der Verglasung berücksichtigt werden. Im Wandbereich spielt die Einstrahlung nur eine untergeordnete Rolle.

	k [-]
Flachheizkörper	0,2
Radiator	0,4
Konvektor	0,8

Heizkörperleistung Q_{HK} zur Kompensierung des Kaltluftabfalls (nach Nowak)

$$Q_{HK} = \frac{A_{Fassade} \cdot U \cdot \Delta\Theta}{k} \quad [W]$$

$A_{Fassade}$	Fassadenfläche [m²]
U	U-Wert Fassade gesamt [W/m²K]
$\Delta\Theta$	Temperaturdifferenz innen-außen [K]
k	konvektiver Anteil Heizkörper [-]

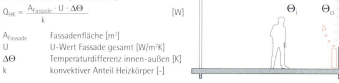

Kaltluftabfall

Bei kalter Außenluft und somit kalten Innenseiten der Scheiben wird die Raumluft in Fensternähe stark abgekühlt. Dadurch ergibt sich ein Kaltluftabfall am Fenster. Mit einem Heizkörper in Fensternähe kann dieser aufgefangen werden, damit sich keine Luftwalze einstellt, bei der in Bodennähe kalte Luft zu Behaglichkeitseinbußen führt.

Randbedingungen

Öffnungswinkel geöffnetes Fenster	90°
Öffnungswinkel gekipptes Fenster	1–7°

Anhaltswerte für den Luftaustausch durch Thermik

bei ganz geöffnetem Fenster
$\Delta\Theta_{innen-außen}$	20 K	ca. 1.500 m³/h
$\Delta\Theta_{innen-außen}$	5 K	ca. 700 m³/h

bei gekipptem Fenster
$\Delta\Theta_{innen-außen}$	20 K	ca. 40–130 m³/h
$\Delta\Theta_{innen-außen}$	5 K	ca. 20–60 m³/h

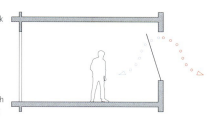

Luftaustausch durch Thermik

Bei Temperaturdifferenzen zwischen innen und außen stellt sich ein thermisch bedingter Luftaustausch über das geöffnete Fenster ein. Der Luftwechsel ist abhängig von der Fensterhöhe und -breite, vom Öffnungswinkel, den Durchflusseigenschaften des Fensters und dem Temperaturunterschied zwischen innen und außen.

Randbedingungen

Windgeschwindigkeit	1–4 m/s

Abschätzung des Luftaustauschs bei gekipptem Fenster

$\Delta\Theta_{innen-außen}$	2–4 K	50–110 m³/h
$\Delta\Theta_{innen-außen}$	18–21 K	100–140 m³/h

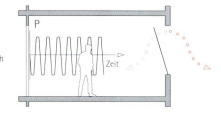

Luftaustausch durch Wind

Der windbedingte Luftaustausch erfolgt auf zweierlei Weise. Ist eine Durchströmung des Gebäudes möglich, so tritt die Luft auf der windzugewandten Seite in den Raum ein, strömt durch Leckagen oder offene Türen durch das Gebäude und tritt auf der windabgewandten Seite wieder aus. Pumpeffekte, die sich durch Druckschwankungen aufgrund der Böigkeit des Windes ergeben, bewirken einen windbedingten Luftaustausch durch eine Öffnung.

typische Schalldämmung	[dB]
Porenbeton 10 cm	41
Vollziegel 24 cm	53
Isolierglas	30–35
Schallschutzglas	35–50

Norm-Schallpegeldifferenz D_N

$$D_N = L_a - L_i - 10 \lg \cdot A/A_0 \quad [dB]$$

L_a	Schallpegel außen [dB]
L_i	Schallpegel innen [dB]
A	äquivalente Absorptionsfläche [m²]
A_0	Bezugsabsorptionsfläche [m²]

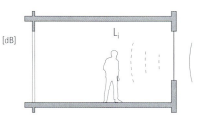

Schalldämmung

Das Schalldämm-Maß einer Fassade gibt an, wieviel Schall die Fassade im geschlossenen Zustand abhält. Die Schwachstelle in der Fassade in Bezug auf die Schalldämmung bilden in der Regel die Fenster. Im Gesamtsystem Fassade haben auch die Dichtungen, die Fensterrahmen, die Beschläge und die Einbaudetails Einfluss auf die Schalldämmwirkung.

Interaktionen

09:35

09:58

11:47

12:34

12:48

13:20   15:56   16:23   17:46   22:18

Fassadeninteraktionen | Fassade als Schnittstelle

Ausgangspunkt bei der Konzeptentwicklung für ein Gebäude sind die Wünsche und Anforderungen des Bauherrn. Der Planer reagiert darauf mit der Ausbildung der Fassade und der Wahl des Raumkonditionierungskonzepts. Diese beiden Aspekte zusammen beeinflussen das erzielbare Raumklima im Sommer. Die Art der Fassade bestimmt zudem die Tageslichtsituation im Raum, das Raumkonditionierungskonzept hat hingegen Auswirkungen auf die möglichen Kältebereitstellungssysteme. Dadurch ergibt sich ein Wirkungszusammenhang von Licht, Raumklima und Kältebereitstellung und somit eine Wechselbeziehung zwischen Kühlstrategie und Tageslichtangebot.

In der frühen Planungsphase ist es erforderlich, das Zusammenwirken von Fassade und Gebäudetechnik schnell abschätzen zu können. Detaillierte Berechnungen sind aufgrund der noch unpräzisen Randbedingungen und der hohen Variantenzahl noch nicht sinnvoll. Deshalb wurde für viele Standardfälle eine Parameterstudie erstellt, welche die Themenbereiche Licht, Fassade, Raumklima und Gebäudetechnik zusammenführt und es ermöglicht, grundlegende Simulationen für die Konzeptphase teilweise zu ersetzen. Die Ergebnisse werden zunächst für typische Anforderungsprofile in Wirkungsketten dargestellt, anhand derer sich die Konsequenzen von Planungsanforderungen abschätzen lassen. Um die Zusammenhänge im Detail besser analysieren zu können, werden alle Ergebnisse zu den Themen Licht, Raumklima und Energie in einer Gesamtmatrix auf drei Übersichtsseiten zusammengestellt. Damit lassen sich die Auswirkungen von Planungsentscheidungen in einem ganzheitlichen Ansatz erfassen.

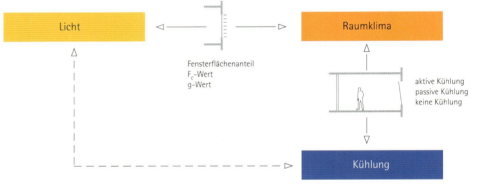

Fensterflächenanteil
F_c-Wert
g-Wert

aktive Kühlung
passive Kühlung
keine Kühlung

Licht-Fassade-Raumklima-Technik

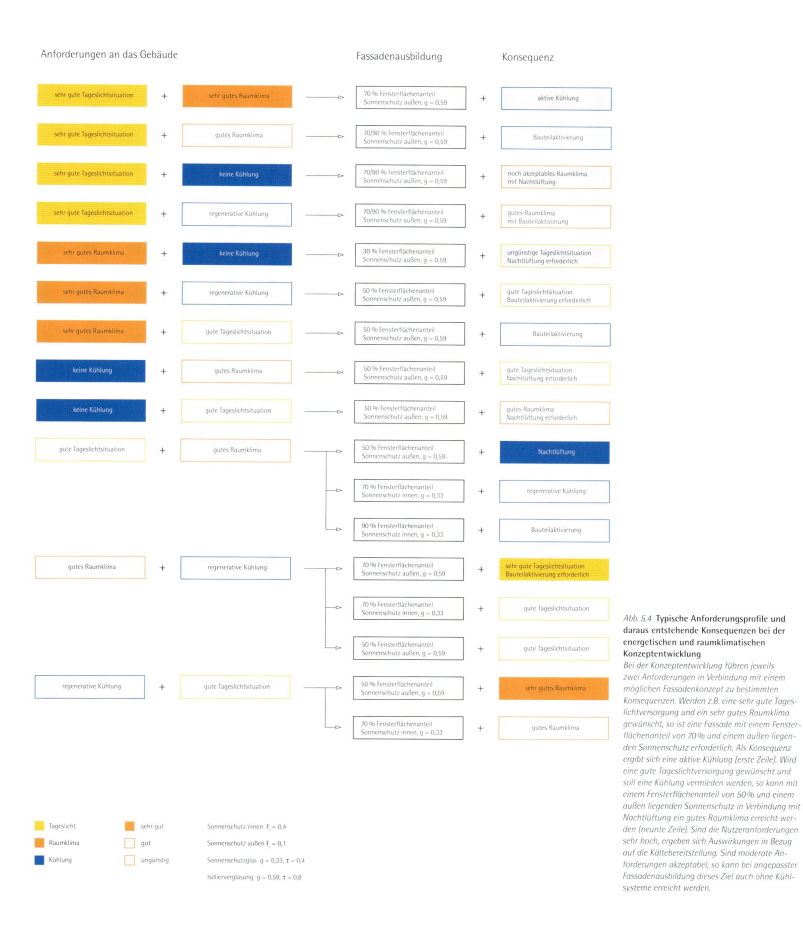

Abb. 5.4 **Typische Anforderungsprofile und daraus entstehende Konsequenzen bei der energetischen und raumklimatischen Konzeptentwicklung**
Bei der Konzeptentwicklung führen jeweils zwei Anforderungen in Verbindung mit einem möglichen Fassadenkonzept zu bestimmten Konsequenzen. Werden z.B. eine sehr gute Tageslichtversorgung und ein sehr gutes Raumklima gewünscht, so ist eine Fassade mit einem Fensterflächenanteil von 70% und einem außen liegenden Sonnenschutz erforderlich. Als Konsequenz ergibt sich eine aktive Kühlung (erste Zeile). Wird eine gute Tageslichtversorgung gewünscht und soll eine Kühlung vermieden werden, so kann mit einem Fensterflächenanteil von 50% und einem außen liegenden Sonnenschutz in Verbindung mit Nachtlüftung ein gutes Raumklima erreicht werden (neunte Zeile). Sind die Nutzeranforderungen sehr hoch, ergeben sich Auswirkungen in Bezug auf die Kältebereitstellung. Sind moderate Anforderungen akzeptabel, so kann bei angepasster Fassadenausbildung dieses Ziel auch ohne Kühlsysteme erreicht werden.

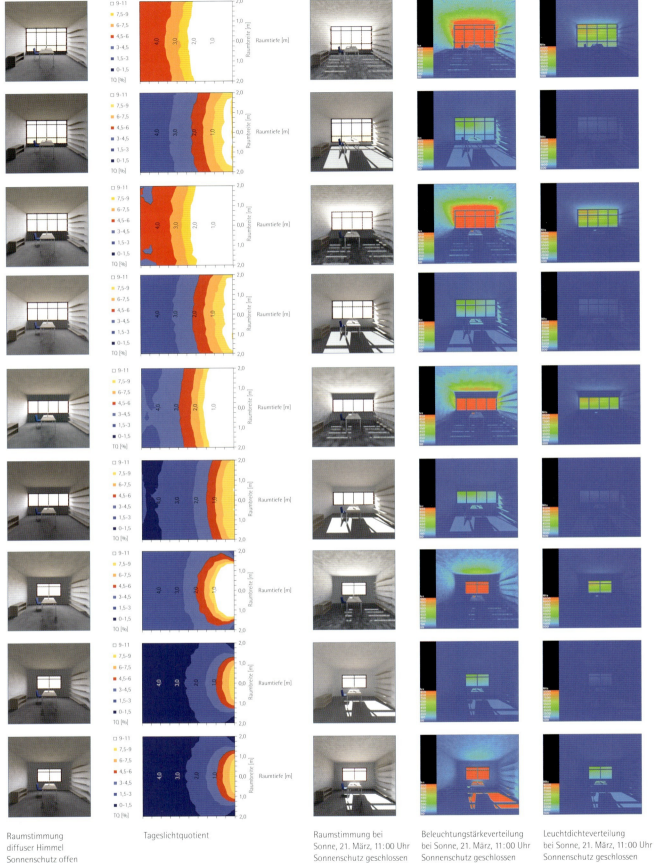

Abb. 5.5 **Interaktionsmatrix Licht, Fassade, Raumklima und Technik**
Die Matrix erstreckt sich über die Seiten 160–163. Sie ist in beide Richtungen lesbar. Randbedingungen und Erläuterungen siehe Seite 162 und 163.

Raumstimmung diffuser Himmel Sonnenschutz offen

Tageslichtquotient

Raumstimmung bei Sonne, 21. März, 11:00 Uhr Sonnenschutz geschlossen

Beleuchtungstärkeverteilung bei Sonne, 21. März, 11:00 Uhr Sonnenschutz geschlossen

Leuchtdichteverteilung bei Sonne, 21. März, 11:00 Uhr Sonnenschutz geschlossen

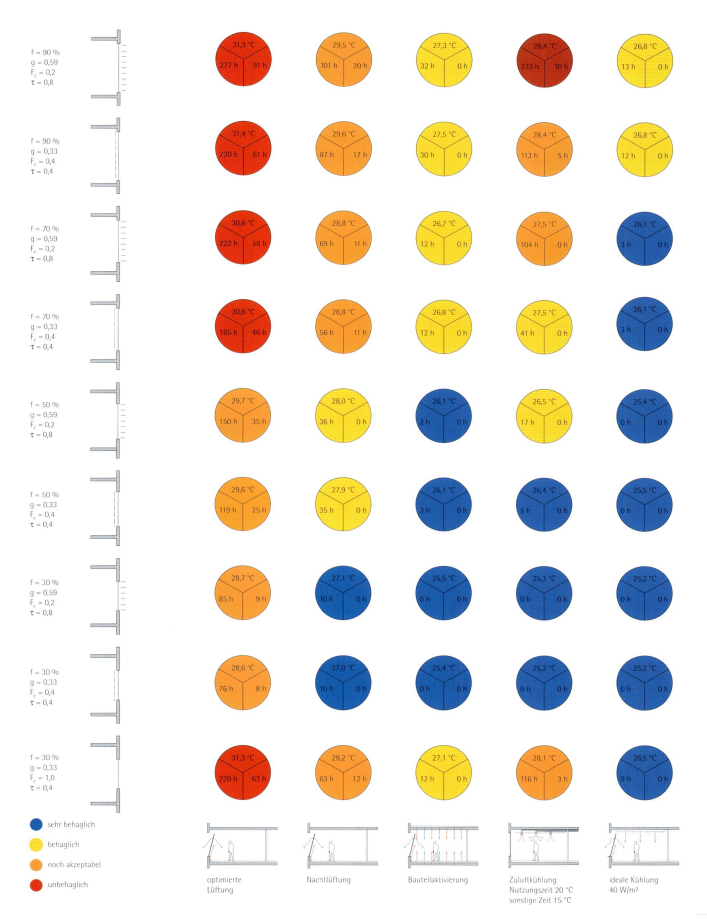

Legende: Raumklima während der Nutzungszeit (S. 161)

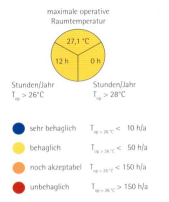

Stunden/Jahr Stunden/Jahr
$T_{op} > 26°C$ $T_{op} > 28°C$

● sehr behaglich $T_{op > 26 °C} <$ 10 h/a
● behaglich $T_{op > 26 °C} <$ 50 h/a
● noch akzeptabel $T_{op > 26 °C} <$ 150 h/a
● unbehaglich $T_{op > 26 °C} >$ 150 h/a

Allgemeine thermische Randbedingungen

Bürofläche	22,5 m²
Orientierung	Süd
Fassadenfläche	13,5 m²
Fensterflächenanteil	30/50/70/90 %
Verglasung	g = 0,60/0,33
	U = 1,1 W/m²K
Sonnenschutz	
außen, Lamelle	F_c = 0,20
innen, Folie	F_c = 0,40
Innenwände	leicht, adiabat
Decken	massiv, adiabat
Lasten	wochentags
8:00–18:00 Uhr	2 Pers. + 2 PC
Kühlung	variiert
Klima	Würzburg

Lichtspezifische Randbedingungen

Reflexionsgrade	
Decke	80 %
Wände	80 %
Boden	20 %
Lichttransmission	
normales Glas	τ = 0,8
Sonnenschutzglas	τ = 0,4
Standort	Würzburg
Direkte Sonne	21.03, 11:00 Uhr
Diffuser Himmel	21.03, 12:00 Uhr

Variante optimierte Lüftung

Lüftung	
Wochentag	
8:00 –10:00 Uhr	n = 5,0 h⁻¹
10:00 –18:00 Uhr	n = 2,0 h⁻¹
18:00 – 8:00 Uhr	n = 1,0 h⁻¹
Wochenende	n = 1,0 h⁻¹
Kühlung	keine

Variante Nachtlüftung

Lüftung	
Wochentag	
8:00 –10:00 Uhr	n = 5,0 h⁻¹
10:00 –18:00 Uhr	n = 2,0 h⁻¹
18:00 – 8:00 Uhr	n = 4,0 h⁻¹
Wochenende	n = 1,0 h⁻¹
Kühlung	keine

Variante Bauteilaktivierung

Lüftung	
Wochentag	
8:00 –18:00 Uhr	n = 2,0 h⁻¹
18:00 – 8:00 Uhr	n = 1,0 h⁻¹
Wochenende	n = 1,0 h⁻¹
Dicke TAD	25 cm
Rohre	14/18 mm
Rohrabstand	200 mm
Massenstrom	15 kg/hm²
Vorlauftemperatur	$T_{VL} = T_{außen}$
Durchströmung	22:00 – 6:00 Uhr

Variante Zuluftkühlung

Lüftung	
Wochentag	
8:00 –18:00 Uhr	n = 2,0 h⁻¹
18:00 – 8:00 Uhr	n = 1,0 h⁻¹
Wochenende	n = 1,0 h⁻¹
Zulufttemperatur	
Wochentag	
8:00 –18:00 Uhr	20 °C
18:00 – 8:00 Uhr	15 °C
Wochenende	15 °C

Variante ideale Kühlung

Lüftung	
Wochentag	
8:00 –18:00 Uhr	n = 2,0 h⁻¹
18:00 – 8:00 Uhr	n = 1,0 h⁻¹
Wochenende	n = 1,0 h⁻¹
Kühlung	ab T_{Raum} >25 °C
Kühlleistung	max. 40 W/m²
Wochentag	
8:00 –18:00 Uhr	ein
18:00 – 8:00 Uhr	aus
Wochenende	aus

Randbedingungen und Spezifikation der Raumkonditionierungskonzepte für die Interaktionsmatrix Licht, Fassade, Raumklima und Technik, auf den Seiten 160, 161 und 163 (Abb. 5.5).

Fortsetzung S. 161

**Erläuterung Abb. 5.5, Seiten 160–163,
Interaktionsmatrix Licht, Fassade, Raumklima und Technik**

Die Tageslichtsituation im Raum wird beeinflusst vom Fensterflächenanteil und der Lichttransmission der Verglasung. Die Fassade und das Raumkonditionierungskonzept zusammen bestimmen die thermischen Verhältnisse im Sommer. Das Raumkonditionierungskonzept beeinflusst die möglichen Kühlstrategien und den erforderlichen Energieaufwand. In der Interaktionsmatrix kann der Zusammenhang zwischen Tageslichteintrag, Fassadenausbildung, Raumklima, Raumkonditionierungskonzept und möglicher Kältebereitstellung abgelesen werden.

Wird z.B. eine sehr gute Tageslichtversorgung gewünscht, kann diese mit einem Fensterflächenanteil von 70 % bei einer konventionellen Verglasung erzielt werden. In Verbindung mit einem außen liegenden Sonnenschutz ergibt sich bei Bauteilaktivierung ein gutes Raumklima (gelber Kreis), bei aktiver Kühlung ein sehr gutes Raumklima (blauer Kreis). Bei Bauteilaktivierung können regenerative Energiequellen wie Erdreichkälte, Grundwasser und nächtliche Rückkühlung genutzt werden. Regenerative Kälte weist geringe Betriebskosten auf (gefülltes gelbes Quadrat) und ist sehr ökologisch (gefülltes grünes Quadrat). Bei Grundwasserkühlung kann die Leistung garantiert zur Verfügung gestellt werden (gefülltes blaues Quadrat). Bei nächtlicher Rückkühlung besteht eine Wechselwirkung mit der nächtlichen Außenlufttemperatur, das Erdreich kann sich erschöpfen (halb gefülltes blaues Quadrat). Erdreich und Grundwasser können mit einer Wärmepumpe auch zur Wärmeerzeugung im Winter genutzt werden (halb gefülltes rotes Quadrat). Um ein sehr gutes Raumklima zu gewährleisten, ist bei aktiver Kühlung eine maschinelle Kälteerzeugung erforderlich. Die Leistungsabgabe ist garantiert (gefülltes blaues Quadrat). Der Betrieb ist mit höheren Kosten verbunden (nicht gefülltes gelbes Quadrat). Die Zusammenhänge gelten sinngemäß auch in der anderen Richtung.

Fassadeninteraktionen | Licht-Fassade-Raumklima-Technik

Fensterflächenanteil

Fensterflächenanteil 0–30 %   Fensterflächenanteil 30–50 %

Fensterflächenanteil 50–70 %   Fensterflächenanteil 70–100 %

Fassadeninteraktionen | Licht-Fassade-Raumklima-Technik

Bei der Konzeption von energetisch und raumklimatisch optimierten Gebäuden treten bei den ersten Planungsschritten grundlegende Fragen im Hinblick auf Gebäudekonzept, Gebäudehülle und Gebäudetechnik auf. Aufgrund der Wechselbeziehungen lassen sich diese Fragen nicht isoliert beantworten, sondern müssen im Gesamtkonzept betrachtet werden. Die Parametervielfalt und die hohe Variantenzahl lassen eine detaillierte Bewertung der ersten Konzeptentscheidungen kaum zu. Es ist daher hilfreich, die einzelnen Planungsfaktoren nur in Größenordnungen zu bewerten, vor allem auch vor dem Hintergrund, dass am Anfang nicht ein absolutes Quantifizieren erforderlich ist, sondern in der Regel eine Entscheidung zwischen zwei Planungsoptionen zu treffen ist. Die folgenden Planungsregeln fassen die Ergebnisse umfangreicher Simulationsstudien zusammen. Die Annahmen wurden so gewählt, dass die Werte auf typische Verwaltungsbauten übertragbar sind. Die überwiegende Angabe in relativen Prozentwerten soll dem Planer helfen, die Relevanz der jeweiligen Thematik einzuschätzen.

Planungsregeln

Gebäudekonzept

In welcher Größenordnung liegen die Potenziale der Schallvermeidung durch die Gebäudestellung?

Wie wirkt sich die Gebäudehöhe auf die Lüftung, den Brandschutz und den Flächenbedarf aus?

Welchen Einfluss hat der Gebäudetyp auf das A/V-Verhältnis?

Wie wirkt sich die Orientierung auf den Heizwärmebedarf, den Kältebedarf und das Raumklima aus?

Welche energetischen und raumklimatischen Konsequenzen ergeben sich bei Eckräumen?

Welche energetischen und raumklimatischen Vorteile haben durchgesteckte Räume?

Wie groß sind die Potenziale von PCM?

Welchen Einfluss hat die Speichermasse auf das Raumklima?

Gebäudehülle

Welches Fassadenkonzept sollte für die jeweilige Außenraumsituation gewählt werden?

Wie wirkt sich der Fensterflächenanteil auf den Heizwärmebedarf, den Kältebedarf und das Raumklima aus?

Welchen Einfluss hat der Sonnenschutz auf das Raumklima und den Kältebedarf?

Wie wirkt sich der Sonnenschutz auf den realisierbaren Fensterflächenanteil aus?

Welchen Einfluss hat die Verglasungsqualität auf den Heizwärmebedarf?

Welche Wechselbeziehung besteht zwischen Dämmstandard und internen Lasten in Bezug auf den Heizwärmebedarf?

Wie groß ist die Bedeutung des Fugenluftwechsels während der Nacht für die Wärmeabfuhr?

Welche raumklimatischen Potenziale liegen in der Nachtlüftung?

Gebäudetechnik

Wie groß sind die Potenziale der Zuluftvorwärmung?

Wie groß sind die Potenziale der Wärmerückgewinnung?

Wie wirkt sich die Lüftungsstrategie im Sommer auf das Raumklima aus?

Welche raumklimatischen Potenziale liegen in der Bauteilaktivierung?

In welchem Stil sollen wir planen?

Orientierung

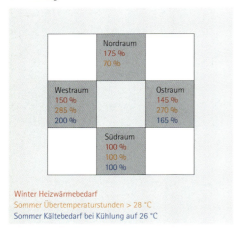

Die Orientierung wird beeinflusst vom städtebaulichen Konzept und der Grundstückssituation. Prinzipiell besteht die Wahl zwischen Nord-Süd-Ausrichtung, Ost-West-Ausrichtung, einhüftig organisierten Gebäuden sowie Gebäuden ohne ausgeprägte Orientierung. Die Orientierung hat maßgeblichen Einfluss auf den Strahlungseintrag im Sommer und im Winter, den Lärmeintrag sowie die Windbelastung. Der Einfluss der Orientierung vermindert sich mit abnehmendem Fensterflächenanteil.

Gebäudestellung

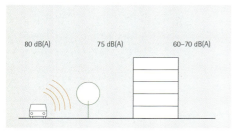

Durch eine straßenabgewandte Anordnung der Nutzräume kann die Außenlärmbelastung erheblich reduziert werden. Die natürliche Lüftung wird erleichtert. Eine einfachere Fassadenausbildung ist möglich.

Gebäudehöhe

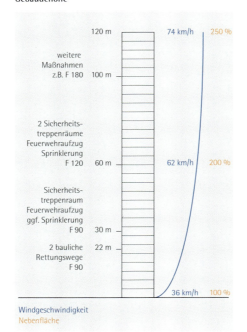

Die Gebäudehöhe wird beeinflusst von der Grundstücksgröße, der allgemeinen Bebauungsdichte und dem gewünschten Image. Die Gebäudehöhe hat Auswirkungen auf die Windbelastung, den technischen Aufwand, das Brandschutzkonzept, die Sonnenschutzausbildung und das Lüftungskonzept. Bei ohnehin klimatisierten Gebäuden sind die Auswirkungen der Gebäudehöhe geringer.

Bauform

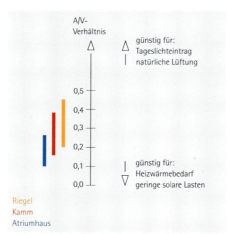

Die Bauform wird beeinflusst von dem städtebaulichen Konzept und dem Grundstückszuschnitt. Als grundlegende Formen gibt es Riegel und Kamm sowie Gebäudetypen, die eine innen liegende Belichtung und Belüftung ermöglichen, wie Atriumhaus und Innenhofhaus. Die Bauform beeinflusst das A/V-Verhältnis und steht in Wechselwirkung mit dem Heizwärmebedarf, dem Tageslicht- und Strahlungseintrag sowie der Belüftungsmöglichkeit.

Fassadenkonzept

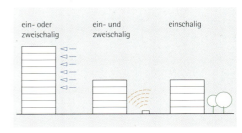

Das Fassadenkonzept wird beeinflusst von der Gebäudehöhe und der Lärmbelastung. Es können einschalige, zweischalige sowie Kombinationen aus einschaligen und zweischaligen Fassaden gewählt werden. Die Art der Fassade hat Auswirkungen auf die Ausbildung des Sonnenschutzes und die Möglichkeit der natürlichen Lüftung.

Fensterflächenanteil

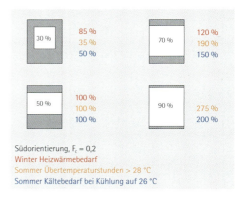

Der Fensterflächenanteil wird beeinflusst von dem Wunsch nach Transparenz und der erforderlichen Tageslichtversorgung. Typische Fensterflächenanteile bewegen sich zwischen 30 und 90 %. Der Fensterflächenanteil hat Auswirkungen auf den Strahlungseintrag im Sommer, die passiven Solargewinne im Winter sowie die Tageslichtversorgung. Er steht in Wechselwirkung mit der Sonnenschutzausbildung, der Verglasungsqualität sowie der Orientierung.

Sonnenschutz

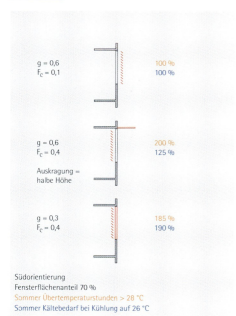

Südorientierung
Fensterflächenanteil 70 %
Sommer Übertemperaturstunden > 28 °C
Sommer Kältebedarf bei Kühlung auf 26 °C

Die Ausbildung des Sonnenschutzes richtet sich nach der Windexposition und dem Fensterflächenanteil. Es besteht die Wahl zwischen außen liegenden, innen liegenden sowie im Scheibenzwischenraum angeordneten Systemen. Sie unterscheiden sich im Hinblick auf den Strahlungseintrag, die Kosten und den Wartungsaufwand. Wechselwirkungen bestehen mit der Tageslichtnutzung, dem visuellen Komfort und dem Ausblick.
Die Sonnenschutzsteuerung hat einen erheblichen Einfluss auf das sommerliche Raumklima. Der Sonnenschutz kann einstrahlungsgesteuert sein oder raumtemperaturabhängig betätigt werden. Bei der einstrahlungsgeführten Steuerung ergeben sich gegebenenfalls hohe Strahlungseinträge durch diffuse Strahlung. Bei der raumtemperaturabhängigen Steuerung kann sich die Situation ergeben, dass der Sonnenschutz auch ohne direkte Solarstrahlung geschlossen wird. Dafür verbessert sich das Raumklima im Sommer und der Sonnenschutz ist während der Nutzungszeit an weniger Stunden geschlossen. Die Sonnenschutzsteuerung hat vor allem an der Nordseite eine erhebliche Bedeutung, da dort ein strahlungsabhängiger Sonnenschutz sich nahezu nicht schließt. Die Folge ist eine relativ hohe Erwärmung auch an der Nordfassade.

Sonnenschutzposition

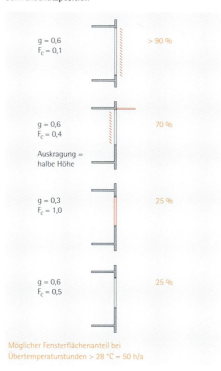

Möglicher Fensterflächenanteil bei
Übertemperaturstunden > 28 °C = 50 h/a

Die Sonnenschutzposition wird von der Windbelastung, der Gebäudeorientierung und dem Fensterflächenanteil bestimmt. Innen liegende, fest stehende sowie in der Verglasungsebene liegende Systeme sind witterungsunabhängig und können deshalb auch bei hohen Häusern realisiert werden. Zudem weisen sie einen geringen Wartungsaufwand auf. Fest stehende Systeme sind nur bei Südfassaden möglich. Die Position des Sonnenschutzes bestimmt die realisierbaren Fensterflächenanteile.

Verglasungsqualität

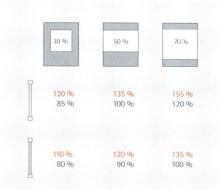

Winter Heizwärmebedarf Nord
Winter Heizwärmebedarf Süd

Die erforderliche Verglasungsqualität wird vom Fensterflächenanteil und der thermischen Behaglichkeit beeinflusst. Es besteht die Auswahl zwischen 2- und 3-Scheiben-Wärmeschutzverglasungen, die sich durch die Transmissionswärmeverluste, den g-Wert sowie den Tageslichteintrag unterscheiden. Die Verglasungsqualität steht in Wechselwirkung mit dem Raumkonditionierungskonzept, insbesondere im Hinblick darauf, ob Heizflächen an der Fassade erforderlich sind.

Dämmstandard

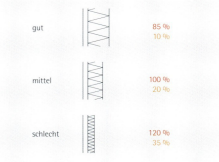

Fensterflächenanteil 50 %
Winter Heizwärmebedarf
Winter Heizwärmebedarf bei hohen Lasten

Der Dämmstandard wird von der Höhe des Heizwärmebedarfs, der erreicht werden soll, bestimmt. Es besteht die Auswahl zwischen 2- und 3-Scheiben-Wärmeschutzverglasungen sowie Dämmstoffstärken zwischen 10 und über 20 cm. Die Dämmqualität hat Auswirkungen auf den Heizwärmebedarf, die Heizleistung, die inneren Oberflächentemperaturen und somit die thermische Behaglichkeit. Es ergeben sich Wechselwirkungen mit dem Raumkonditionierungskonzept, da die Dämmqualität im Zusammenhang mit den internen Wärmelasten zu sehen ist. Auch bei hohen inneren Lasten hat die Wärmedämmung relativ gesehen einen hohen Einfluss, die absolute Auswirkung auf den Heizwärmebedarf ist jedoch wesentlich geringer.

Luftwechsel im Winter

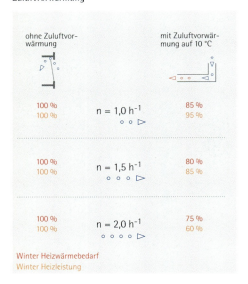

Der erforderliche Luftwechsel wird von der Größe des Raums, der Anzahl der Personen, der Emissionen durch Geräte und Baumaterialien sowie dem Lüftungskonzept bestimmt. Aus energetischen Gründen ist ein möglichst niedriger Luftwechsel zu bevorzugen, deshalb sollten Emissionen im Raum minimiert und die Zuluft möglichst unbeeinträchtigt dem Raum zugeführt werden. Die Höhe des Luftwechsels bestimmt den Heizwärmebedarf und die Heizleistung und steht in Wechselwirkung mit den internen Wärmelasten. Sind diese hoch, sinkt die Bedeutung des Luftwechsels in Bezug auf den Heizwärmebedarf und die Heizleistung. Dies liegt daran, dass ein erhöhter Luftwechsel und interne Lasten in der Regel zeitgleich auftreten und sich deshalb kompensieren.

Zuluftvorwärmung

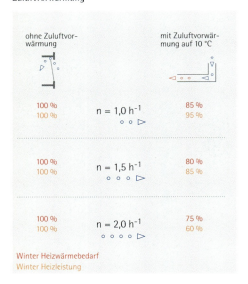

Eine Zuluftvorwärmung durch Umweltenergie, z.B. mit einem Erdkanal oder über ein Grundwasserregister, kann den Lüftungswärmeverlust reduzieren. Eine Zuluftvorwärmung auf 10 °C mindert den Einfluss von hohen Luftwechseln. Die erforderliche Heizleistung wird bei Zuluftvorwärmung vom Luftwechsel kaum noch beeinflusst.

Lüftungsstrategie im Sommer

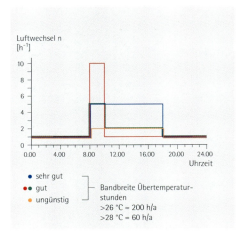

Durch Lüftung kann im Sommer Wärme aus dem Raum abgeführt werden. Liegt die Außenlufttemperatur über der Raumtemperatur, können sich Wärmeeinträge ergeben. Diese werden im Allgemeinen überschätzt, aufgrund der geringen Temperaturdifferenz sind die Wärmeeinträge durch Lüftung gering. Mit einer angepassten Lüftungsstrategie können vor allem die Übertemperaturstunden im niedrigeren Temperaturbereich vermindert werden, in Bezug auf die hohen Raumtemperaturen nimmt der Einfluss der Lüftungsstrategie ab.

Nachtlüftung

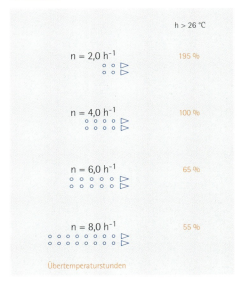

Die Nachtlüftung kann genutzt werden, um das Gebäude durch die kühle Nachtluft zu entwärmen. Damit steht eine kostengünstige Kühlmethode ohne Energieaufwand zur Verfügung. Für eine effiziente Nachtlüftung sind Speichermassen und ein Luftwechsel von $n = 4\ h^{-1}$ oder größer notwendig. Die Leistungsfähigkeit der Nachtlüftung wird vom Klima beeinflusst, günstig sind niedrige Nachttemperaturen, wie sie z.B. in höheren Lagen vorkommen. Bei einer mittelschweren Bauweise ergeben sich im Vergleich zu einer schweren Bauweise Erhöhungen der Maximaltemperaturen am Tag von 2 bis 3 K, bei einer leichten Bauweise stellen sich Temperaturerhöhungen von 7 bis 8 K ein.

Fugenluftwechsel nachts

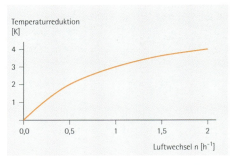

Sind keine Nachtlüftungsöffnungen in der Fassade möglich, sollte dennoch versucht werden, einen gewissen Grundluftaustausch herzustellen. Schon geringe Luftwechsel um $n = 1\ h^{-1}$ können im Vergleich zu einem komplett dichten Gebäude eine erhebliche Verbesserung des Raumklimas bewirken, sofern ein Mindestmaß an thermischen Speichermassen zur Verfügung steht.

Eckräume

Winter Heizwärmebedarf
unbehaglich im Sommer

Weisen Eckräume zwei verglaste Fassadenseiten auf, so verbessert sich die Belichtung in der Raumtiefe und eine Querlüftung ist möglich. Aufgrund der erhöhten Außenoberfläche steigt der spezifische Heizwärmebedarf. Die wesentlich höhere Einstrahlung bewirkt ungünstige sommerliche Verhältnisse in Bezug auf das Raumklima. Bei Eckräumen ist auf eine Begrenzung der Einstrahlung besonders zu achten. Andernfalls sind Eckräume ohne Kühlung nicht zumutbar.

Phase-Change-Materials

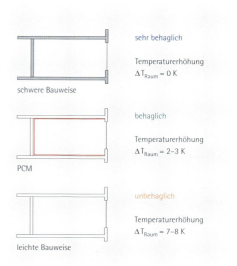

Mit PCM kann konventionelle Speichermasse ersetzt werden. Dies ist insbesondere bei Gebäuden mit hohen Flexibilitätsanforderungen oder im Sanierungsfall von Bedeutung. Im Vergleich zu konventioneller Speichermasse ergibt sich in Bezug auf das Raumklima eine schnelle Temperaturerhöhung bis zum Schaltpunkt. Darüber stellt sich im Vergleich zu leichter Bauweise eine erhebliche Verbesserung des Raumklimas ein. Wie bei konventionellen Speichermassen ist auch bei PCM darauf zu achten, dass das Speichermedium wieder entwärmt wird. Dies kann aktiv über ein wassergeführtes System oder über einen erhöhten Nachtluftwechsel erfolgen. Im Vergleich zu einer schweren Bauweise sind die maximalen Temperaturen am Tage um 2 bis 3 K höher. Bei einer leichten Bauweise würde sich eine Temperaturerhöhung von 7 bis 8 K einstellen. Mit PCM können in Bezug auf das Raumklima ähnliche Verhältnisse wie mit einer mittelschweren Bauweise realisiert werden.

Nachtlüftung und Speichermasse

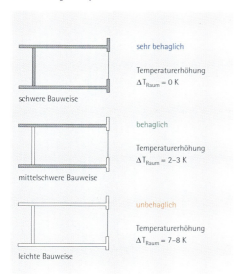

Die thermisch aktivierbare Speichermasse hat einen erheblichen Einfluss auf das Kühlpotenzial durch Nachtlüftung. Für eine gute Nachtlüftung ist mindestens eine mittelschwere Bauweise erforderlich. Mit einer leichten Bauweise können selbst bei hohen Luftwechseln keine behaglichen Verhältnisse geschaffen werden. Mit einer schweren Bauweise mit freiliegenden Decken und massiven Innenwänden kann in Verbindung mit hohen nächtlichen Luftwechseln ein sehr gutes sommerliches Raumklima geschaffen werden.

Durchgesteckte Räume

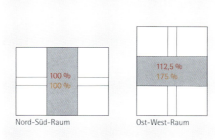

Winter Heizwärmebedarf
Sommer Übertemperaturstunden > 28 °C

Durchgesteckte Räume können aufgrund der Durchbelichtung die Auswirkungen der unterschiedlichen Raumqualitäten, insbesondere bei der Nord-Süd-Orientierung, etwas abmildern. In Bezug auf den Heizwärmebedarf ergibt sich der Mittelwert der Einzelorientierungen. Im Hinblick auf das Raumklima haben durchgesteckte Räume Vorteile. Im Vergleich zu nicht durchgesteckten Räumen ergibt sich eine Verbesserung, insbesondere bei Räumen, die in Ost-West-Richtung durchgesteckt sind.

Bauteilaktivierung

nachts durchströmt
kontinuierlich durchströmt

Die Bauteilaktivierung stellt eine sehr leistungsfähige Raumkonditionierungsmethode dar. Die wasserdurchströmten Decken können entweder kontinuierlich oder nur nachts durchströmt werden. Die Vorlauftemperaturen bewegen sich zwischen 16 und 20 °C. Die Leistungsfähigkeit steht in Wechselwirkung mit der Durchströmungsdauer und dem zur Verfügung stehenden Temperaturniveau. Bei einem guten Sonnenschutz wird mit einer Bauteilaktivierung die Raumtemperatur von 26 °C nur an wenigen Stunden der Nutzungszeit überschritten.

Strahlungsdurchgang

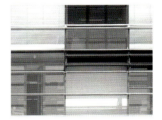

Sonnenschutz außen liegend   Sonnenschutz im Fassadenzwischenraum

Sonnenschutz innen liegend   Sonnenschutzglas

Fassadeninteraktionen | xxx

Anhang

TIME [HR]	Q_heiz W/m²	Q_inf W/m²	Q_vent W/m²	Q_conv W/m²	Q_rad W/m²	Q_soltr W/m²	Q_kue W/m²	Q_lat W/m²	Q_tabsfl W/m²	Q_tabs W/m²
1.00	0.000	0.000	0.000	0.000	0.000	0.000	0.000	0.000	0.000	0.000
2.00	16.153	-9.830	0.000	0.000	0.000	0.000	0.000	0.000	0.000	2.374
3.00	17.209	-9.824	0.000	0.000	0.000	0.000	0.000	0.000	0.000	2.537
4.00	17.725	-9.773	0.000	0.000	0.000	0.000	0.000	0.000	0.000	2.566
5.00	18.059	-9.735	0.000	0.000	0.000	0.000	0.000	0.000	0.000	2.551
6.00	18.475	-9.798	0.000	0.000	0.000	0.000	0.000	0.000	0.000	2.548
7.00	18.879	-9.875	0.000	0.000	0.000	0.000	0.000	0.000	0.000	2.544
8.00	19.215	-9.925	0.000	0.000	0.000	0.000	0.000	0.000	0.000	2.530
9.00	31.927	-39.904	0.000	16.444	2.667	0.813	0.000	0.000	0.000	2.247
10.00	30.120	-40.006	0.000	16.444	2.667	4.469	0.00	0.000	0.000	1.560
11.00	28.227	-39.498	0.000	16.444	2.667	6.094	0.000	0.000	0.000	1.109
12.00	27.651	-38.889	0.000	16.444	2.667	4.794	0.00	0.000	0.000	1.169
13.00	26.839	-38.381	0.000	16.444	2.667	5.038	0.00	0.000	0.000	1.069
14.00	27.073	-38.540	0.000	16.444	2.667	4.713	0.00	0.000	0.000	1.104
15.00	28.188	-39.077	0.000	16.444	2.667	3.656	0.00	0.000	0.000	1.302
16.00	29.966	-39.803	0.000	16.444	2.667	2.031	0.00	0.000	0.000	1.639
17.00	31.926	-40.466	0.000	16.444	2.667	0.244	0.00	0.000	0.000	2.025
18.00	32.748	-40.683	0.000	16.444	2.667	0.000	0.00	0.000	0.000	2.136
19.00	19.557	-10.100	0.000	0.000	0.000	0.000	0.000	0.000	0.000	2.254
20.00	19.636	-9.875	0.000	0.000	0.000	0.000	0.000	0.000	0.000	2.200
21.00	19.461	-9.621	0.000	0.000	0.000	0.000	0.000	0.000	0.000	2.099
22.00	19.242	-9.395	0.000	0.000	0.000	0.000	0.000	0.000	0.000	1.996
23.00	19.271	-9.336	0.000	0.000	0.000	0.000	0.000	0.000	0.000	1.937
24.00	19.675	-9.494	0.000	0.000	0.000	0.000	0.000	0.000	0.000	1.942
25.00	20.145	-9.680	0.000	0.000	0.000	0.000	0.000	0.000	0.000	1.958
26.00	20.477	-9.786	0.000	0.000	0.000	0.000	0.000	0.000	0.000	1.950
27.00	20.634	-9.798	0.000	0.000	0.000	0.000	0.000	0.000	0.000	1.912
28.00	20.751	-9.798	0.000	0.000	0.000	0.000	0.000	0.000	0.000	1.866
29.00	20.855	-9.798	0.000	0.000	0.000	0.000	0.000	0.000	0.000	1.820
30.00	20.974	-9.811	0.000	0.000	0.000	0.000	0.000	0.000	0.000	1.777
31.00	21.247	-9.913	0.000	0.000	0.000	0.000	0.000	0.000	0.000	1.760
32.00	21.688	-10.103	0.000	0.000	0.000	0.000	0.00	0.000	0.000	1.772
33.00	35.696	-41.224	0.000	16.444	2.667	0.488	0.00	0.000	0.000	1.579

Anforderungen

Wechselbeziehungen und Auswirkungen von Anforderungen und Gegebenheiten im Planungsprozess
Nutzungsspezifische Anforderungen und standortspezifische Gegebenheiten sind Ausgangspunkt der Planung. Sie prägen die folgenden Planungsschritte und haben Auswirkungen auf den Energieverbrauch, das Raumklima, die Funktion und die Wirtschaftlichkeit eines Gebäudes. Anforderungen sind in gewissen Grenzen variabel, haben jedoch erhebliche Konsequenzen. Deshalb sollten sie sehr sorgfältig festgelegt werden.

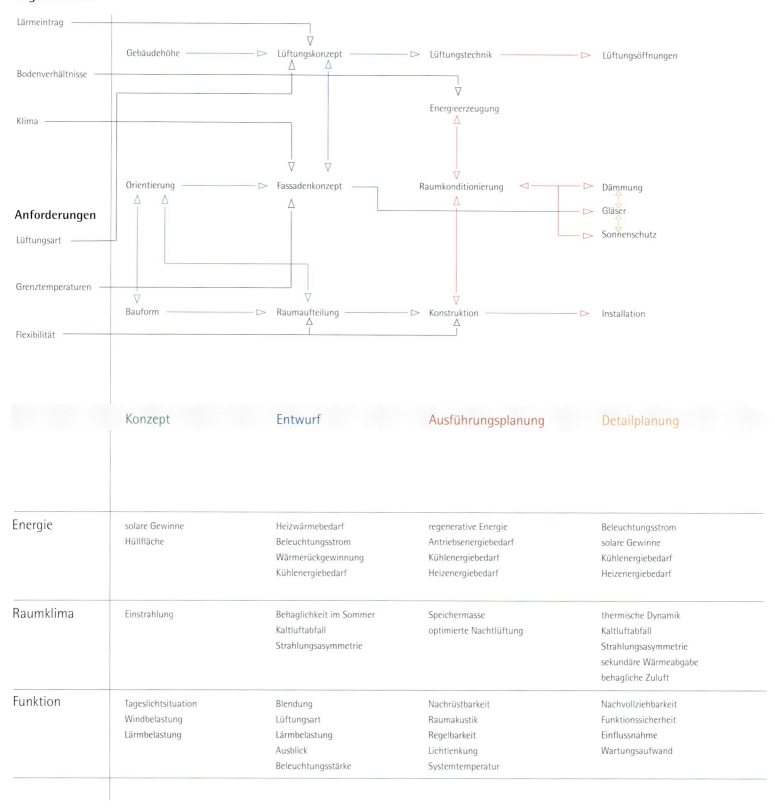

	Konzept	Entwurf	Ausführungsplanung	Detailplanung
Energie	solare Gewinne Hüllfläche	Heizwärmebedarf Beleuchtungsstrom Wärmerückgewinnung Kühlenergiebedarf	regenerative Energie Antriebsenergiebedarf Kühlenergiebedarf Heizenergiebedarf	Beleuchtungsstrom solare Gewinne Kühlenergiebedarf Heizenergiebedarf
Raumklima	Einstrahlung	Behaglichkeit im Sommer Kaltluftabfall Strahlungsasymmetrie	Speichermasse optimierte Nachtlüftung	thermische Dynamik Kaltluftabfall Strahlungsasymmetrie sekundäre Wärmeabgabe behagliche Zuluft
Funktion	Tageslichtsituation Windbelastung Lärmbelastung	Blendung Lüftungsart Lärmbelastung Ausblick Beleuchtungsstärke	Nachrüstbarkeit Raumakustik Regelbarkeit Lichtlenkung Systemtemperatur	Nachvollziehbarkeit Funktionssicherheit Einflussnahme Wartungsaufwand

Definitionen

Allgemein

SI-Einheiten
Der Name „Système International d'Unités" (Internationales Einheitensystem) und das Kurzzeichen SI wurden durch die 11. Generalkonferenz für Maß und Gewicht (CGPM) im Jahr 1960 festgelegt. SI-Basiseinheiten sind Einheiten, aus denen sich alle übrigen Einheiten des Systems ableiten lassen. Diese sind: Länge (Meter), Masse (Kilogramm), Zeit (Sekunde), elektrische Stromstärke (Ampere), thermodynamische Temperatur (Kelvin), Stoffmenge (Mol) und Lichtstärke (Candela). Abgeleitete SI-Einheiten sind kohärente, d.h. mit dem Zahlenfaktor 1 gebildete Produkte, Quotienten oder Potenzprodukte von SI-Basiseinheiten.

Dichte ρ [kg/m³, kg/dm³]
Die Dichte ρ ist der Quotient aus der Masse m und dem Volumen V einer Stoffportion. Eine Stoffportion ist ein abgegrenzter Materiebereich (Festkörper, Flüssigkeit, Gas), der aus einem Stoff oder mehreren Stoffen oder definierten Bestandteilen von Stoffen bestehen kann.
$\rho = m/V$
m   Masse [kg]
V   Volumen [m³, dm³]

Druck p [Pa]
Die physikalische Größe Druck p ist der Quotient aus der Normalkraft F_N, die auf eine Fläche wirkt, und dieser Fläche A.
$p = F_N/A$
F_N Normalkraft [N]
A   Fläche [m²]

Kraft F [N]
Die Kraft F ist das Produkt aus der Masse m eines Körpers und der Beschleunigung a, die er durch die Kraft F erfährt oder erfahren würde.
$F = m \cdot a$
m   Masse [kg]
a   Beschleunigung [m/s²]

Masse m [kg]
Die Masse m beschreibt die Eigenschaft eines Körpers, die sich sowohl in Trägheitswirkungen gegenüber einer Änderung seines Bewegungszustands als auch in der Anziehung auf andere Körper äußert.

Licht

Absorptionsgrad α [-]
Der Absorptionsgrad α ist das Verhältnis der absorbierten Strahlungsleistung oder des absorbierten Lichtstroms zu der auffallenden Strahlungsleistung bzw. zum auffallenden Lichtstrom unter gegebenen Bedingungen.

Allgemeiner Farbwiedergabe-Index CIE 1974 Ra [-]
Der allgemeine Farbwiedergabe-Index R_a ist der Mittelwert der speziellen Farbwiedergabe-Indizes CIE 1974 für einen festgelegten Satz von acht Testfarben.

Beleuchtungsstärke E [lx]
Die Beleuchtungsstärke E an einem Punkt der Oberfläche ist der Quotient des Lichtstroms dΦ, der auf ein den Punkt enthaltendes Element der Oberfläche auftrifft, und der Fläche dA dieses Elements.
$E = d\Phi/dA$
Φ Lichtstrom [lm]
A   Fläche [m²]

Farbtemperatur T_c [K]
Die Farbtemperatur T_c ist die Temperatur des Planckschen Strahlers, bei der dieser eine Strahlung der gleichen Farbart hat wie der zu kennzeichnende Farbreiz.

Farbwiedergabe
Die Farbwiedergabe ist die Auswirkung einer Lichtart auf den Farbeindruck von Objekten, die mit ihr beleuchtet werden, im bewussten oder unbewussten Vergleich zum Farbeindruck der gleichen Objekte unter einer Bezugslichtart.

Globalstrahlung
Die Globalstrahlung ist die Summe von direkter Sonnenstrahlung und diffuser Himmelsstrahlung.

Diffuse Himmelsstrahlung
Die diffuse Himmelsstrahlung ist derjenige Teil der Sonnenstrahlung, der in Folge seiner Streuung an Luftmolekülen, Aerosol- und Wolkenpartikeln oder anderen Partikeln die Erde erreicht.

Direkte Sonnenstrahlung
Die direkte Sonnenstrahlung ist derjenige Teil der extraterrestrischen Sonnenstrahlung, der als Parallelstrahlung nach selektiver Schwächung in der Atmosphäre die Erdoberfläche erreicht.

Leuchtdichte L [cd/m²]
Die Leuchtdichte L in einer gegebenen Richtung und in einem gegebenen Punkt einer realen oder imaginären Oberfläche ist definiert durch die Formel:
$L = d\Phi/(dA \cdot \cos\Theta \cdot d\Omega)$
dΦ Lichtstrom, der in einem elementaren Bündel durch den gegebenen Punkt geht und sich in dem Raumwinkelelement dΩ, der die gegebene Richtung enthält, ausbreitet [lm]
dA   Querschnittsfläche dieses Bündels, die den gegebenen Punkt enthält [m²]
Θ Winkel zwischen der Normalen der Querschnittsfläche und der Richtung des Bündels [sr]

Lichtstärke I [cd]
Die Lichtstärke I ist der Quotient aus dem Lichtstrom dΦ, der von einer Strahlungsquelle in ein Raumwinkelelement dΩ ausgesandt wird, das die gegebene Richtung enthält, und dem Raumwinkelelement.
$I = d\Phi/d\Omega$
Φ Lichtstrom [lm]
Ω Raumwinkel [sr]

Lichtstrom Φ [lm]
Der Lichtstrom Φ ist die Größe, die man aus der Strahlungsleistung Φ_e durch die Bewertung der Strahlung gemäß ihrer Wirkung auf den fotometrischen Normalbeobachter CIE erhält.

Reflexionsgrad ρ [-]
Der Reflexionsgrad ρ ist das Verhältnis der zurückgeworfenen Strahlungsleistung oder des zurückgeworfenen Lichtstroms zur auffallenden Strahlungsleistung oder zum auffallenden Lichtstrom unter den gegebenen Bedingungen (für auftreffende Strahlung mit gegebener spektraler Verteilung, Polarisation und geometrischer Verteilung).

Tageslichtquotient D [-]
Der Tageslichtquotient D ist das Verhältnis der Beleuchtungsstärke in einem Punkt einer gegebenen Ebene, die durch direktes oder indirektes Himmelslicht bei angenommener oder bekannter Leuchtdichteverteilung erzeugt wird, zur Horizontalbeleuchtungsstärke bei unverbauter Himmelshalbkugel. Die Anteile des direkten Sonnenlichts an beiden Beleuchtungsstärken bleiben hierbei unberücksichtigt.

Transmissionsgrad τ [-]
Der Transmissionsgrad τ ist das Verhältnis der durchgelassenen Strahlungsleistung oder des durchgelassenen Lichtstroms zur auffallenden Strahlungsleistung oder zum auffallenden Lichtstrom unter den gegebenen Bedingungen (für auftreffende Strahlung mit gegebener spektraler Verteilung, Polarisation und geometrischer Verteilung).

Wärme

Celsiustemperatur θ [°C]
Die Celsiustemperatur θ stellt die Differenz zwischen der jeweiligen (thermodynamischen) Temperatur T und der festen Bezugstemperatur T_0 dar.
θ = T - T_0
T thermodynamische Temperatur [K]
T_0 Bezugstemperatur T_0 = 273,15 K

Gesamtenergiedurchlassgrad der Verglasung g [-]
Der Gesamtenergiedurchlassgrad der Verglasung g ist die Summe des direkten Strahlungstransmissionsgrades τ_e und des sekundären Wärmeabgabegrades q_i der Verglasung nach innen. Letzterer bedingt durch den Wärmetransport infolge Konvektion und langwelliger IR-Strahlung des Anteils der auftretenden Strahlung, der von der Verglasung absorbiert wird.
g = τ_e + q_i
τ_e direkter Strahlungstransmissionsgrad
q_i sekundäre Wärmeabgabe der Verglasung nach innen

Gesamtenenergiedurchlassgrad g_{total} [-]
Der Gesamtenenergiedurchlassgrad g_{total} errechnet sich aus dem Gesamtenergiedurchlassgrad der Verglasung und dem Abminderungsfaktor des Sonnenschutzes.
g_{total} = g · F_c
g Gesamtenergiedurchlassgrad der Verglasung [-]
F_c Abminderungsfaktor für Sonnenschutzvorrichtungen [-]

Thermischer Längenausdehnungskoeffizient α [mm/mK]
Der thermische Längenausdehnungskoeffizient α zeigt an, um wie viel mm sich ein Baustoff von 1 m Länge bei Erwärmung um 1 K ausdehnt oder bei Abkühlung um 1 K zusammenzieht.

Thermodynamische Temperatur T [K]
Die Temperatur oder thermodynamische Temperatur T eines Bereichs ist eine Basisgröße mit der Basiseinheit Kelvin [K]. Die thermodynamische Temperatur T ist die den Gesetzen der Thermodynamik zugrunde liegende physikalische Größe.

Wärmedurchgangskoeffizient U (U-Wert) [W/m²K]
Der Wärmedurchgangskoeffizient U gibt die Wärmemenge an, die im stationären Zustand bei einer Temperaturdifferenz von 1 K je Sekunde durch eine Bauteilfläche von 1 m² übertragen wird. Er entspricht dem Kehrwert des Wärmedurchgangswiderstands R_T.
U = 1/R_T = 1/(R_{si} + Σ (d/λ) + R_{se})
R_T Wärmedurchgangswiderstand [m²K/W]
R_{si} Wärmeübergangswiderstand innen [m²K/W]
R_{se} Wärmeübergangswiderstand außen [m²K/W]
d Bauteildicke des jeweiligen Baustoffs [m]
λ Wärmeleitfähigkeit des jeweiligen Baustoffs [W/mK]

Wärmedurchgangswiderstand R_T [m²K/W]
Der Wärmedurchgangswiderstand R_T beschreibt den Widerstand eines ebenen Bauteils aus thermisch homogenen Schichten einschließlich seiner inneren und äußeren Wärmeübergangswiderstände, den es in Richtung des Wärmestroms aufweist. Der Wärmedurchgangswiderstand R_T berechnet sich für ein Bauteil aus n Schichten nach folgender Gleichung:
R_T = R_{si} + R_1 + R_2 + R_3 + ...R_n + R_{se}
R_{si} Wärmeübergangswiderstand innen [m²K/W]
R_1, R_2...R_n Bemessungswerte des Wärmedurchlasswiderstands jeder Schicht [m²K/W]
R_{se} Wärmeübergangswiderstand außen [m²K/W]

Wärmeeindringkoeffizient b [J/m²Ks$^{1/2}$]
Der Wärmeeindringkoeffizient b ist die Quadratwurzel aus dem Produkt aus Wärmeleitfähigkeit, Dichte und spezifischer Wärmekapazität. Diese Eigenschaft betrifft den nichtstationären Zustand. Sie kann gemessen oder anhand gesondert gemessener Werte berechnet werden. Neben anderen Eigenschaften ist der Wärmeeindringkoeffizient für die Reaktion einer Oberflächentemperatur auf eine Änderung der Wärmestromdichte an der Oberfläche verantwortlich. Je kleiner der Wärmeeindringkoeffizient des Stoffs ist, desto empfindlicher reagiert die Temperatur auf Änderungen des Wärmestroms an der Oberfläche.
b = $\sqrt{(\lambda \cdot \rho \cdot c)}$
λ Wärmeleitfähigkeit [W/mK]
ρ Dichte [kg/m³]
c spezifische Wärmekapazität [J/kgK]

Wärmekapazität C [J/K]
Die Wärmekapazität C ist definiert durch folgende Gleichung:
C = dQ/dT
Q Wärmemenge [J]
T Temperatur [K]

Spezifische Wärmekapazität c [J/kgK]
Die spezifische Wärmekapazität c eines Stoffs ist die benötigte Wärme, um 1 kg Masse um 1 K zu erwärmen. Im Allgemeinen wächst c mit zunehmender Temperatur.
c = C/m
C Wärmekapazität [J/K]
m Masse [kg]

Wärmeleitfähigkeit λ [W/mK]
Die Wärmeleitfähigkeit λ gibt an, welcher Wärmestrom Φ durch eine Bauteilschicht d mit einer Fläche von 1 m² und einer Dicke von 1 m bei einer Temperaturdifferenz von 1 K übertragen wird. Die Wärmeleitfähigkeit von Baustoffen ist primär von deren Rohdichte, aber auch von deren Feuchtegehalt und Temperatur abhängig.

Wärmespeicherkapazität Q_{sp} [kJ]
Die Wärmespeicherkapazität Q_{sp} gibt die gespeicherte Wärme eines Stoffs an, wenn dieser um 1 K erwärmt wird. Die gespeicherte Wärmemenge ist umso größer, je höher die spezifische Wärmekapazität, je größer die Masse und je höher der Temperaturunterschied zur Umgebung ist.
Q_{SP} = c · m · dT
c spezifische Wärmekapazität [J/kgK]
m Masse [kg]
T Temperatur [K]

Wärmespeicherungszahl W [kJ/m²K]
Die Wärmespeicherungszahl W gibt an, welche Wärmemenge in 1 m² eines Bauteils gespeichert ist, wenn zwischen der Innen- und der Außenseite ein Temperaturunterschied von 1 K besteht. Je größer die Wärmespeicherzahl ist, desto besser ist die Wärmespeicherfähigkeit des betreffenden Bauteils. Die Wärmespeicherungszahl W ist ein besonders aussagekräftiger Wert für die Speicherkapazität von flächenhaften Bauteilen. In der Praxis ist allerdings die Speicherfähigkeit eines Außenbauteils nur bis zu einer gewissen Tiefe nutzbar.
W = c · ρ · d
c spezifische Wärmekapazität [J/kgK]
ρ Dichte [kg/m³]
d Bauteildicke [m]

Wärmespeicherzahl S [kJ/m³K]
Die Wärmespeicherzahl S gibt an, welche Wärmemenge erforderlich ist, um 1 m³ eines Baustoffs um 1 K zu erwärmen. Je schwerer der Baustoff, desto größer ist im Allgemeinen die Wärmespeicherzahl.
S = c · ρ
c spezifische Wärmekapazität [J/kgK]
ρ Dichte [kg/m³]

Wärmestrom Φ [W]
Der Wärmestrom Φ ist die je Zeit übertragene Wärmemenge.
Φ = dQ/dt
Q Wärmemenge [J]
t Zeit [s]

Wärmestromdichte q [W/m²]
Die Wärmestromdichte q ist der Wärmestrom je Fläche.
q = dΦ/dA
Φ Wärmestrom [W]
A Fläche [m²]

Wärmeübergangskoeffizient h [W/m²K]
Der Wärmeübergangskoeffizient h bezeichnet die Wärmemenge, die in 1 Sekunde zwischen 1 m² der Oberfläche eines Bauteils und der angrenzenden Luft übertragen wird, wenn zwischen beiden ein Temperaturunterschied von 1 K besteht.

Wärmeübergangswiderstand R_{se} bzw. R_{si} [m²K/W]
Der Wärmeübergangswiderstand außen R_{se} ist der Kehrwert des äußeren Wärmeübergangskoeffizienten h_e.
R_{se} = 1/h_e
h_e äußerer Wärmeübergangskoeffizient [W/m²K]
Der Wärmeübergangswiderstand innen R_{si} ist der Kehrwert des inneren Wärmeübergangskoeffizienten h_i.
R_{si} = 1/h_i
h_i innerer Wärmeübergangskoeffizient [W/m²K]
Für ebene Oberflächen gelten die angegebenen Werte, wenn keine besonderen Angaben über Randbedingungen vorliegen. Für nichtebene Oberflächen oder für spezielle Randbedingungen sind die Verfahren nach DIN EN ISO 6946 Anhang A anzuwenden.
R_{se} = 0,04 m²K/W
R_{si} = 0,10 m²K/W (Richtung des Wärmestroms aufwärts)
R_{si} = 0,13 m²K/W (Richtung des Wärmestroms horizontal und ± 30° zur horizontalen Ebene)
R_{si} = 0,17 m²K/W (Richtung des Wärmestroms abwärts)

Wind

Böengeschwindigkeit v̂ [m/s]
Die Böengeschwindigkeit ist die höchste Monats-Windgeschwindigkeit, die während eines Mittelungszeitraums beobachtet wird.

Geschwindigkeitsdruck q [kN/m²]
Der Geschwindigkeitsdruck q, der einer Windgeschwindigkeit v zugeordnet ist, beträgt:
$q = (\rho/2) \cdot v^2$
v   Windgeschwindigkeit [m/s]
ρ Luftdichte [kg/m³]
Sofern nicht anders geregelt, wird ein Wert von
$\rho = 1{,}25$ kg/m³ benutzt. Dieser Wert ergibt sich bei einem Luftdruck von 1.013 hPa und einer Temperatur von 10 °C in Meereshöhe.
Hiermit wird:
$q = v^2/1.600$

Referenz-Windgeschwindigkeit v_r [m/s]
Die Referenz-Windgeschwindigkeit v_r ist die Windgeschwindigkeit, die in einer Höhe von 10 m über dem Erdboden in offenem Gelände ohne Hindernisse in der unmittelbaren Umgebung gemessen wird.

Winddruck w_e [Pa]
Der Winddruck w_e ist der Winddruck, der auf eine Außenfläche eines Bauwerks wirkt.
$w_e = c_{pe} \cdot q(z_e)$
c_{pe} aerodynamischer Beiwert für den Außendruck nach DIN 1055-4 [-]
z_e Bezugshöhe nach DIN 1055-4 [m]
q   Geschwindigkeitsdruck [kN/m²]

Winddruck w_i [Pa]
Der Winddruck w_i ist der Winddruck, der auf eine Oberfläche im Inneren eines Bauwerks wirkt.
$w_i = c_{pi} \cdot q(z_i)$
c_{pi} aerodynamischer Beiwert für den Innendruck nach DIN 1055-4 [-]
z_i Bezugshöhe nach DIN 1055-4 [m]
q   Geschwindigkeitsdruck [kN/m²]

Der Innendruck in einem Gebäude hängt von Größe und Lage der Öffnungen in der Außenhaut ab. Er wirkt auf alle Raumabschlüsse eines Innenraums gleichzeitig und mit gleichem Vorzeichen. Die Belastung infolge von Winddruck ist die Resultierende von Außen- und Innendruck. Sofern der Innendruck entlastend auf eine betrachtete Reaktionsgröße einwirkt, ist er mit null anzunehmen.

Schall

Absorptionsgrad α [-]
Der Absorptionsgrad α ist das Verhältnis der dissipierten und übertragenen Schallleistung zur einfallenden Schallleistung. Von der Wandoberfläche, als Trennfläche betrachtet, wird der nichtreflektierte Anteil α als „absorbiert" angesehen. In anderen Gebieten der Physik wird oft nur der dissipierte Anteil als „absorbierter Anteil" bezeichnet.
$\alpha = \delta + \tau$
δ Schall-Dissipationsgrad [-]
τ Schall-Transmissionsgrad [-]

Äquivalente Schallabsorptionsfläche A [m²]
Die äquivalente Schallabsorptionsfläche A ist die Fläche mit dem Schallabsorptionsgrad $\alpha = 1$, die den gleichen Anteil der Schallenergie absorbieren würde wie die gesamte Oberfläche des Raums und die in ihm befindlichen Gegenstände und Personen.

Dissipationsgrad δ [-]
Der Dissipationsgrad δ ist das Verhältnis der dissipierten Schall-Leistung zur einfallenden Schall-Leistung.

Nachhallzeit T_{60} [s]
Die Nachhallzeit T_{60} ist die Dauer zwischen dem Abschalten der Quelle und dem Zeitpunkt, an dem die mittlere Schallenergiedichte in einem geschlossenen Raum auf den 10^{-6}-ten Teil (d.h. um 60 dB) des Werts unmittelbar vor dem Abschalten abgenommen hat.

Phasengeschwindigkeit c [m/s]
Die Phasengeschwindigkeit c ist die Ausbreitungsgeschwindigkeit der Phase einer Schallwelle.
$c = \lambda \cdot f$
λ Wellenlänge [m]
f   Frequenz [Hz]

Reflexionsgrad ρ [-]
Der Reflexionsgrad r ist das Verhältnis der reflektierten Schall-Leistung zur einfallenden Schall-Leistung.

Schalldämm-Maß R [dB]
Das Schalldämm-Maß kennzeichnet die Luftschalldämmung von Bauteilen. Bei der Messung zwischen zwei Räumen wird R aus der Schallpegeldifferenz D, der äquivalenten Absorptionsfläche A des Empfangsraums und der Prüffläche S des Bauteils bestimmt.
$R = D + 10 \lg(S/A)$
D   Schallpegeldifferenz [dB]
S   Prüffläche des Bauteils [m²]
A   äquivalente Absorptionsfläche des Empfangsraums [m²]

Schalldruck p [Pa]
Der Schalldruck p ist der Wechseldruck, der durch die Schallwelle in Gasen oder Flüssigkeiten erzeugt wird, und der sich mit dem statischen Druck (z.B. dem atmosphärischen Druck der Luft) überlagert.
$p = u \cdot \rho \cdot c$
ρ Dichte des Mediums [kg/m³]
u   Schallschnelle [m/s]
c   Phasengeschwindigkeit [m/s]

Schalldruckpegel L_P [dB]
Der Schalldruckpegel L_P ist der zehnfache Logarithmus vom Verhältnis des Quadrats des jeweiligen Schalldrucks p zum Quadrat des festgelegten Bezugsschalldrucks p_0.
$L_p = 10 \lg (p/p_0)^2$
p   Schalldruck [Pa]
p_0 Referenzwert für Luftschall $p_0 = 20$ µPa

Schall-Leistung P [W]
Die Schall-Leistung P ist die Leistung, die in Form von Schallwellen abgestrahlt, übertragen oder empfangen wird.

Schallpegeldifferenz D [dB]
Die Schallpegeldifferenz ist die Differenz zwischen dem Schallpegel L_1 im Senderaum und dem Schallpegel L_2 im Empfangsraum.
$D = L_1 - L_2$
L_1 Schallpegel im Senderaum [dB]
L_2 Schallpegel im Empfangsraum [dB]
Diese Differenz hängt auch davon ab, wie groß die Schallabsorption durch die Begrenzungsflächen und Gegenstände im Empfangsraum ist. Um diese Einflüsse auszuschalten, bestimmt man die äquivalente Absorptionsfläche A, bezieht sich auf eine vereinbarte Bezugs-Absorptionsfläche A_0 und erhält so die Norm-Schallpegeldifferenz D_n.
$D_n = D - 10 \lg(A/A_0)$
A   äquivalente Absorptionsfläche des Empfangsraums [m²]
A_0 Bezugs-Absorptionsfläche des Empfangsraums [m²]
Sofern nichts anderes festgelegt ist, wird $A_0 = 10$ m² gesetzt.

Transmissionsgrad τ [K]
Der Transmissionsgrad τ ist das Verhältnis der übertragenen Schall-Leistung zur einfallenden Schall-Leistung.
$\delta + \rho + \tau = 1$
δ Schall-Dissipationsgrad [-]
ρ Schall-Reflexionsgrad [-]
Von der auf eine Wand auftreffenden Schall-Leistung 1 wird der Anteil ρ reflektiert, der Anteil δ geht in der Wand verloren und der Anteil τ wird in den angrenzenden Raum übertragen.

Wellenlänge λ [m]
Die Wellenlänge λ ist der Abstand zwischen zwei aufeinanderfolgenden Punkten in Ausbreitungsrichtung einer sinusförmigen Welle, in denen sich in einem betrachteten Zeitpunkt die Phase um 2π unterscheidet.

Feuchte

Relative Feuchte φ [-]
Unter relativer Feuchte φ versteht man das Verhältnis vom Partialdruck des Wasserdampfs zum Sättigungsdruck des Wasserdampfs bei der Temperatur θ. Die Werte liegen definitionsgemäß zwischen 0 und 1 und werden häufig in Prozent angegeben.

$\varphi = p_D/p_S$

- p_D Partialdruck des Wasserdampfs [hPa]
- p_S Sättigungsdruck des Wasserdampfs [hPa]

Wasserdampfdiffusionsäquivalente Luftschichtdicke s_d [m]
Die wasserdampfdiffusionsäquivalente Luftschichtdicke s_d ist die Dicke einer ruhenden Luftschicht, die den gleichen Wasserdampf-Diffusionswiderstand besitzt wie die betrachtete Bauteilschicht bzw. das aus Schichten zusammengesetzte Bauteil. Sie bestimmt den Widerstand gegen Wasserdampfdiffusion. Die wasserdampfdiffusionsäquivalente Luftschichtdicke ist eine Schicht- bzw. Bauteileigenschaft. Definition für eine Bauteilschicht:

$s_d = \mu \cdot d$

- μ Wasserdampf-Diffusionswiderstandszahl [-]
- d Bauteildicke [m]

Für mehrschichtige, ebene Bauteile gilt die Addition der einzelnen wasserdampfdiffusionsäquivalenten Luftschichtdicken.

diffusionsoffene Schicht:
Bauteilschicht mit $s_d \leq 0{,}5$ m
diffusionshemmende Schicht:
Bauteilschicht mit $0{,}5$ m $< s_d < 1.500$ m
diffusionsdichte Schicht:
Bauteilschicht mit $s_d \geq 1.500$ m

Wasserdampf-Diffusionswiderstandszahl m [-]
Die Wasserdampf-Diffusionswiderstandszahl m ist eine Stoffeigenschaft. Sie ist der Quotient aus dem Wasserdampf-Diffusionsleitkoeffizient in der Luft und dem Wasserdampf-Diffusionsleitkoeffizient in einem Stoff. Sie gibt somit an, um welchen Faktor der Wasserdampf-Diffusionswiderstand des betrachteten Materials größer als der einer gleichdicken, ruhenden Luftschicht gleicher Temperatur ist.

Wasserdampfdruck p [Pa]
Der Wasserdampfdruck p ist der durch den in der Luft enthaltenen Wasserdampf erzeugte Druck. Der Wasserdampfdruck ist von der Temperatur und relativen Feuchte der Luft abhängig. Der bei gegebener Temperatur und relativen Feuchte vorhandene Wasserdampfdruck wird als Wasserdampfteildruck oder Partialdruck des Wasserdampfs p_D bezeichnet. Der bei derselben Temperatur maximal mögliche Wasserdampfdruck (φ = 1 bzw. 100 %) wird als Sättigungsdruck des Wasserdampfs p_S bezeichnet.

Wassergehalt der Luft x [g/kg]
Der Wassergehalt x wird meist als absolute Feuchte x der Luft bezeichnet. Sind je kg trockener Luft x kg Dampf beigemischt, so ist die Masse der Mischung (1 + x) kg. Man sagt, dass die absolute Feuchte der Luft x kg Wasser je kg trockener Luft beträgt. Die absolute Feuchte gesättigter Luft (φ = 1 bzw. 100 %) wird mit x_S bezeichnet.

$x = p_D/p_L$

- p_D Partialdruck des Wasserdampfes (absolut) [hPa]
- p_L Partialdruck der trockenen Luft (absolut) [hPa]

EnEV

A/V_e- Verhältnis [m⁻¹]
Das Verhältnis A/V_e ist die errechnete wärmeübertragende Umfassungsfläche bezogen auf das beheizte Gebäudevolumen.

- A wärmeübertragende Umfassungsfläche eines Gebäudes nach DIN EN ISO 13789 Anhang B [m²]
Die zu berücksichtigenden Flächen sind die äußere Begrenzung einer abgeschlossenen beheizten Zone
- V_e beheiztes Gebäudevolumen [m³]
Volumen, das von A umschlossen wird

Jahresprimärenergiebedarf Q_p [kWh/a]

$Q_p = (Q_h + Q_W) \cdot e_P$

- Q_h Jahresheizwärmebedarf [kWh/a]
- Q_W Warmwasserwärmebedarf [kWh/a]
- e_P Anlagenaufwandszahl nach DIN 4701-10 [-]

Warmwasserwärmebedarf Q_W [kWh/a]

$Q_W = 12{,}5 \cdot A_N$

- A_N Gebäudenutzfläche [m²]

Vereinfachtes Verfahren für Wohngebäude mit einem Fensterflächenanteil unter 30 %
Jahresheizwärmebedarf Q_h [kWh/a]

$Q_h = 66 \cdot (H_T + H_V) - 0{,}95 \cdot (Q_S + Q_i)$

- 66 Faktor, der die mittlere Gradtagzahl und die Nachtabsenkung berücksichtigt [kKh/a]
- H_T spezifischer Transmissionswärmeverlust [W/K]
- H_V spezifischer Lüftungswärmeverlust [W/K]
- 0,95 Abminderungsfaktor für Ausnutzungsgrad der Wärmegewinne [-]
- Q_S solare Gewinne [kWh/a]
- Q_i interne Gewinne [kWh/a]

Spez. Transmissionswärmeverlust H_T [W/K]

$H_T = \sum (F_{xBauteil} \cdot U_{Bauteil} \cdot A_{Bauteil}) + 0{,}05 \cdot A_{gesamt}$

- $F_{xBauteil}$ Temperatur-Korrekturfaktor für Bauteile [-]
- $U_{Bauteil}$ U-Wert des Bauteils [W/m²K]
- $A_{Bauteil}$ Fläche des Bauteils [m²]
- 0,05 Faktor zur Berücksichtigung der Wärmebrücken bei Anwendung der Beispiele nach DIN 4108 [-]
- A_{gesamt} gesamte wärmeübertragende Fläche [m²]

Spez. Lüftungswärmeverlust H_V [W/K]

$H_V = 0{,}19 \cdot V_e$ ohne Dichtheitsprüfung
$H_V = 0{,}163 \cdot V_e$ mit Dichtheitsprüfung

- V_e beheiztes Bruttovolumen [m³]

Solare Gewinne Q_S [kWh/a]

$Q_S = (0{,}567 \cdot I_{S,j} \cdot g_{Fenster} \cdot A_{Fenster})$

- 0,567 Reduktionsfaktor für Fensterrahmenanteile, Teilverschattung, Verschmutzung etc. [-]
- $I_{S,j}$ solares Strahlungsangebot im betrachteten Zeitraum, z.B. einer Heizperiode, in Abhängigkeit von der Orientierung [kWh/m²a]
- $g_{Fenster}$ Gesamtenergiedurchlassgrad der Verglasung [-]
- $A_{Fenster}$ Fensterfläche [m²]

Interne Gewinne Q_i [kWh/a]

$Q_i = 22 \cdot A_N$

- 22 Faktor, der die Heiztage pro Jahr und interne Lasten in Wohngebäuden berücksichtigt [kWh/m²a]
- A_N Gebäudenutzfläche [m²]

Stoffwerte

Stoffgruppe oder Anwendung	ρ [kg/m³]	λ [W/mK]	c_p [J/kgK]	μ feucht/trocken	b_p [J/(m²Ks$^{1/2}$)]	S [kJ/m³K]
Beton						
Beton mittlere Rohdichte	2.000	1,35	1.000	60/100	1.643	2.000
Beton hohe Rohdichte	2.400	2	1.000	80/30	2.191	2.400
Beton armiert (mit 1% Stahl)	2.300	2,3	1.000	80/130	2.300	2.300
Beton mit Bimszuschlägen	500–1.300	0,12–0,47	1.000	40/50	245–782	500–1.300
Beton mit nichtporigen Zuschlägen / Kunststein	1.600–2.400	0,81–1,40	1.000	120/150	1.138–1.833	1.600–2.400
Beton mit Blähtonzuschlägen	400–700	0,13–0,23	1.000	4/6	228–401	400–700
Porenbeton	300–1.000	0,11–0,31	1.000	6/10	182–557	300–1.000
Beton mit Leichtzuschlägen	500–2.000	0,22–1,20	1.000	10/15	332–1.549	500–2.000
Gestein und Mauerwerksstoffe						
Naturstein, kristallin	2.800	3,5	1.000	10.000	3.130	2.800
Sediment-Naturstein	2.600	2,3	1.000	2/250	2.445	2.600
Leichter Sediment-Naturstein	1.500	0,85	1.000	20/30	1.129	1.500
Granit	2.500–2.700	2,8	1.000	10.000	2.646–2.750	2.500–2.700
Marmor	2.800	3,5	1.000	10.000	3.130	2.800
Schiefer	2.000–2.800	2,2	1.000	800/1.000	2.098–2.482	2.000–2.800
Kalkstein	1.600–2.600	0,85–2,3	1.000	20–200/30–250	1.166–2.445	1.600–2.600
Sandstein (Quarzit)	2.600	2,3	1.000	30/40	2.445	2.600
Vollziegel (gebrannter Ton)	1.000–2.400	0,50–1,4	1.000	10/16	707–1.833	1.000–2.400
Holz						
Konstruktionsholz	700	0,18	1.600	50/200	449	1.120
Sperrholz	300–1.000	0,09–0,24	1.600	50–110/150–250	208–620	480–1.600
Spanplatte, zementgebunden	1.200	0,23	1.500	30/50	643	1.800
Spanplatte	300–900	0,10–0,18	1.700	10–20/50	226–525	510–1.530
OSB-Platte	650	0,13	1.700	30/50	379	1.105
Holzfaserplatte, einschließlich MDF	250–800	0,07–0,18	1.700	2–20/5–10	172–495	425–1.360
Metalle						
Aluminium	2.800	160	880	∞	19.855	2.464
Kupfer	8.900	380	380	∞	35.849	3.382
Gusseisen	7.500	50	450	∞	12.990	3.375
Blei	11.300	35	130	∞	7.170	1.469
Stahl	7.800	50	450	∞	13.248	3.510
Stahl, nichtrostend	7.900	17	460	∞	7.860	3.634
Zink	7.200	110	380	∞	17.348	2.736
Massive Kunststoffe						
Akrylkunststoffe	1.050	0,2	1.500	10.000	561	1.575
Polykarbonate	1.200	0,2	1.200	5.000	537	1.440

Stoffgruppe oder Anwendung	ρ [kg/m³]	λ [W/mK]	c_p [J/kgK]	μ feucht/trocken	b_p [J/(m²Ks$^{1/2}$)]	S [kJ/m³K]
Polytetrafluorethylenkunststoffe (PTFE) (Teflon)	2.200	0,25	1.000	10.000	742	2.200
Polyvinylchlorid (PVC)	1.390	0,17	900	50.000	461	1.251
Polyamid (Nylon)	1.150	0,25	1.600	50.000	678	1.840
Polyethylen, hohe Rohdichte	980	0,5	1.800	100.000	939	1.764
Polystyrol	1.050	0,16	1.300	100.000	467	1.365
Polyurethan (PU)	1.200	0,25	1.800	6.000	735	2.160
Silikon ohne Füllstoff	1.200	0,35	1.000	5.000	648	1.200
Urethan-/ Polyurethanschaum	1.300	0,21	1.800	60	701	2.340
Putze und Mörtel						
Gipsdämmputz	600	0,18	1.000	6/10	329	600
Gipsputz	1.000 – 1.300	0,40 – 0,57	1.000	6/10	632 – 861	1.000 – 1.300
Zement, Sand	1.800	1	1.000	6/10	1.342	1.800
Mörtel (Mauermörtel und Putz-Mörtel)	250 – 2.000	0,21 – 1,4	1.000	10/20	229 – 1.673	250 – 2.000
Wärmedämmstoffe						
Polystyrol-Hartschaum, expandiert	10 – 50	0,030 – 0,050	1.450	60	21 – 60	15 – 73
Polystyrol-Hartschaum, extrudiert	20 – 65	0,026 – 0,040	1.450	150	27 – 61	29 – 94
Polyurethanhartschaum	28 – 55	0,020 – 0,040	1.400	60	28 – 55	39 – 77
Mineralwolle	10 – 200	0,030 – 0,050	1.030	1	18 – 101	10 – 206
Schaumglas	100 – 150	0,038 – 0,055	1.000	∞	62 – 91	100 – 150
Perliteplatten	140 – 240	0,045 – 0,065	900	5	75 – 118	126 – 216
Kork, expandiert	90 – 140	0,040 – 0,055	1.560	5/10	75 – 110	140 – 218
Holzwolle-Leichtbauplatten	250 – 450	0,060 – 0,10	1.470	3/5	148 – 257	368 – 662
Holzfaserdämmplatten	150 – 250	0,035 – 0,060	1.400	5/10	86 – 145	210 – 350
Polyurethan-Spritzschaum	30 – 50	0,025 – 0,035	1.400	60	32 – 49	42 – 70
Mineralwolle, lose	15 – 60	0,030 – 0,050	1.030	1	22 – 56	15 – 62
Zellulosefasern, lose	20 – 60	0,035 – 0,045	1.600	2	33 – 66	32 – 96
Blähperlite-Schüttung	30 – 150	0,06	900	2	40 – 90	27 – 135
Blähtonschüttung	200 – 400	0,10 – 0,16	1.000	2	141 – 253	200 – 400
Polystyrol-Partikelschüttung	10 – 30	0,040 – 0,060	1.400	2	24 – 50	14 – 42
Sonstiges						
Bitumen	1.050	0,17	1.000	50.000	422	1.050
Gips	600 bis 1.500	0,18 bis 0,56	1.000	4/10	329 bis 917	600 bis 1.500
Gipskartonplatten	900	0,25	1.000	4/10	474	900
Glas, Floatglas	2.500	1	750	∞	1.369	1.875
Keramik-/ Porzellanplatten	2.300	1,3	840	∞	1.585	1.932
Kunststoffplatten	1.000	0,2	1.000	10.000	447	1.000
Luft, trocken	1,23	0,025	1.008	1	6	1,24
Wasser bei 0 °C	1.000	0,6	4.190	–	1.586	4.190
Wasser, Eis bei 0 °C	900	2,2	2.000	–	1.990	1.800

Größen und Einheiten

Basis- und abgeleitete Größen	Zeichen	SI-Einheit	Zeichen	Beziehungen
Länge	l	Meter	m	1 m = 100 cm = 1.000 mm
Fläche	A	Quadratmeter	m^2	$1\ m^2 = 1\ m \cdot 1\ m$
Volumen	V	Kubikmeter	m^3	$1\ m^3 = 1\ m \cdot 1\ m \cdot 1\ m$
Zeit	t	Sekunde	s	1 s = 1/60 min = 1/3.600 h
Geschwindigkeit	v	Meter je Sekunde	m/s	m/s = 3,6 km/h
Volumenstrom	$\dot{V}$	Kubikmeter je Sekunde	m^3/s	$1\ m^3/s = 1.000\ l/s$
(Roh-)Dichte	ρ	Kilogramm je m^3	kg/m^3	$1\ kg/m^3 = 1\ mg/cm^3$
Druck	p	Pascal	Pa	$1\ Pa = 1\ N/m^2$
Kraft	F	Newton	N	$1\ N = 1\ kg \cdot m/s^2$
Masse	m	Kilogramm	kg	1 kg = 1.000 g
Energie, Arbeit	W	Joule	J	1 J = 1 Ws = 1 Nm
Leistung	P	Watt	W	1 W = 1 VA = 1 J/s = 1 Nm/s
Beleuchtungsstärke	E	Lux	lx	$1\ lx = 1\ lm/m^2$
Leuchtdichte	L	Candela je m^2	cd/m^2	$1\ cd/m^2 = 10^4\ cd/cm^2 = 10^4\ sb$
Lichtstärke	I	Candela	cd	1 lm/sr
Lichtstrom	Φ	Lumen	lm	$1\ lm = 1\ cd \cdot sr$
therm. Längenausdehnungskoeffizient	α	Millimeter	mm	$1\ mm = 1 \cdot 10^{-3}\ m$
thermodynamische Temperatur	T	Kelvin	K	0 K = -273,15 °C
Celsiustemperatur	θ	Grad Celsius	°C	0 °C = +273,15 K
Wärmedurchgangskoeffizient	U	Watt je ($m^2 \cdot$ Kelvin)	$W/(m^2 \cdot K)$	
Wärmedurchgangswiderstand	R_T	($m^2 \cdot$ Kelvin) je Watt	$m^2 \cdot K/W$	
Wärmedurchlasskoeffizient	Λ	Watt je ($m^2 \cdot$ Kelvin)	$W/(m^2 \cdot K)$	
Wärmedurchlasswiderstand	R	($m^2 \cdot$ Kelvin) je Watt	$m^2 \cdot K/W$	
Wärmeeindringkoeffizient	b	Joule je ($m^2 \cdot$ Kelvin $\cdot s^{1/2}$)	$J/(m^2 \cdot K \cdot s^{1/2})$	
Wärmekapazität	C	Joule je Kelvin	J/K	
spez. Wärmekapazität	c	Joule je (kg $\cdot$ K)	$J/(kg \cdot K)$	$1\ J/(kg \cdot K) = 1 \cdot 10^{-3}\ kJ/(kg \cdot K) = 0,28 \cdot 10^{-6}\ kWh/(kg \cdot K)$
Wärmemenge	Q	Joule, Kilowattstunde	J, kWh	1 kWh = 3.600 kJ
Wärmeleitfähigkeit	λ	Watt je (m $\cdot$ Kelvin)	$W/(m \cdot K)$	
Wärmespeicherkapazität	Q_{SP}	Kilojoule	kJ	1 kJ = 1.000 J = 0,28 Wh
Wärmespeicherungszahl	W	Kilojoule je ($m^2 \cdot$ Kelvin)	$kJ/m^2 \cdot K$	
Wärmespeicherzahl	S	Kilojoule je ($m^3 \cdot$ Kelvin)	$kJ/m^3 \cdot K$	
Wärmestrom	Φ	Watt	W	1 W = 1 J/s = 1 Nm/s
Wärmestromdichte	q	Watt je m^2	W/m^2	
Wärmeübergangskoeffizient	h	Watt je ($m^2 \cdot$ Kelvin)	$W/(m^2 \cdot K)$	
Wärmeübergangswiderstand, außen	R_{se}	($m^2 \cdot$ Kelvin) je Watt	$m^2 \cdot K/W$	
Wärmeübergangswiderstand, innen	R_{si}	($m^2 \cdot$ Kelvin) je Watt	$m^2 \cdot K/W$	

Randbedingungen für alle Simulationen

Thermischen Simulationen

Die thermischen Simulationen wurden mit dem Rechenprogramm TRNSYS durchgeführt. Um Aussagen zu grundlegenden energetischen und raumklimatischen Wechselwirkungen treffen zu können, wurde ein typischer Standardbüroraum modelliert. Die Raumabmessungen stellen den ungünstigeren Fall dar, bei größeren Raumtiefen stellen sich in der Regel günstigere thermische Verhältnisse ein. Für die Belegung und die internen Wärmelasten wurde eine typische Büronutzung zugrunde gelegt. Auf Sondernutzungen mit sehr hohen internen Lasten durch EDV oder durch eine dichte Belegung sind die Ergebnisse nicht übertragbar. Um eine Vergleichbarkeit der verschiedenen Varianten herzustellen, wurden jeweils ein, maximal zwei Parameter variiert. Es wurde eine typische Nutzung zugrunde gelegt.

Tageslichtsimulationen

Die Tageslichtsimulationen wurden mit dem Programm Radiance durchgeführt. Die Raummaße entsprechen dem Raum, wie er auch für die thermischen Simulationen gewählt wurde. Für den Standardfall wurden typische Reflexionsgrade zugrunde gelegt. Die Eigenschaften der Gläser entsprechen denen, die für die thermischen Simulationen gewählt wurden. Dadurch ist die Wechselbeziehung zwischen Raumklima und Tageslicht gut ablesbar.

Raummodell

Raumgröße L/B/H	5,0/4,5/3,0 m
Fläche	22,5 m²
Volumen	67,5 m³
interne Lasten	
PC	2 x 230 W
Personen	2 x 75 W
Nutzungszeit	8:00–18:00 Uhr

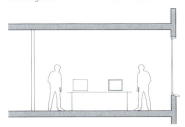

Bauweise

Decke, Speichermasse nicht wirksam
Massivdecke mit Doppelboden und abgehängter Decke mit Schallabsorber

Dicke	280 mm
U-Wert	0,37 W/m²K
wirksame Speichermasse	c_{wirk} = 0,8 Wh/m²K
Reflexionsgrad Decke	80 %
Reflexionsgrad Boden	20 %

Decke, Speichermasse wirksam
Massivdecke mit Estrich, ohne Verkleidung

Dicke	260 mm
U-Wert	0,83 W/m²K
wirksame Speichermasse	c_{wirk} = 103,9 Wh/m²K
Reflexionsgrad Decke	40 %
Reflexionsgrad Boden	10 %

Innenwand schwer

Dicke	180 mm
U-Wert	2,67 W/m²K
wirksame Speichermasse	c_{wirk} = 51,7 Wh/m²K
Reflexionsgrad	40 %

Innenwand leicht

Dicke	125 mm
U-Wert	0,35 W/m²K
wirksame Speichermasse	c_{wirk} = 3,3 Wh/m²K
Reflexionsgrad	80 %

Außenwand

Dicke	190 mm
U-Wert	0,29 W/m²K
wirksame Speichermasse	c_{wirk} = 11,6 Wh/m²K
Reflexionsgrad	80 %

Fassade

Verglasungsarten

	U-Wert [W/m²K]	g-Wert [-]	τ-Wert [-]
2-Scheiben-WSV, Argon	1,4	0,6	0,8
2-Scheiben-WSV, Krypton	1,1	0,6	0,8
3-Scheiben-WSV, Krypton	0,7	0,4	0,7
Sonnenschutzglas	1,1	0,33	0,4

Sonnenschutzposition

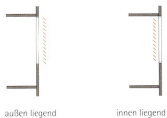

außen liegend F_c = 0,2

innen liegend F_c = 0,4

Sonnenschutzsteuerung

temperaturgesteuert	zu bei T_{Raum} > 24 °C
strahlungsgesteuert	zu bei $I_{Fassade}$ > 180 W/m²

Lüftung

Lüftungstrategien Sommertag

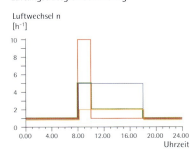

Lüftungsstrategien Nachtlüftung

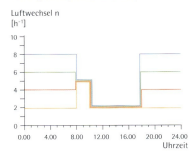

Lüftungsstrategie Wintertag

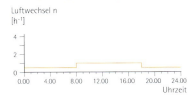

Literaturverzeichnis

Allgemeine Literatur

Behling, S., Behling, St.; Schindler, B.: Sol Power. Die Evolution der solaren Architektur. München/New York 1996

Bischof, W., Bullinger-Naber., M., Kruppa, B.: Expositionen und gesundheitliche Beeinträchtigungen in Bürogebäuden. Ergebnisse des ProKlimA-Projekts. 2003

BKI Baukosten 2001, Teil 2: Kostenkennwerte für Bauelemente. Stuttgart 2001/2002

CCI: Urteil mit enormer Tragweite – Im Büro gilt die 26-°C-Grenze. CCI-Print 7/2003

Compagno, A.: Intelligente Glasfassaden. Material, Anwendung, Gestaltung. 5. revidierte und aktualisierte Auflage. Berlin 2002

Daniels, K.: Technologie des ökologischen Bauens. Grundlagen und Maßnahmen, Beispiele und Ideen. Basel/Boston/Berlin 1995

Daniels, K.: Low-Tech Light-Tech High-Tech. Bauen in der Informationsgesellschaft. Basel 1998

Daniels, K.: Gebäudetechnik. Ein Leitfaden für Architekten und Ingenieure. München 2000

Danner, D., Dassler, F. H., Krause, J. R.: Die klimaaktive Fassade. Edition Intelligente Architektur. Leinfelden-Echterdingen 1999

Eisele, J., Kloft, E. (Hrsg.): HochhausAtlas. Typologie und Beispiele, Planung und Konstruktion, Technologie und Betrieb. München 2002

Flagge, I., Herzog, T.: Architektur und Technologie. München 2001

Frank, W.: Raumklima und thermische Behaglichkeit. Berichte aus der Bauforschung. Berlin 1975

Hausladen, G. (Hrsg.): Innovative Gebäude-, Technik- und Energiekonzepte. München 2001

Hausladen, G., de Saldanha, M., Liedl, P., Sager C.: ClimaDesign. München 2005

Hausladen, G., de Saldanha, M., Nowak, W., Liedl, P.: Einführung in die Bauklimatik. Klima und Energiekonzepte für Gebäude. München 2003

Hausladen, G., de Saldanha, M., Sager, C., Liedl, P.: Climadesign, Messe München Publikationen. München 2003

Hegger, M., Auch-Schwelk, V., Fuchs, M., Rosenkranz, T.: Baustoff Atlas. Edition DETAIL. München 2005

Heisel, J.: Planungsatlas. Berlin 2004

Herzog, T.: Solar Energy in Architecture and Urban Planning. München 1996

Herzog, T., Krippner, R., Lang, W.: Fassaden Atlas. Edition DETAIL. München 2004

Hinrichs, D. U., Heusler, W.: Fassaden-Gebäudehüllen für das 21. Jahrhundert. 2., erweiterte Ausgabe. Basel 2006

Hohmann, R.; Setzer M. J.: Bauphysikalische Formeln und Tabellen. Wärmeschutz, Feuchteschutz, Schallschutz. Düsseldorf 1993

Klotz, H.: Von der Urhütte zum Wolkenkratzer. Geschichte der gebauten Umwelt. München 1991

Knissel, J.: Energieeffiziente Büro- und Verwaltungsgebäude. Institut Wohnen und Umwelt. Darmstadt 1999

Müller, W., Vogel, G.: dtv-Atlas Baukunst. Band 1 und 2, 11. Auflage. München 1997

Neufert, P. u. C., Neff, L., Franken, C.: Neufert Bauentwurfslehre. 37. Auflage. Braunschweig/Wiesbaden 2002

Soft Success Factors, Empirische Studie im Verbundforschungsprojekt OFFICE 21

Pisthol, W.: Handbuch der Gebäudetechnik. Planungsgrundlagen und Beispiele. Band 1 und 2. Düsseldorf 2005

Pültz, G.: Bauklimatischer Entwurf für moderne Glasarchitektur. Passive Maßnahmen der Energieeinsparung, Angewandte Bauphysik. Berlin 2002

Recknagel, H., Sprenger, E., Schramek, R.: Taschenbuch für Heizung + Klimatechnik 03/04. München 2003

RWE: Bau-Handbuch. Frankfurt am Main 2004

Schempp, D. et al.: Solares Bauen. Köln 1992

Schittich, C.: Solares Bauen. Strategien, Visionen, Konzepte. Edition DETAIL. Basel/Boston/Berlin 2003

Schittich, C., Staib, G., Balkow, D., Schuler, M., Sobek, W.: Glasbau Atlas. Edition DETAIL. Basel 1998

Spath, D., Kern, P.: Zukunftsoffensive OFFICE 21 – Mehr Leistung in innovativen Arbeitswelten. Köln 2004

Voss, K., Löhnert, G., Herkel, S., Wagner, A., Wambsganß, M.: Bürogebäude mit Zukunft. Köln 2005

Wellpott E.: Technischer Ausbau von Gebäuden. 8. Auflage. Stuttgart 2005

Wormuth, R., Schneider, K.-J.: Baulexikon. Berlin 2000

Wyon. D. P.: The effects of indoor climate on productivity and performance.

Zimmermann, M.: Handbuch der passiven Kühlung. EMPA. Dübendorf 1999

zu Kapitel 2: Fassadenfunktionen

Bartenbach, C.: Tagesbelichtung von Arbeitsräumen. Lichttechnische und wahrnehmungspsychologische Aspekte. München 2002

BINE Informationsdienst, profi info I/00: Tageslichtnutzung in Gebäuden. Fachinformationszentrum Karlsruhe 2001

BINE Informationsdienst, themen info I/03: Passive Kühlung mit Nachtlüftung. Fachinformationszentrum Karlsruhe 2003

Blaich, J. et al., EMPA-Akademie: Die Gebäudehülle. Konstruktive, bauphysikalische und umweltrelevante Aspekte. Stuttgart 2000

Blum, H.-J., Compagno, A., Fitzner, K., Heusler, W., Hortmanns, M., Hosser, D., Müller, H., Nolte, C., Schwarzkopf, D., Sedlacek, G., Thiel, D., Ziller, C.: Doppelfassaden. Berlin 2001

Brandi, U., Geissmar-Brandi, C.: Lichtbuch. Die Praxis der Lichtplanung. Basel/Boston/Berlin 2001

Davies, M.: Eine Wand für alle Jahreszeiten: die intelligente Umwelt erschaffen. In: Arch+ Nr. 104, 7/1990

Eicke-Henning, W.: Glasarchitektur – Lehren aus einem Großversuch. 2004

Eicke-Henning, W.: Schwitzen im Glaskasten. In: Deutsche Bauzeitung 5/2004

Feist, W.: Grundlagen der Gestaltung von Passivhäusern. Darmstadt 2001

Gertis, K., Hauser, G.: Energieeinsparung durch Stoßlüftung? In: HLH 30 Nr. 3/1979

Glück, B.: Wärmetechnisches Raummodell. Heidelberg 1997

Hauser, G.: Sommerliches Temperaturverhalten von Einzelbüros. In: TAB 10 12/1979, S. 1015–1019

Hauser, G., Heibel, B.: Thermische Wirkung einer zusammengesetzten Sonnenschutzvorrichtung. In: Ingenieur-Hochbau. Berichte aus Forschung und Praxis. Festschrift zum 60. Geburtstag von Prof. Dr. Erich Cziesielski. Düsseldorf 1998

Hauser, G., Heibel, B.: Bemessungsgrundlagen für Zuluftfassaden. Bauphysik 20 3/1998, S. 74–79

Hauser, G., Heibel, B.: Modellierung und Quantifizierung der Wirkung von Sonnenschutzvorrichtungen über die Sommerperiode. DFG-Forschungsschwerpunkt-Programm „Bauphysik der Außenwände", Schlussbericht, S. 109–130. Stuttgart 2000

Hauser, G., Otto, F.: Einfluss der Wärmespeicherfähigkeit auf Heizwärmebedarf und sommerliches Wärmeverhalten. In: db 134 4/2000, S. 113–118

Heusler, W., Scholz, C.: Tageslichtsysteme – Aktuelle Entwicklungen und Tendenzen. In: Bauphysik 15 6/1993, S. 173–178

Ihle, C., Bader, R., Golla, M.: Tabellenbuch. Sanitär, Heizung, Lüftung. 4. Auflage. Troisdorf 2002

Interpane Glas Industrie AG: Gestalten mit Glas. 6. Auflage. Lauenförde 2002

Lohmeyer, G. C. O.: Praktische Bauphysik. Eine Einführung mit Berechnungsbeispielen. 4. Auflage. Stuttgart/Leipzig/Wiesbaden 2001

Maas, A.: Experimentelle Quantifizierung des Luftwechsels bei Fensterlüftung. Dissertation Universität Gesamthochschule Kassel. 1995

Maas, A., Schmidt, D., Hauser, G.: Experimentelle Untersuchungen zum Luftaustausch bei Querlüftung. In: TAB 30 11/1999, S. 57–64

Oesterle, E., Lutz, M., Lieb, R.-D., Heusler, W.: Doppelschalige Fassaden. Ganzheitliche Planung, Konstruktion, Bauphysik, Aerophysik, Raumkonditionierung, Wirtschaftlichkeit. München 1999

Pernpeintner, A.: Der Wind als Faktor in der Gebäudeplanung. In: Climadesign. Messe Publikation München. München 2003

Richter, W.: Handbuch der thermischen Behaglichkeit – Heizperiode. Dortmund/Berlin/Dresden 2003

Rouvel, L., Kolmetz, S.: Thermische Bewertung von Gebäuden unter sommerlichen Randbedingungen. In: Gesundheitsingenieur 2/1997, S. 65–120

Schittich, C. (Hrsg.): Gebäudehüllen. Konzepte, Schichten, Material. Edition DETAIL. Basel/Boston/Berlin 2001

Szerman, M.: Auswirkungen der Tageslichtnutzung auf das energetische Verhalten von Bürogebäuden. Dissertation. Universität Stuttgart. 1994

Testreferenzjahre für Deutschland (TRY). Deutscher Wetterdienst (www.dwd.de/TRY). Offenbach 2004

WAREMA Sonnenschutztechnik. Produktkatalog 2005

Ziller, C., Sedlacek, G., Ruscheweyh, H., Oesterle E., Lieb, R. D.: Natürliche Belüftung eines Hochhauses mit Doppelfassade. In: Ki 8/1996

zu Kapitel 3: Fassadenkonzepte

Auer, F., Hausladen, G.: Konzeptstudie Langenscheidt Hochhaus. unveröffentlicht 2001

BINE Informationsdienst, projekt info 01/04: Mehr als Fassade. Fachinformationszentrum Karlsruhe 2004

BINE Informationsdienst, projekt info 07/01: Energiesparendes modulares Fassadensystem. Fachinformationszentrum Karlsruhe 2004

Bundesamt für Energie, Bern (Hrsg.): Lüftung von großen Räumen – Handbuch für Planer. Dübendorf 1998

Compagno, A.: Die Intelligente Fassade – High-Tech für ein klimagerechtes Bauen. 1993

Döge, K.; Franzke, U.: Zusammenwirken von Außenklima, Doppelfassade und Raumklima. In: TAB 1/1998, S. 41–46

Gertis, K.: Sind neuere Fassadenentwicklungen sinnvoll? Teil 2: Glas-Doppelfassaden (GDF). In: Bauphysik 21 2/1999, S. 54–66

Hall, M.: Untersuchungen zum thermisch bedingten Luftwechselpotenzial von Kippfenstern. Dissertation Universität Kassel 2004

Hauser, G.: Energetische Wirkung einer durchströmten Glasfassade. In: TAB 19 4/1989, S. 329–338

Hellwig, R.: Natürlich behaglich. Natürliche Lüftung und Behaglichkeit – Gegensätze? In: Gesundheitsingenieur 125, 5/2004

Herzog, T.: Nachhaltige Höhe – Deutsche Messe AG Hannover, Verwaltungsgelände. München/London/New York 2000

Heusler, W., Compagno, A.: Mehrschalige Fassaden. Eine Gegenüberstellung verschiedener zweischaliger Fassadensysteme. In: DBZ 6/1998. S. 131–138

Klauck, B.: Zur Konstruktion der energetisch optimierten Glasfassaden. In: Bauwelt 43/1996 u. 44/1996, S. 2456–2461

Kornadt, O., Lehmann, L., Zapp F. J.: Doppelfassaden: Nutzen und Kosten. In: Bauphysik 21, 1/1999, S. 10–19

Lang, W.: Typologie Mehrschaliger Fassaden. Dissertation TU München. 2000

Sedlacek, G., Ziller, C.: Strömungstechnische Untersuchungen von Doppelfassaden. In: Tagungsband zum Internationalen Bauphysikkongress 1997, S. 127–137

Trieb, O.: e-on Weiden.
In: Xia intelligente architektur 07/09. 2005

Ziller, C.: Modellversuche und Berechnungen zur Optimierung der natürlichen Lüftung durch Doppelfassaden. Dissertation an der RWTH Aachen. Lehrstuhl für Stahlbau u. Windingenieurtechnik. 1999

zu Kapitel 4: Fassadentechnologien

BASF Produktbroschüre: Micronal PCM, Smartboard. Ludwigshafen 2006

BINE Projekt Info-Service Nr. 9/Oktober 95: Tageslichtlenksysteme mit holographisch-optischen Elementen. Karlsruhe 1995

BINE Informationsdienst, Projektinfo 02/2000: Raumluftkonditionierung mit Erdwärmetauschern. Fachinformationszentrum Karlsruhe 2000

BINE Informationsdienst, Projektinfo 05/2000: Kraft-Wärme-Kopplung mit Brennstoffzellen. Fachinformationszentrum Karlsruhe 2000

BINE Informationsdienst, Projektinfo 14/2001: Neue Wärmepumpen-Konzepte für energieeffiziente Gebäude. Fachinformationszentrum Karlsruhe 2001

BINE Informationsdienst, projekt info I/02: Schaltbare und regelbare Verglasungen.
Fachinformationszentrum Karlsruhe 2002

BINE Informationsdienst, projekt info 4/01: Vakuumdämmung. Fachinformationszentrum Karlsruhe 2002

BINE Informationsdienst, themen info IV/02: Latentwärmespeicher. Fachinformationszentrum Karlsruhe 2002

BINE Informationsdienst, projekt info 06/02: Latentwärmespeicher in Baustoffen.
Fachinformationszentrum Karlsruhe 2002

BINE Informationsdienst, Projektinfo 03/2003: Performance von Photovoltaik-Anlagen.
Fachinformationszentrum Karlsruhe 2003

BINE Informationsdienst, Basis Energie 3: Photovoltaik. Fachinformationszentrum Karlsruhe 2003

BINE Informationsdienst, Basis Energie 4: Thermische Nutzung der Solarenergie. Fachinformationszentrum Karlsruhe 2003

Buntkiel-Kuck, K.: Tageslichtlenksysteme.
In: Baumeister-Sonderheft 4/1993, S. 14–15

Burg, M., Dietrich, U., Kischkoweit-Lopin, M., Müller, H., Siedentop, G.: Lichtlenkende Hologramme in Fassaden.
In: Baumeister-Sonderheft 4/1993, S. 4–8

Dörken Produktbroschüre: Delta – Cool 24. Herdecke 2006

Hullmann, H.: Photovoltaik in Gebäuden. Handbuch für Architekten und Ingenieure. Stuttgart 2000

Kaltenbach, F.: Heizen und Kühlen ohne Energieverbrauch?
In: DETAIL 6/2005, S. 660–665

Kerschberger, A., Platzer, W., Weidlich, B.: TWD, Transparente Wärmedämmung. Produkte, Projekte, Planungshinweise. Wiesbaden/Berlin 1998

Müller, F. O.: Holografisch-optische Elemente.
In: Das Bauzentrum 5/1995, S. 31–33

Nickel, J.: Heizen und Kühlen mit Decken.
In: TAB 5/1997, S. 41–44

Olesen, B., W.: Flächenheizung und Kühlung. Einsatzbereiche für Fußboden-, Wand-, und Deckensysteme. Velta GmbH, Norderstedt 1997

Schossig, P., Henning, H.-M., Raicu, A., Haussmann, T.: Mikroverkapselte Phasenwechselmaterialien in Wandverbundsystemen zur Komfortsteigerung und Energieeinsparung. 12. Symposium Thermische Solarenergie. OTTI Technologie-Kolleg, Tagungsband S. 169–173. Staffelstein 2002

Schwab, H., Heinemann, U., Fricke, J.: Vakuumisolationspaneele – ein hocheffizientes Dämmsystem der Zukunft.
In: DETAIL 7/2001, S. 1301–1304

Strieder, B.: Passive Klimatisierung von Containerbauten durch den Einsatz von PCM. ZAE Symposium 2004. Wärme- und Kältespeicherung durch Phasenwechselmaterialien. Garching 2004

Willems, M.: Vakuumdämmung. In: Bauphysik Kalender. Berlin 2004

Wirth, H., Horn, R.: Entwicklung von selbstregulierenden Sonnenschutzgläsern. 8. Symposium Innovative Lichttechnik in Gebäuden. OTTI Technologie-Kolleg, Tagungsband S. 124–128. Staffelstein 24./25.01.2002

Richtlinien und Normen

Arbeitsstättenrichtlinie 5 Lüftung

Arbeitsstättenrichtlinie 6/1 u. 3 Raumtemperaturen

Arbeitsstättenrichtlinie 7/1 Sichtverbindung nach außen
DIN 1055-4: Einwirkungen auf Tragwerke - Teil 4: Windlasten. Berlin 2005

DIN 12524: Wärme- und Feuchteschutztechnische Eigenschaften - Tabellierte Bemessungswerte. Berlin 2000

DIN 18041: Hörsamkeit in kleinen bis mittelgroßen Räumen. Berlin 2004

DIN 18599: Energetische Bewertung von Gebäuden - Berechnung des Nutz-, End-, und Primärenergiebedarfs für Heizung, Kühlung Lüftung, Trinkwarmwasser und Beleuchtung. Berlin 2005

DIN 1946-6: Raumlufttechnik - Teil 6: Lüftung von Wohnungen. Anforderungen, Ausführung, Abnahme. (VDI-Lüftungsregeln). Berlin 1998

DIN 33402: Klima am Arbeitsplatz. Berlin 2000

DIN 4108: Wärmeschutz und Energie-Einsparung in Gebäuden. Berlin 2004

DIN 4109 Schallschutz im Hochbau. Berlin 1989

DIN 4543-1: Büroarbeitsplätze - Teil 1: Flächen für die Aufstellung und Benutzung von Büromöbeln. Berlin 1994

DIN 4701-10: Energetische Bewertung heiz- und raumlufttechnischer Anlagen. Berlin 2003

DIN 4710: Statistiken meteorologischer Daten zur Berechnung des Energiebedarfs von heiz- und raumlufttechnischen Anlagen in Deutschland. Berlin 2003

DIN 5034: Tageslicht in Innenräumen. Berlin 2005

DIN 5035: Beleuchtung mit künstlichem Licht. Berlin 2006

DIN 5039: Licht, Lampen, Leuchten. Berlin 1995

DIN 5040: Leuchten für Beleuchtungszwecke. Berlin 1999

DIN EN 12464: Licht und Beleuchtung - Beleuchtung von Arbeitsstätten. Berlin 2003

DIN EN 12524: Baustoffe und -produkte - Wärme- und feuchteschutztechnische Eigenschaften - Tabellierte Bemessungswerte. Berlin 2000

DIN EN 12665: Licht und Beleuchtung - Grundlegende Begriffe und Kriterien für die Festlegung von Anforderungen an die Beleuchtung. Berlin 2002

DIN EN 410: Glas im Bauwesen - Bestimmung der lichttechnischen und strahlungsphysikalischen Kenngrößen von Verglasungen. Berlin 1998

DIN EN 673: Glas im Bauwesen - Bestimmung des Wärmedurchgangskoeffizienten. Berlin 2003

DIN EN ISO 10077: Wärmetechnisches Verhalten von Fenstern, Türen und Abschlüssen - Berechnung des Wärmedurchgangskoeffizienten. Berlin 2004

DIN EN ISO 15927: Wärme- und Feuchteschutztechnisches Verhalten von Gebäuden - Berechnung und Darstellung von Klimadaten. Berlin 2004

DIN EN ISO 6946: Bauteile - Wärmedurchlasswiderstand und Wärmedurchgangskoeffizient - Berechnungsverfahren. Berlin 2005 (Entwurf)

DIN EN ISO 7345: Wärmeschutz. Berlin 1996

DIN EN ISO 8996: Ergonomie der thermischen Umgebung - Bestimmung des körpereigenen Energieumsatzes. Berlin 2005

DIN EN ISO 9241: Ergonomische Anforderungen für Bürotätigkeiten mit Bildschirmgeräten. Berlin 2002

VDI 2050, Blatt 1: Heizzentralen - Heizzentralen in Gebäuden - Technische Grundsätze für Planung und Ausführung. Berlin 1995

VDI 2067 Blatt 1 Entwurf: Wirtschaftlichkeit gebäudetechnischer Anlagen, Grundlagen und Kostenberechnung. Berlin 1999

VDI 2067 Blatt 3: Berechnung der Kosten von Wärmeversorgungsanlagen, Raumlufttechnik. Berlin 1983

VDI 2078: Berechnung der Kühllast klimatisierter Räume. Berlin 1998

VDI 2714: Schallausbreitung im Freien. Berlin 1988

VDI 2719: Schalldämmung von Fenstern und deren Zusatzeinrichtungen. Düsseldorf 1987

VDI 3803: Raumlufttechnische Anlagen - Bauliche und technische Anforderungen. Berlin 1986

VDI 3807: Energieverbrauchskennwerte für Gebäude. Blatt 1 und 2. Berlin 1994

VDI 4600: Kumulierter Energieaufwand, Begriffe, Definitionen, Berechnungsmethoden. Berlin 1997

VDI 6030: Auslegung von freien Raumheizflächen - Grundlagen und Auslegung von Raumheizkörpern. Berlin 2002

Internet

www.baunetz.de
www.bauphysik.de
www.bine.fiz-karlsruhe.de
www.bph.hbt.arch.ethz.de
www.bpy.uni-kassel.de/solaropt
www.climadesign.de
www.eclim.de
www.erneuerbare-energien.de
www.impulsprogramm.de
www.iwu.de
www.okalux.de
www.solarbau.de
www.trox.de
www.waermedaemmstoffe.com
www.warema.de

Sachwortverzeichnis

A/V-Verhältnis 168, 179
Abluftwärmepumpe 32
Abminderungsfaktor Sonnenschutz (F_C) 34, 46, 134, 154
Absorption 124, 128, 134
Absorptionsgrad, Licht α 176
Absorptionsgrad, Schall α 178
Atrium 168
Ätzen, Glas 125
Augenempfindlichkeit 125
Ausblick 41, 46, 70, 72, 90
Ausführungsplanung 175
Auskühlung 62
Außenbezug 67 f
Außenlufttemperatur 41, 53, 152
Außenraumbedingungen 151 f
Azimutwinkel 40

Bauaufgabe 95
Bauform 168
Bauphysik 39
Bauteilaktivierung 39, 171
Bauweise 62, 95, 170
Bedruckung, Glas 125
Behaglichkeit 67
Behaglichkeit, thermisch 153, 169
Behaglichkeit, visuell 70, 153
Beleuchtungsstärke E 68 ff, 80, 153 f, 160, 176
Beleuchtungsstärkeverteilung 72 f, 75, 77
Beschichtung, Glas 124 f
Besonnungszeit 41
Betriebskosten 95
Bildschirmarbeitsplatz 70, 72
Blendschutz 34, 67, 70, 72, 126, 137
Blendung 34, 68, 70, 138
Brandschutz 168
Brüstungszone 91

Cooling-Cube 133

Dämmstandard 31, 169
Dämmstoffe 122 f, 128 f
Dämmstoffstärke 30, 98
Dämmung 34, 122
Dauerlüftung 54
Detailplanung 175
Diffusstrahlung 42, 68, 176
Direktgewinnsystem 128
Direktlichtlenksystem 138
Direktstrahlung 68, 176
Doppelfassade 88
Doppelfassade mit Direktlüftung 89
Doppelfassade, steuerbar 96, 112, 114
Doppelfassade, unsegmentiert 96, 110, 114
Drei-Scheiben-Verglasung 125
Druckverhältnisse, Fassadenzwischenraum 108

Eckraum 171
Edelgasfüllung 125
Einscheibensicherheitsglas (ESG) 126
Einstrahlung 125
Elektrochromes Glas 127
Elementfassade 96, 100, 114
Energieeinsparverordnung (EnEV) 39, 179
Energiegewinnung, Fassade 91
Entwurf 175

Farbtemperatur T_c 67, 176
Farbwiedergabe 124, 176
Fassade 31, 87, 151
Fassade, einschalig 88, 168
Fassade, Schnittstellengrafik 151
Fassade, Sommer 39
Fassade, Winter 29
Fassade, zweischalig 168
Fassadenausbildung 159

Fassadenfunktionen 88, 90
Fassadenkonzept 95 f, 168
Fassadenkonzept, Vergleich 115
Fassadenkonzepte, Entscheidungsgrafik 114
Fassadennahe Grenzschicht 60, 154
Fassadenprinzipien 87
Fassadentypologien 95
Fassadenzone 90
Fassadenzwischenraum 46, 54, 88, 110
Fensterflächenanteil 30 f, 34 f, 42, 44 f, 47 f, 154, 168 f
Fensterposition 70
Feuchte, relativ f 179
Floatglas 124
Fugenlüftung 55, 63
Funktionselemente, Fassade 90
Fußbodentemperatur 153

Gaschromes Glas 127
Gebäudehöhe 168
Gebäudehülle 87, 167
Gebäudekonzept 167
Gebäudestellung 168
Gebäudetechnik 167
Gebäudetyp 30
Gesamtenergiedurchlassgrad g 34, 46, 124, 134, 154, 177
Gesichtsfeld 70
Glas 124
Glas, bedruckt 125
Gläser, Vergleich 127
Globalstrahlung 176
Grenzschichteffekt 61
Grundluftaustausch 171
Grundluftwechsel 55

Haut 10
Heizleistung 31, 33, 170
Heizwärmebedarf 29, 31 ff, 168 ff
Himmelsstrahlung, diffus 68, 176
Hochhaus 64, 116
Höhenwinkel 40
Hohlkammerstruktur 128
Holografisches System 138
Hologramm 139, 141
Holzbau 144
Horizontalschiebeläden 144

Indirektsystem 128
Infeld 70
Innenraumbedingungen 151, 153
Interaktion Licht, Fassade, Raumklima, Technik 160 ff
Investitionskosten 95
Isolierverglasung 124

Jahreszeit 68
Jalousie 136 f

Kältebedarf 43, 45, 49, 168 f
Kälteleistung 43
Kaltfassade 142
Kaltluftabfall 30, 125, 155
Kamm 168
Kastenfenster 96, 106, 114
Kathedrale 87
Kippweite, Fenster 53, 56
Kirche 50, 82
Kleidung 11
Klimafassade 87
Kontrastblendung 70
Konvektion 124
Konzept 175
Konzeptentwicklung, Energie und Raumklima 159
Korridorfassade 96, 108, 114
Kühlenergiebedarf 44
Kühllast 39
Kühlleistung 43 ff, 49
Kühlpotenzial 60

Kühlsegel, aktiviert 132 f
Kühlstrategie 163
Kühlung 43 ff, 163, 168 f
Kunstlicht 67, 70, 138

Lamellen 46, 134 ff
Lärmbelastung 168
Leistungsfähigkeit, Nutzer 67
Leuchtdichte L 68, 70, 153, 176
Leuchtdichteunterschied 68, 70, 137
Leuchtdichteverteilung 67, 70 ff, 153, 160
Lichtlenklamelle 138
Lichtschwert 138
Lichtstärke I 176
Lichtstreuung 138 f, 141
Lichtstrom Φ 176
Lichttransport 141
Lichtverhältnisse, Innenraum 153
Lochfassade 96, 98, 114
Low-E-Beschichtung, Glas 124
Luftaustausch 32, 56 f, 155
Luftdichtheit 32
Luftgeschwindigkeit 30, 53, 153
Luftqualität 153
Lüftung 52 ff
Lüftung, natürlich 53 f, 56 f, 152
Lüftungselemente 32, 54 f
Lüftungsklappe 54
Lüftungskonzept 115
Lüftungsöffnung 54, 56
Lüftungsquerschnitt 102
Lüftungsstrategie 32, 61, 170
Lüftungswärmeverlust 32, 154, 170
Luftwechsel 32 f, 54, 56, 60, 62 f, 153 f, 170 f

Makroklima 95
Markise 136
Massivwandsystem 128
Medienfassade 87
Membran 146
Mensch 10 f
Mikroklima 95

Nachhallzeit 153, 178
Nachtauskühlung 62, 102
Nachtlüftung 55, 62, 170 f
Niedrigenergie-Haus 30, 32
Nutzungsspezifische Anforderungen 175
Nutzungszeit 41

Oberflächenbehandlung, Glas 125
Oberflächentemperatur, innen 30, 153, 155, 169
Oberlicht 70, 90
Öffnungsquerschnitt 53 f
Olf 153
Orientierung 40 ff, 68, 168

Passivhaus 30, 32, 36 f
Phase Change Materials (PCM) 62, 130 ff, 171
Phasenübergang 130
Photovoltaik 92, 142
Planungsprozess 175
Planungsregeln 167
Prallscheibe 96, 102, 114
Prismenplatte 138 f

Quelllüftung 32

Rahmenausbildung 124
Randverbund 124
Raumausleuchtung 72
Raumklima 39 f, 159, 163, 171
Raumklima, Sommer 47, 169
Raumkonditionierungskonzept 163
Raumtemperatur, operativ 42 f, 45, 49, 61, 153, 163

188

Reduktion   134
Reflektor   139
Reflexion   68, 70, 124, 134, 138
Reflexionsgrad, Licht ρ   78, 153, 176
Reflexionsgrad, Schall ρ   178
Riegel   168
Rollo   136 f

Sandstrahlen, Glas   125
Schall   152 f
Schalldämmmaß R   98, 126, 155, 178
Schalldämmung   114, 155
Schalldruck p   178
Schallpegel   152 f
Schallpegeldifferenz D   178
Schallquelle   152
Schallreduktion   153
Schallschutz   98, 125
Schallschutzglas   125 f
Scheibenzwischenraum   126, 135
Schmelzpunkt   130
Schnittstelle, Fassade   151
Selektion   134
Selektivität, Glas   124
Sicherheitsglas   126
Siebdruckverfahren   125
Solare Einstrahlung   34, 152
Solare Gewinne   34, 128, 179
Solarer Energieeintrag   39
Solarzelle   142
Sonnenschutz   34, 40 ff, 72, 76, 90, 126, 134, 141, 169
Sonnenschutz, außen liegend   44, 46, 49, 134
Sonnenschutz, beweglich   135
Sonnenschutz, feststehend   49, 135
Sonnenschutz, innen liegend   46, 49, 134 f
Sonnenschutzglas   40, 125
Sonnenschutzlamellen   72
Sonnenschutzposition   169
Sonnenschutzsteuerung   42, 47
Sonnenschutzsysteme, physikalische Prinzipien   135
Sonnenschutzsysteme, Vergleich   136
Sonnenspektrum   125
Sonnenstandsdiagramm   152
Sonnenstrahlung, direkt   68, 176
Speicherfähigkeit   130
Speichermasse   34 f, 62, 122, 130, 171
Sporthalle   92
Standort   95, 115, 175
Stoffwerte   180
Stoßlüftung   53 f
Strahlungsasymmetrie   30
Strahlungsdurchgang   46, 124 f
Strahlungseintrag   41, 45, 72, 134, 152
Strömungssimulation   64

Tageslicht   66 ff, 159
Tageslichtlenksystem   67 f, 72
Tageslichtlenksysteme, Entscheidungsgrafik   140
Tageslichtlenkung   72, 90 f, 126, 138 f, 141
Tageslichtquotient D   67, 76, 78, 80, 154, 160, 176
Tageslichtsituation   163
Tageslichttransmissionsgrad τ   76, 80 f, 124, 176
Tageslichtversorgung   41
Tauwasser   122
Technik, Gebäude   159
Temperaturgradient, vertikal   153
Thermische Lasten   53
Thermotropes Glas   127
Transluzente Wärmedämmung (TWD)   128
Transmission   124
Transmissionswärmeverlust   30, 122, 124, 154
Transparenz   44, 82, 114, 146

Umfeld   70
Umlenkung   138, 141

Vakuumisolationspaneel (VIP)   129
Variochrome Gläser, Vergleich   127
Verbundsicherheitsglas (VSG)   124, 126
Verglasung   30, 124
Verglasungen, Vergleich   127
Verglasungsqualität   31, 98, 100, 169
Verschattung   41, 46, 68
Verwaltungsbau   116
Vorbau   136
Vorfertigung   144
Vorlauftemperatur   171

Wahrnehmung   67
Wärmeabfuhr   41
Wärmeabgabe, sekundär   124
Wärmebrücke   30, 122
Wärmedurchgangskoeffizient U   100, 122, 124, 154, 177
Wärmeeindringkoeffizient b   177
Wärmegewinn   128
Wärmegewinn, intern   179
Wärmekapazität, spezifisch c   177
Wärmelasten, intern   31 ff, 40, 169, 170
Wärmeleitfähigkeit λ   122, 177
Wärmeleitgruppe   122
Wärmequelle, intern   39
Wärmerückgewinnung   32 f, 170
Wärmeschutz   122
Wärmeschutzglas   124
Wärmespeicherkapazität QSP   177
Wärmespeicherung, latent   130
Wärmespeicherzahl S   177
Wärmestrahlung   124
Wärmetauscher   32
Wärmetransport   124
Wärmeübergabesystem   30
Wärmeübergangskoeffizient h   177
Wärmeübergangswiderstand R_{se}, R_{si} 177
Warmfassade   142
Wasserdampf-Diffusionswiderstandszahl μ   179
Wasserdampfdiffusionsäquivalente Luftschichtdicke s_d 179
Wechselfassade   89, 96, 104, 114
Winddruck w   53, 57, 178
Windgeschwindigkeit   54, 57, 168, 178
Windkanal   65
Windkraft   64
Witterungsschutz   102
Wohnungsbau   36, 64, 144

Zuluftführung   58
Zulufttemperatur   61
Zuluftvolumenstrom   56 f
Zuluftvorwärmung   32 f, 54, 58, 170
Zweischalige Fassade   54
Zwei-Scheiben-Verglasung   125

Autorenverzeichnis

Gerhard Hausladen
Prof. Dr.-Ing.
07.10.1947
Maschinenbau, TU München
Lst. für Bauklimatik und Haustechnik, TU München
Ingenieurbüro Hausladen,
Haustechnik, Bauphysik, Energiekonzepte, ClimaDesign

Michael de Saldanha
Dr.-Ing.
05.04.1966
Architektur, GH Kassel
Lst. für Bauklimatik und Haustechnik, TU München
ClimaDesign

Petra Liedl
Dipl.-Ing.
21.07.1976
Architektur, TU München
Lst. für Bauklimatik und Haustechnik, TU München
ClimaDesign

Hermann Kaufmann
Prof. Dipl.-Ing.
11.06.1955
Architektur, TH Innsbruck,
TU Wien
Fachgebiet Holzbau,
TU München
Architekturbüro DI Kaufmann
Holzbau

Gerd Hauser
Prof. Dr.-Ing.
08.03.1948
Maschinenbau, TU München
Lst. für Bauphysik, TU München
Fraunhofer-Inst. für Bauphysik,
Institutsleiter
Therm. und energ. Verhalten von
Gebäuden, Energiekonzepte

Klaus Fitzner
Prof. a. D. Dr.-Ing.
11.08.1937
Maschinenbau, TU Berlin
Hermann-Rietschel-Instiut,
TU Berlin
Klimakonzept IG
Heizungs- und Klimatechnik,
Raumströmung, Luftqualität

Christian Bartenbach
Prof. Dipl.-Ing.
14.05.1930
Graduierter Ingenieur
Lichtakademie Bartenbach,
Aldrans, A
Bartenbach LichtLabor,
Firmengründer
Tages- und Kunstlichttechnik,
Forschung und Entwicklung

Winfried Nerdinger
Prof. Dr.-Ing.
24.08.1944
Architektur, TH München
Architekturmuseum
der TU München
Geschichte und Theorie der
Architektur des 18.–20. Jh.

Winfried Heusler
Dr.-Ing.
20.09.1955
Maschinenbau, TU München
SCHÜCO International KG
Direktor Project Engineering
innovative Lösungen für
komplexe Fassadenprojekte

Friedemann Jung
cand. arch.
06.11.1979
Architektur, TU München
Lst. für Bauklimatik und Haustechnik, TU München
ClimaDesign

Michael Kehr
cand. arch.
28.09.1981
Architektur, TU München
Lst. für Bauklimatik und
Haustechnik, TU München
ClimaDesign

Christiane Kirschbaum
Dipl.-Ing.
17.12.1979
Architektur, TU München
Lst. für Bauklimatik und
Haustechnik, TU München
ClimaDesign

Alexandra Liedl
Dipl.-Psych.
07.09.1979
Psychologie, FSU Jena
Interkulturalität

Moritz Selinger
cand. arch.
26.11.1979
Architektur, TU München
Lst. für Bauklimatik und
Haustechnik, TU München
ClimaDesign

Michael Smola
Dipl.-Ing.
20.01.1979
Architektur, TU München
Lst. für Bauklimatik und
Haustechnik, TU München
ClimaDesign

Josef Bauer
14.04.1965
Versorgungstechniker,
Regensburg
Ingenieurbüro Hausladen,
Geschäftsführer
Raumklimatik, energetische
Konzeptentwicklung

Cornelia Jacobsen
Dipl.-Ing. (FH)
19.06.1970
Physik. Technik, FH München
Ingenieurbüro Hausladen,
Leiterin Energie
Energiekonzepte,
Fassadenberatung

Oliver Trieb
Dipl.-Ing. (FH)
24.06.1965
Maschinenbau, Neubiberg
Ingenieurbüro Hausladen,
Erweiterte Geschäftsleitung
Versorgungstechnik, Energiekonzepte, TGA, Wohnungsbau

Abbildungsverzeichnis

Die Autoren und der Verlag bedanken sich bei allen, die durch Überlassung ihrer Bildvorlagen, durch Erteilung der Reproduktionserlaubnis und durch Auskünfte am Zustandekommen dieses Buches mitgeholfen haben. Sämtliche Zeichnungen in diesem Werk sind eigens angefertigt worden. Fotos, zu denen kein Fotograf genannt ist, stammen aus dem Archiv des Lehrstuhls. Trotz intensiven Bemühens konnten wir einige Urheber der Abbildungen nicht ermitteln, die Urheberrechte sind jedoch gewahrt. Wir bitten in diesen Fällen um entsprechende Nachricht. Die Zahlen beziehen sich auf die Abbildungsnummern im Buch bzw. auf die Seitenzahlen.

02 Fassadenfunktionen

Auer+Weber+Assoziierte: S. 27
Scheffler + Partner Architekten: S. 36,
    Abb. 2.14, 2.16, 2.17, 2.18
Steidle + Partner: S. 64, Abb. 2.56, 2.57, 2.59
C. Meyer: Abb. 2.58
Wacker Ingenieure: Abb. 2.60
Florian Holzherr: S. 82, Abb. 2.79
Allmann Sattler Wappner Architekten GmbH:
    Abb. 2.76, 2.77, 2.78

03 Fassadenkonzepte

Matthias Kestel: S. 85
Jens Passoth: S. 92, Abb. 3.8, 3.9
Allmann Sattler Wappner Architekten GmbH:
    Abb. 3.5, 3.6, 3.7
Auer+Weber+Assoziierte: S. 116, S. 118, Abb. 3.37, 3.38, 3.39,
    3.40, 3.41

04 Fassadentechnologien

Entwicklungen und Projekte: Bartenbach Lichtlabor GmbH
    (Entwicklungen und Projekte) Peter Bartenbach (Fotos):
    S. 138, S. 139 alle Abb. unten
Ferit Kuyas: S. 142 unten links
Ben Wiesenfarth: S. 142 unten rechts
Jens Passoth: S. 143 unten links
Volker Bitzer: S. 143 unten Mitte
Bruno Klomfar: S. 144, Abb. 4.39, 4.40
ArchitekturBüro DI Hermann Kaufmann ZT GmbH:
    Abb. 4.34, 4.35, 4.36, 4.37, 4.38
A. Kaufmann, Fraunhofer IBP Holzkirchen: S. 146, Abb. 4.41,
    4.43, 4.44
Henn Architekten: Abb. 4.42

05 Fassadentechnologien

Stefan Niese, Auer+Weber+Assoziierte: S. 150

Alle Zeichnungen sind auf der Grundlage der von den beteiligten Architekturbüros zur Verfügung gestellten Unterlagen erstellt worden.

Dank

Unser besonderer Dank gilt allen Architekten, Firmen und Institutionen, die uns Bildmaterial und Zeichnungen zur Verfügung gestellt, uns fachlich beraten und dadurch entscheidend zum Entstehen dieses Buches beigetragen haben.

- Albert Speer & Partner GmbH, Frankfurt
- Allmann Sattler Wappner Architekten GmbH, München
- ArchitekturBüro DI Hermann Kaufmann ZT GmbH, Schwarzach, A
- Auer+Weber+Assoziierte, München
- Bartenbach Lichtlabor, Aldrans, A
- Fraunhofer-Institut für Bauphysik, Holzkirchen
- Henn Architekten, München
- Scheffler + Partner Architekten, Frankfurt
- Stefan Forster Architekten, Frankfurt
- Steidle + Partner, München

Einen großen Dank richten wir an die Autoren unserer Gastbeiträge, die mit ihrer fachlichen Kompetenz aktuelle Fragestellungen umfassend thematisiert und das Buch um neue Aspekte erweitert haben.

- Prof. Dipl.-Ing. Hermann Kaufmann
- Prof. Dr.-Ing. Gerd Hauser
- Prof. Dr.-Ing. Klaus Fitzner
- Prof. Ing. Christian Bartenbach
- Prof. Dr.-Ing. Winfried Nerdinger
- Dr.-Ing. Winfried Heusler

Wir danken der Firma HOCHTIEF Construction AG für die enge Zusammenarbeit und die weit reichende Unterstützung.

Ganz herzlich bedanken wir uns auch bei

- Bettina Rühm, unserer Lektorin, für die hervorragende Zusammenarbeit. Ihren vielfältigen Anregungen und Korrekturvorschlägen verdanken wir eine stilistische Einheitlichkeit und gute Verständlichkeit der Buchbeiträge.

- dem Callwey Verlag, im Besonderen Frau Dr. Marcella Baur-Callwey, Frau Ursula Kilguß und Frau Caroline Keller, die das Buchprojekt „ClimaSkin" in inhaltlicher und technischer Hinsicht betreut haben sowie Herrn Dr. Stefan Granzow, der das Buch mit auf den Weg gebracht hat.

- prosa Architektur & Grafik, im Besonderen Ellen Kloft und Sven Kling, die die umfangreiche Grafik- und Satzarbeit mit viel Geduld und großem Engagement bewältigt haben.

- Elisabeth Peter für ihre tatkräftige Unterstützung am PC.

- Christian Huber für seine Beratung zum Thema Dämmung.

- Felix Lausch für seinen kreativen Beitrag in Dresden.

Die Zusammenarbeit hat viel Spaß gemacht.

Ohne all diese Helfer im Hintergrund wäre ein Projekt dieser Größenordnung nicht möglich gewesen.

Impressum

© 2006 Verlag Georg D.W. Callwey GmbH & Co. KG
Streitfeldstraße 35, 81673 München
www.callwey.de, E-Mail: buch@callwey.de

Die Deutsche Nationalbibliothek verzeichnet diese Publikation in der Deutschen Nationalbibliografie; detaillierte bibliografische Daten sind im Internet über <http://dnb.ddb.de> abrufbar.

ISBN: 978-3-7667-1677-4

Das Werk einschließlich aller seiner Teile ist urheberrechtlich geschützt. Jede Verwertung außerhalb der engen Grenzen des Urheberrechtsgesetzes ist ohne Zustimmung des Verlags unzulässig und strafbar. Das gilt insbesondere für Vervielfältigungen, Übersetzungen, Mikroverfilmungen und die Einspeicherung und Verarbeitung in elektronischen Systemen.

Das Buch wurde erarbeitet am Institut für Entwerfen und Bautechnik, Fakultät für Architektur, Lehrstuhl für Bauklimatik und Haustechnik, Technische Universität München.

Lektorat: Dipl.-Ing. Bettina Rühm

Satz- und
Grafikerstellung: prosa Architektur & Grafik, Darmstadt
Druck und Bindung: Verlagsdruckerei Kessler, Bobingen

Printed in Germany

- Thermische Simulation
- Projektentwicklung
- Exkursionen
- Nachhaltiges Bauen
- Lichtsimulation
- Facility Management
- Masterseminar
- Erneuerbare Energien
- Gebäudeaerodynamik
- Rechtsgrundlagen
- Kolloquium
- Behaglichkeit
- Strömungssimulation
- Soft Skills
- Master's Thesis
- Bauklimatik
- Windkanal
- Bauen international
- Workshop
- Energietechnik
- Künstlicher Himmel
- Kommunikation
- Vorlesungen
- Fassadenplanung
- Klimalabor
- Präsentation
- Projektarbeit
- Energietechnik
- Solarstation
- Vertragsverhandlung
- e-learning
- Installationskonzepte
- Fassadenprüfstand

ClimaDesign meets HOCHTIEF Construction AG

Aus Visionen
Werte schaffen.

Masterstudiengang ClimaDesign

Der weiterbildende Masterstudiengang ClimaDesign befindet sich derzeit in Planung und soll zum Wintersemester 2007 / 2008 beginnen. Er richtet sich an Architekten und Ingenieure der Fachrichtungen Architektur, Bauingenieurwesen, Versorgungstechnik, Elektrotechnik, Maschinenbau und Physik mit mindestens einem Jahr Berufserfahrung. Der neue Studiengang ist international und interdisziplinär ausgerichtet und kann berufsbegleitend absolviert werden. ClimaDesign lehrt die ganzheitliche Gebäudeplanung aus energetischer und bauklimatischer Sicht. Architektonische, technische und physikalische Aspekte von Gebäuden werden fächerübergreifend behandelt. Die Schwerpunkte der Ausbildung liegen in der Entwicklung von innovativen Konzepten für Gebäude und in der Anwendung dynamischer Simulationsmethoden. Das 4-semestrige Studium weist einen starken Praxisbezug auf und ist in aktuelle Forschungsfragen involviert.

Die Absolventen des Masterstudiengangs ClimaDesign sind am Ende des Studiums in der Lage, während des gesamten Planungsprozesses bei der energetischen und technischen Optimierung eines Gebäudes nachhaltig mitzuwirken und ganzheitlich zu beraten, angefangen bei der Konzeptionsphase bis hin zur Detailoptimierung eines Gebäudes. In der Praxis bilden sie damit die notwendige Schnittstelle zwischen Architekt, Bauherr und weiteren Fachplanern.

Key-Lehrstuhl bei HochTief

Die Hochtief Construction AG hat den Lehrstuhl für Bauklimatik und Haustechnik als einen von 11 Key-Lehrstühlen an deutschen Hochschulen ausgewählt. Über die bestehenden Hochschulkontakte hinausgehend, will die HTC unter anderem Promotionen am Lehrstuhl fördern.